EDDY CURREN
THEORY AND PRACTICE OF
ANTI-GLOBALIZATION MOVEMENT

"反全球化"运动的
理论与实践

唐任伍◎著

经济管理出版社
ECONOMY & MANAGEMENT PUBLISHING HOUSE

图书在版编目（CIP）数据

涡流："反全球化"运动的理论与实践 / 唐任伍著 . —北京：经济管理出版社，2020.8
ISBN 978-7-5096-7516-8

Ⅰ . ①涡… Ⅱ . ①唐… Ⅲ . ①全球化—研究 Ⅳ . ① C913

中国版本图书馆 CIP 数据核字（2020）第 163686 号

组稿编辑：韩　峰

责任编辑：丁慧敏　韩　峰

责任印制：黄章平

责任校对：王纪慧

出版发行：经济管理出版社

　　　　　（北京市海淀区北蜂窝 8 号中雅大厦 A 座 11 层　　100038）

网　　　址：www.E-mp.com.cn

电　　　话：（010）51915602

印　　　刷：北京晨旭印刷厂

经　　　销：新华书店

开　　　本：710mm×1000mm/16

印　　　张：17

字　　　数：312 千字

版　　　次：2020 年 9 月第 1 版　2020 年 9 月第 1 次印刷

书　　　号：ISBN 978-7-5096-7516-8

定　　　价：68.00 元

序

本书从理论和实践的双重视角来观察、分析"逆全球化"或"反全球化"这一新的世界性意识形态。在对"反全球化"运动的历程进行鸟瞰的基础上，系统考察了"反全球化"运动的形式、成员、组织、特征及其理论基础，然后从社会现实、文化意识形态和经济发展方面，深刻挖掘"反全球化"运动产生的根源，剖析"反全球化"运动的实质，揭示"反全球化"运动的作用和影响，指出"反全球化"运动虽然无法阻挡全球化运动的进一步发展，但它在一定程度上推动了国际共产主义运动的发展，并作为一种外部压力机制推动资本主义自我修正，同时作为纠错机制，促进了公正、合理的国际政治经济新秩序的建立，有利于遏制美国的单边主义、霸权主义和殖民主义倾向。在上述分析、研究的基础上，本书进一步指出了"反全球化"运动存在的问题，笔者认为作为一种全球性的运动，它缺乏严密的组织形式和资金的强力支撑，成员复杂，没有统一的纲领和目标，发展也不平衡，其出路在于认清"反全球化"运动的趋势特征，确立明确、统一、切实可行的"反全球化"目标，扩大"反全球化"运动的力量基础，使之上升到民族国家层面，调整"反全球化"运动的方式，由街头抗议向论坛与议会抗争的高端化发展，同时提升理论支持力度，建立"反全球化学"，在组织上建立起坚强的领导核心。"反全球化"运动未来的发展，一定要展现出以公共利益为准则的"富有人情味的面孔"，塑造"太空船道德"而非"救生艇道德"，复兴社会主义价值因素，这样才能真正到达理想的彼岸。本书最后还根据中国的国情，提出了中国应对"反全球化"运动的一些政策选择。因此，本书对于推动"反全球化"运动的理论和实践研究，正确认识当今世界出现的"反全球化"或"逆全球化"现象，把握世界百年未有之大变局的发展大势，具有重要的理论和现实意义。

目 录

◀◀◀◀◀◀◀◀◀

涡流："反全球化"运动的理论与实践

第6章 "反全球化"运动的作用与影响 / 204

绪　论

当今世界正面临百年未有之大变局，"全球化"与"反全球化"两股力量在进行着激烈的搏斗。

全球化并不是一个新问题，从 15~16 世纪的地理大发现开始，世界已经日益紧密地联系在一起。美国学者托马斯·弗里德曼用《世界是平的》来描述我们所生活的"地球村"，20 世纪 80 年代以来，在新技术革命和信息革命的推动下，全球化浪潮势不可当，将地球的每一个角落、每一个人、每一个活动、每一股势力都纳入其中，并受到西方主流社会的强力推动和大力弘扬。可以说，自"二战"结束以来，由美国等发达国家发起并制定规则运行的"全球化"一直主导着世界历史发展的潮流，美国也依靠"全球化"的红利，成为了名副其实的世界霸主。给人类带来巨大发展红利的全球化，已经成为历史发展大势。

但是，就在全球化运动如火如荼发展的同时，"平"的理论掩盖不了"弯"的现实，一场针对全球化运动的"反全球化"（Anti-globalization）或"逆全球化"运动在世界范围内广泛兴起，并作为一种"抗拒全球化"的具有广泛社会基础的特殊国际运动，代表后冷战时代与全球化政治和意识形态针锋相对的新意识形态，成为与全球化相伴而生的另外一种逆动形式的"全球化"。"反全球化"或"逆全球化"是一种呐喊和呼唤，在政治上饱受不公平与不合理规则欺压、在经济上遭受发达国家剥削的广大发展中国家及其弱势群体，只能无奈地以这种方式进行呐喊和呼唤，尽管这种发泄根本无法撼动滚滚向前的"全球化"潮流，但他们仍然不屈不挠。正如某学者所言：如同一对孪生姐妹一样，"全球化与反全球化相伴而生""反全球化是另一种全球化，是全球化的产物"。

三十年河东，三十年河西，风水轮流转。如果说过去由弱势群体主导的"反全球化"声势尚不够大、影响尚不够深的话，2017 年"反全球化"则发生了惊天逆转，由美国发难的"逆全球化"，在"反全球化"一度偃旗息鼓的背景下，再次掀起了巨浪。美国第 45 任总统特朗普于 2017 年 1 月 20 日宣誓就职，这个不按常理出牌，以"美国第一""使美国再次强大"为口号而赢得大选的"政治新秀"和"反建制派"者，在长达16分钟的就职演讲中，使"美国第一"成为了主题标签，字里行间贯穿着美国的民粹主义思维。言出必行，特朗普一上任即实施一系列的孤立主义行动，不是"毁约"就是"退群"，第三天就签署行政命令，宣布美国退出跨太平洋伙伴关系协定（TPP），接着宣布重新协商北美自由贸易协定（NAFTA），然后就开始在美墨边境修墙，特别是在2017年6月1日（"世界环境日"将至之际），宣布退出由全球194个国家签署的应对全球气候变化的《巴黎协定》，成为世界上少数几个不在协定内的国家，接着又连续退出了联合国教科文组织、联合国人权理事会、万国邮政联盟等多个国际组织，甚至威胁要退出"全球化"的标志性成果、世界上最重要的国际组织——联合国。2018年5月8日，美国宣布退出联合国安理会于2015年7月20日一致通过的《伊朗核问题协议》；2019年2月2日，美国宣布暂停1987年美苏两国签订的《中导条约》。从美墨修墙、废止TPP、国货保护、抵制移民到"买美国货，雇用美国人"的"美国优先"，美国作为世界贸易组织（WTO）的重要成员，公然违背多边贸易规则，频频使用和挥舞"关税大棒"，对国际规则"合则用、不合则弃"，瓦解经济全球化形成的价值链体系，从而动摇全球化的根基。美国为了保持自己的霸主地位，以举国之力遏制别国的发展，剥夺别国的发展机会，并将这种遏制意识渗透到美国的立法、司法、行政体制之中，操纵舆论，使公允折中的观点被边缘化。不仅如此，美国还将这种"反全球化"的理念、实践推广到科技合作、学术研究、高等教育以及企业界等领域。曾经是全球化的坚定支持者之一的美国专栏作家、《世界是平的》一书作者弗里德曼，都转变为特朗普"遏制中国论""逆全球化"的坚定支持者，曾经大力支持中国加入世界贸易组织、直接受益于全球化并愿意为中国说句公道话的很多企业，如今也沦为保护主义和本土意识的帮凶。可以说，以特朗普为首的美国当权者乃至美国社会，从语言到行动，都充满了赤裸裸的孤立主义、民族主义、民粹主义和贸易保护主义。

与美国"逆全球化"截然不同的是，作为发展中国家的中国却是"全球化最坚定的倡导者和维护者之一"，捍卫多边主义、国际规则和自由贸易的重要力量。2017年1月15~19日，中国国家主席习近平先后在达沃斯世界经济论坛开幕式和联合国日内瓦总部发表主旨演讲，针对甚嚣尘上的"逆全球化"浪潮发出强而有力的中国声音，警醒世界"搞保护主义如同把自己关进黑屋子，看似躲过了风吹雨打，但也隔绝了阳光和空气"。习近平主席从顺应历史潮流、增进人类福祉出发，以共建、共享、共通、共赢为理念，大力推动"一带一路"建设，高举"全球化"的大旗，提出构建"人类命运共同体"的伟大设想。他指出，当前世界上出现的一些"逆全球化"动向只不过是全球化潮流中激起的几朵浪花，阻挡不住全球化大潮。全球化出现一些问题并不可怕，不能因噎废食，动辄采取保护主义、单边主义措施，不能采取以邻为壑的自私做法。中国推动"全球化"的举动，深得世界各国的赞赏。世界第一大经济体和第二大经济体、最大的发达国家和最大的发展中国家的两位领导人截然不同的态度和思维，让世界惊愕不已，就连西方媒体也大惑不解，曾经标榜自由市场经济、以推动全球化为己任的美国总统却为保护主义辩护，大肆"退群""反全球化"，而作为世界上最大的发展中国家的领导人，却在为自由贸易辩护，真是"太离奇了"。

"反全球化"和"逆全球化"二者在本质上都是对"全球化"的反动，是与"全球化"对立的一种理论与实践，但二者又有一定的区别。一是目的不同。"反全球化"是与"全球化"相伴而生的运动，"反全球化"者本身是世界主义的积极拥护者，他们反对的是"全球化"不公平的规则和按照资本主义的体系发展造成的严重贫富差距的后果，而不是反对"全球化"本身，目的是维护弱势群体的利益和尊严；而"逆全球化"则是以美英为首的资本主义国家采取的缓和国内矛盾与危机的一项策略，其主要矛头指向在全球化进程中逐渐崛起的一些新兴发展中国家，归根结底是维护垄断资产阶级利益。二是运动的主体不同。"反全球化"的主体是发展中国家、广大生活在底层的弱势群体以及一些福利组织、生态组织、环保民间组织等；而"逆全球化"的主体则是发达资本主义国家，是原来全球化规则的制定者和全球化运动的推动者。三是引发的时间和原因不同。"反全球化"运动虽然很早就存在，但真正作为一种全球性的运动出现是 1999 年 11 月 30 日在美国西雅图举行的世界贸易组织部长会议，史称"西雅图风暴"，其诱因是发达国家通过国际组织和跨国公司实施扶强抑弱的不公平规则，剥夺发展中国家的发展机会和剩余价值；而"逆全球化"的产生则是在 2008 年金融危机以后，世界经济陷入低迷，促使"逆全球化"思潮抬头，2016 年英国脱欧公投、特朗普总统上台，再加上欧洲难民危机、土耳其政变等一系列事件，使"逆全球化"愈演愈烈。四是依据的理论基础不同。"反全球化"者依据社会公平理论，反对发达国家的新自由主义和社会达尔文主义；而"逆全球化"者依据的是"美国优先""美国第一"的霸权主义，实行贸易保护主义和民粹主义。五是采取的手段不同。"反全球化"者采取的是街头抗议、网络抗议、召开世界社会论坛等方式；而"逆全球化"者由于都是一些当权的政客，因此将"逆全球化"的理念转变为政府的政策和主张。

"反全球化"或者说"逆全球化"，无论作为一种理论还是作为一种实践运动，都是和全球化相伴而生的产物，是另一种形式的全球化。"反全球化"作为一种理论探讨，开始的时间很早，如今作为一种实践运动蓬勃兴起，逐渐取代和统揽了世界上其他社会运动，成为当今世界规模最大、参与人数最多、影响最为深远的新社会运动，并日益引起整个国际社会的关注。在西方主流媒体的宣传和公众的争论中，"反全球化"最初具有明显的贬讽之意，后来发展成为一种总体、抽象的称呼，与"反新自由主义""反资本主义""反贸易自由化""反美国化""反霸权主义""反跨国公司"等提法的含义差不多，在不少地方甚至通用。因此，当"反全球化"思潮发展成为一种全球性的"反全球化"运动时，这种运动实际上成为了"反资本主义运动""反跨国公司运动"的同义语，在有些时候甚至被称为"全球性的正义运动"或"反对大公司的全球化"。

"反全球化"有两种不同的形式，一种是以弱势群体为主流的"反全球化"，他们以"左"的面目出现，从"西雅图风暴"开始的街头抗议，到世界社会论坛、网上"反全球化"等风起云涌。"反全球化"运动产生的原因在于"全球化"规则失衡，贫富分化加剧，非经济的人类发展指数差距扩大，跨国公司权欲膨胀，工人失业加剧，单边主义盛行，发展中国家民族主权地位被削弱，生态环境日益恶化，劳动者被日益边缘化等。因此，"反全球化"运动实际上是对"扶强抑弱"的"丛林法则"的抗拒。

现实的弱势群体的"反全球化"，在本质上并不是真正反对全球化本身，而是反对全球化"扶强抑弱"的规则和社会达尔文主义的"丛林法则"，反对"美国化"，反对为富国张目的国际组织，反对唯利是图的跨国公司，反对"新自由主义"。他们通过这种抗争揭露当代世界国际关系中不公正、不合理的现象，有助于人们看到繁荣背后的社会问题和危机；促使新一轮"全球化"的主导国进行反省，对国际国内政策进行某种调整；有限纠正"全球化"规则的"扶强抑弱"性，促进公正、合理的国际政治经济新秩序的建立；有限约束发达国家及国际组织的行为，改善弱势人群和弱势文化在全球化中的生存与延续状态；直接催生大批非政府组织，壮大"反全球化"力量。这种"反全球化"实际上是反对西方发达国家主导的贫富不均、两极分化和不平等的规则，是弱势群体的一种无奈抗争。作为国际工人运动和国际共产主义运动处于低潮时出现的一种有广泛社会基础的特殊的国际运动，它代表的是后冷战时代与全球化政治和意识形态针锋相对的新意识形态，是与"全球化"相伴而生的另外一种逆动形式的"全球化"。

另一种是以发达国家中的强势政客群体为主流的"反全球化"或"逆全球化"，在发达国家自身相对力量削弱的情况下，以新保守主义、民粹主义、贸易保护主义和孤立主义等"右"的面目出现。随着发达国家经济的长期不景气和相对实力的逐渐衰落，代表右翼势力的民粹主义、新保守主义、孤立主义和贸易保护主义氛围日趋严重。"英国公投脱欧"、特朗普上台、法国右翼政党崛起，欧洲九大右翼民粹政党于 2017 年初聚首德国科布伦茨，勒庞以及德国选择党联合主席佩特里、荷兰自由党主席威尔德斯等右翼代表人物悉数出场，高调喊出"反全球化"、反欧盟、反移民、反建制的口号。右翼色彩浓厚的欧美政治人物利用民众对现状的不满，将"反全球化"拉进西方"政治主流"，美国成为新一轮"反全球化"浪潮的旗手和领头羊。欧洲难民危机，英国公投脱欧，意大利公投并以明显优势拒绝宪法改革，以"美国第一"赢得美国总统大选的特朗普公开赞扬英国脱欧、直指欧盟是德国工具，德国爆发反对跨大西洋贸易与投资伙伴协议（TTIP）大游行，有"黑天鹅"之称的法国反欧盟政党领袖勒庞拥有众多选民，多个国家的民族主义政党赢得大选，地缘政治冲突加剧，贸易、投资保护主义潮流再次兴起，跨太平洋伙伴关系协定（TPP）、TTIP 等排他性区域化组织不断出现……美国和西方自由世界曾经引以为自豪的标签"全球化"，正摇摇欲坠。正如习近平总书记站在人类历史的高度上所说的，世界秩序正在发生翻天覆地的变化，进入一个"大发展、大变革、大调整"时期，所谓"美国治下的和平"与"美国世纪"已经走进历史，人们开始步入"后美国时代"。2017 年成为"全球化"与"反全球化"激烈交锋的历史元年。以贸易保护主义、民粹主义和孤立主义等为表征的"反全球化"或"逆全球化"是发达国家的政客们在全球弱势群体日益觉醒的大趋势下保持傲慢与偏见和维护"山巅之城"的新举措，成为以美国为代表的一些发达国家打压其他竞争对手、自私自利、敲诈别国的手段和工具，成为发达国家对发展中国家的新的剥削形式，目的是借反对全球化以削弱新兴发展中国家的利益，其本质是对全球化的抗拒。在世界经济增长乏力的背景下，这一现象凸显了西方发达国家内部矛盾的加剧，并产生了外溢效应。

无论以何种面目出现的"反全球化"或"逆全球化"，实际上都是对全球化的抗拒，但动机和目的不同。弱势群体的"反全球化"并非反对全球化本身，而是反对西方发达国家主导的全球化。现实世界的"反全球化"运动，是国际工人运动和国际共产主义运动处于低潮时出现的一种有广泛社会基础的特殊的国际运动，是后冷战时代与全球化政治和意识形态针锋相对的新意识形态，是全球化发展到一定历史阶段的必然产物，是对标榜"公正、平等、正义、繁荣与富足"的全球化的极大讽刺，构成了与全球化时代极不协调的一个音符，既对世界格局的变化产生了积极意义，又对世界文明进程的发展产生了消极影响，是与"全球化"相伴而生的另外一种逆动形式的"全球化"。"反全球化"运动发展迅速，发生频率高，波及人口众多，碰撞激烈，冲突尖锐，主体成分复杂，与全球范围内上升的民族主义、排外主义力量与情绪有普遍联系，更多的是西方反对西方。世界社会论坛是与"世界经济论坛"针锋相对的由"反全球化"人士组织的世界性大会，目的是要求"全球化"在追求经济效率和经济利益的同时，重视由此产生的忽视社会公平、公正的问题。探究世界社会论坛的本质，对于正确认识全球化背景下国际工人运动的发展有重要价值。

我们应理性认识和处理"反全球化"运动中出现的各种问题，避免在国际场合因此进行意识形态的争论；通过改革跟上全球化潮流，增强自身的综合国力；积极参与国际事务，推动建立公正、合理的国际政治、经济新秩序；加强与国际组织的联系，制定与世界上各种类型非政府组织的交往政策。但是，现实中的"反全球化"运动只是提出了问题，却没有提出建设性方案或提出的方案不具备可行性；尤其是尚未形成严格意义上的统一组织，缺乏具有吸引力的共同纲领；并未真正从全球的角度出发，而只是从其自身狭隘的民族利益甚至是无政府主义的立场出发考虑问题；带有暴力倾向的街头示威甚至冲突、利用黑客攻击官方网站等形式容易引起人们厌倦；"反全球化"的各种口号虚妄无力，缺乏召唤力。由情绪化和暴力倾向逐渐走向理性化、法制化，由分散的组织走向严格的组织网络协同化，由街头走向议会，由无序走向有序，才是"反全球化"运动的出路。

为了更好地对这一文明进程中具有广泛影响的运动进行深入的了解，深刻认识和理解"反全球化"的实质，趋利避害、顺势而为，本书专门对全球化进程中的这一"反全球化"现象进行探讨和阐释，以期作出科学、理性的判断，驱使人们理性地对待和思辨，趋利避害，使这一运动由情绪化和暴力倾向走向理性化、法制化，由无序走向有序。这对不断提升中国的国际地位和全球治理能力具有重要意义。

第 1 章

"反全球化"运动的蓬勃兴起

伴随着"反全球化"运动的蓬勃兴起,"反全球化"成为与主流全球化运动针锋相对的一股强大的思潮。席卷全球的"反全球化"运动的内涵复杂多样,目的千差万别,因此形式也花样百出:街头抗议,暴力对抗,抵制推进全球化的国际会议,召开与全球化论坛相对立的社会论坛,著书立说,发表演说,网上抗议,在世界组织召开的会议上宣传"反全球化"的主张,退出各种"全球化"组织,成立各种各样的"反全球化"国际组织,鼓吹贸易保护主义、孤立主义、民粹主义思潮,等等。

1.1 何谓"反全球化"

随着全球化趋势的发展,"反全球化"的各种力量也在滋生、汇聚和增强,"反全球化"的呼声越来越高,"反全球化"运动成为一种蓬勃发展的世界现象。从 1999 年 11 月 30 日世界贸易组织的西雅图会议到 2001 年魁北克美洲国家组织会议、哥德堡欧盟峰会和热那亚八国集团峰会的"反全球化"游行示威活动,再到 2002 年 12 月在意大利佛罗伦萨举行的规模空前的百万人"反全球化"大游行,以及美国退出《巴黎协议》、联合国教科文组织、联合国人权理事会、联合国国际法院的部分管辖权、万国邮政联盟和联合国通过的《伊朗核问题协议》等,甚至威胁退出联合国,无一不引起世人的极大关注。"反全球化"运动作为全球化运动发展到新的历史阶段的产物,与全球化运动如影随形,是对全球化的"反动",并日益发展成为一场世界性的运动,"其本身也已经全球化了",同时引起了越来越多人的关注和参与。这种与全球化针锋相对的"反全球化"运动的迅猛发展和推进,是对被西方发达国家大肆推崇和极力标榜为公正、平等、繁荣、富足的正统全球化的极大讽刺和嘲弄。

"反全球化"一词从何时开始出现，现在无从考证，也许是西方主流媒体的一种带有偏见的发明，具有一定的讥讽之意，因为它们把那些质疑甚至反对"正统的"全球化意识形态与推动全球化的政策的行为都无端地描绘为"反全球化"。理解"反全球化"的视角很多，可以从经济、政治、社会等不同角度去分析，其结果也不尽相同。但无论从哪方面出发，有一点是一致的，就是"反全球化"并不是要反对全球化这种趋势，不要全球化，转而寻求传统的发展道路。全球化是历史发展的选择，是任何反对力量都无法逆转的一种趋势，这种趋势是人为反对所阻止不了的。何况从本质上讲，"反全球化"本身也是一种全球化的结果，因为它的成员来自世界不同地方、不同行业、不同组织，拥有不同的政治观点，若没有全球化带来的如发达的交通、快速的信息传递等便利条件，这些人是不可能走到一起的。因此，离开了全球化，"反全球化"也就不复存在。

实际上，"反全球化"只是一个总体、抽象的称呼，与此相类似的说法很多，诸如"逆全球化""反新自由主义""反资本主义""反霸权主义""反跨国公司""反美国化""反贸易自由化"等，有时这些称呼可以互用。正如美国学者戴维·葛瑞柏（David Greaber）所指出的，"反全球化"运动存在各式各样规范性的用语，如"全球性的正义运动"或"反对大公司的全球化"。但是这些用语，"没有一个能让人听起来四体通泰，没有一个听起来怡人心神，结果，我们在会议上听见发言者频频使用'反全球化运动'这样的表述也就不足为奇了"。

虽然人们已经给上述各种现象或运动贴上了一个"反全球化"的标签，但这并不意味着这类活动的参与者反对所有意义上的全球化。这里的"反全球化"主要指三种情况：第一种情况，如联合国前秘书长安南所说，这些人或组织并不是反对全球化本身，而是反对全球化过程中出现的弊端，反对全球化导致的悬殊差异。第二种情况，一些人明确地将他们的行动与反对资本主义制度联系起来，他们宣称并不反对全球化本身，而只是反对资本主义的全球化。第三种情况，一些人将全球化视为"殖民化""西方化"或"美国化"，他们反对的是带有这种倾向的全球化。实际上，大多数"反全球化"积极分子都是全球化的积极支持者，他们所谓的"反全球化运动"，实际是在推动另一种模式的全球化。例如，他们倡导全球民主制度、全球治理、全球工会组织以及全球统一劳工标准等。他们当中的许多人是社会主义全球化、无政府主义全球化或全球市民社会的支持者和推动者。可见"反全球化"并不是定义这种现象或运动的一个准确术语，更多的是因为它用起来简明、方便，因而很快流行起来。

前面所列举的那些抗议活动有一个共同的、最基本的特征，就是反对资本主义的公司全球化（Corporate Globalization），也可以说，这是所有反全球化运动参与者的一个最低纲领。他们最直接的反对目标有三类：一是全球著名的跨国公司，如耐克、麦当劳、微软等；二是大型国际组织，如世界银行、国际货币基金组织、世界贸易组织等；三是多边贸易协定，如北美自由贸易区协定等。反全球化者为公司全球化开列的罪名主要有：违反民主原则、破坏生态环境、践踏人权、弱肉强食、唯利是图、剥削劳工、破坏文化的多样性，等等。他们相信这种公司的全球化是贫困化、边缘化、单一化、集权化的根源。许多反全球化运动的参与者和支持者将他们的行动称为"全球民主运动""全球正义运动"或"公正贸易运动"，更简单、笼统的一种叫法是"运动"。

这种现象或运动归于一种"反抗政治"（Politics of Protest）或社会运动，其他如妇女运动、劳工运动、人权运动、学生运动、反战运动、环境保护运动等，也都属于这一类。反全球化运动与其他这些社会运动交叉重叠，是其中最包容、最庞杂的一种。几乎所有流行的社会运动都具有反全球化倾向，都是目前反全球化运动的一部分，有人称之为反全球化"运动中的运动"（the Movement of Movements）。西方学者使用了许多类似的术语来描述这类具有反抗性的社会运动，如"选择运动"（Alternative Movement）、"新抗议运动"（New Protest Movement）、"新政治"（New Politics）、"批判运动"（Critical Movement）、"反体制运动"（Anti-systemic Movements）等，旨在强调这些运动对现存制度的不满和反抗。而"反全球化"中的"反"字则包含了人们对资本主义全球化不同程度的不满和反抗，代表了"不满""憎恨""批判""反对""抗议""抵制""反抗"等不同意思。

归根结底，所谓"反全球化"运动，是指反对新自由主义和要求社会公正的一股世界性潮流，其涉及和集中关注的两大问题是"全球正义"（Global Justice）和生态环境保护。参加反全球化运动的成员和组织主要有生态主义者、女权主义者、无政府主义者、基督教徒、人权维护组织等，主要以工会组织和弱势群体为主体。它们的主要策略是利用多边机构的重要会议，同时发起大型游行示威运动。因此，反全球化运动的实质，并不是要反生产要素的全球配置，也不是要反重大问题的全球解决，而是要反美国价值标准的全球化，反要素配置的"丛林法则"，反新自由主义的全球扩张，反跨国公司的贪得无厌。

蓬勃兴起的反全球化运动主要包括五种形式：

一是直接行动。这是最引人关注的一种形式，正是因为采取了直接行动，反全球化运动才引起了全球媒体的广泛关注，才像"滚雪球"一样吸引了越来越多的参与者。街头抗议活动就属于直接行动范围，包括在国际组织举行会议期间举行公开的游行示威、集会等活动。这些抗议活动大多是和平的，但也有少数极端分子采取暴力行为，导致示威者与警察发生冲突，甚至造成伤亡。另一种流行的直接行动就是在重大国际会议举行之际，举行相对应的会议。例如，针对亚太经合组织的"亚太人民论坛"，针对联合国"千年首脑会议"的"非政府组织论坛"，针对"达沃斯世界经济论坛"的世界社会论坛，以及针对"地球首脑会议"的"全球人民论坛"等。此外，还应该将一些国家持续进行的反政府、反资本主义斗争包括在内，如墨西哥的"萨帕塔运动"、巴西的"无地农民运动"、哥伦比亚的"革命武装力量"等。这类反抗活动坚持时间比较长，采取了农民运动、建立合作社及武装斗争等形式，在拉美地区比较突出。直接行动有固定式的，也有流动式的。例如，有些反全球化行动采取旅行的方式，被称为"马路秀"（Road Shows），参与者从一个地区到另一个地区，甚至从一个国家到另一个国家。这类活动有集体的，也有个人的。有的反全球化行动积极分子甚至单枪匹马奔走于世界各地，进行反全球化的宣传和动员。直接行动的组织过程一般包括选定目标、宣传动员、培训、策划和分工等步骤。在确立目标后，组织者便通过网络发布宣传材料，公布行动的计划和方案。

二是学术反抗。学术上的"反全球化"为行动上的反全球化运动提供了更深刻的理论依据。近些年来，反全球化的著作十分畅销，那些有影响力的反全球化理论著作总是具有强大的鼓动性和号召力。可以说，发达国家的知识分子是反全球化的理论先驱者，有的还是直接行动的积极参与者。例如，法国作家维维安尼（Viviane Forrester）在《经济的恐怖》一书中，对资本主义制度进行了揭露和批判，号召人民行动起来，反抗资本主义、自由主义，争取更美好的生活。《经济的恐怖》一书于1996年开始分别在法国、德国、意大利、日本和南美洲国家出版，1999年其英语版也发行了。维维安尼现在已成为全球著名的"反全球化作家"。还有不少著作以描述和分析当前反全球化运动为题，这些著作的作者并不一定是全球化的反对者，他们只是从纯学术角度对这一问题进行探索。他们共同的特点是指出了资本主义制度，尤其是新自由主义的弊端，并从学术角度论证了这一运动的积极意义与合理性，同时提出了自己的改革或替代方案。例如，在西雅图事件之后，杰里米·布雷彻（Jeremy Breche）等合著了《自下而上的全球化：团结的力量》一书，作者称这是一种"世界范围的反抗运动"，相信人民可以发挥影响全球化的作用，公司驱动的自上而下的全球化可能遭遇自下而上的全球化的抗衡。这类著作虽然不像维维安尼的书那么具有鼓动性，但从更深刻的理论层次为运动奠定了基础。这类著作的观点更理智、更客观，对政府决策的影响也更大。

三是潜在反抗。人们常提到的另一种反抗形式是"未宣布的反抗"或"次政治反抗"。詹姆斯·H.米特尔曼（James H.Mittelman）将全球化视为一种新自由主义的霸权计划，而反全球化就是反对这种霸权的运动。他认为，为了掌握对全球化的抗拒形式，应该深刻挖掘个人和集体的那些不公开的日常抗拒活动，也必须考察政治和文化生活的那些不明显的方面。他试图将人们的日常生活、工作习惯也纳入反抗范围，例如主动购买国货、购买环保产品、拒绝使用跨国公司的名牌产品等。这些活动甚至可以包括个人穿戴的选择。

四是网络反抗。在反全球化运动中，网络反抗是一种非常典型的形式，被认为是当今社会抵抗运动与过去抵抗运动最大的不同之处。比比皆是的反全球化网站说明，网络已经成为反全球化行动者进行宣传、联络、组织抗议活动最便利、最重要的工具。网络使世界各地分散的反全球化个人和组织联系在一起，他们通过网络发布日程、确定方案、交流经验、召集新成员、筹集资金等。网络更是他们进行辩论和宣传的主要阵地。每当有活动进行，反全球化网站运营者就会将大量文章、照片、音像制品发布在他们的网页上。

另一种形式的网络反抗被称为"网络战争"。1999年6月18日，名为"J18"的反全球化网站采取了抗议行动，对多个商业组织进行了电脑攻击，5小时内使至少20家公司受到了上万名电脑黑客的攻击。2002年1月，世界经济论坛的网站遭到了反全球化组织支持的黑客攻击，导致该网站瘫痪。重要的是，以互联网为反抗形式和组织手段，使原本分散的反全球化运动形成了一种"超越国界的集体抗拒形式"，它可以同时占据地方、全国、跨国和全球的空间。如今的网络世界，已经成为对全球化种种弊端发泄不满的最大平台，也成为"反全球化"的重要形式。

五是直接退出各种"全球化"组织，俗称"退群"。"反全球化"本来是弱者的无奈反抗，但当今这一举动却是强势者的行为。当今全球化的规则本是美国等发达国家的一种制度安排，从制度上是有利于发达国家的，现实中也是如此，美国成为现实全球化的最大受益者。但随着发展中国家在全球化浪潮中的逐步崛起，在一定程度上动了美国全球化红利的"奶酪"，威胁到美国的利益，于是美国的当权者在"美国第一"的狭隘民粹主义和贸易保护主义理念的驱使下，做出种种"反全球化"或"逆全球化"的举动，退出那些美国自认为威胁其利益的国际性组织，甚至威胁要退出"二战"以来推动全球化发展的最大的全球化组织——联合国。这种"反全球化"，本质上是美国这样的自私的发达国家对发展中国家赤裸裸的打压，是对"全球化"潮流正能量的一种无耻背叛和出卖，成为"反全球化"或"逆全球化"的一种新特征。

面对"反全球化"的种种现象，人们不禁要问，在一个全球化盛行的社会里，是什么力量使"反全球化"运动成功地动员如此多的群众，将许多具有不同文化背景、不同政治色彩乃至不同利益追求的群体集于"反全球化"旗帜之下呢？"反全球化"运动所要追求的目标又是什么？它的行为产生了什么样的效果？将来它的发展趋势又是怎样的？这一系列问题对于处在全球化浪潮中的世界各国人民来说，值得深入地思考。

1.2 "反全球化"的街头抗议运动

"反全球化"的街头抗议运动到底于何时兴起，众说纷纭，看法不一。有人认为始于 1999 年的"西雅图之战"，也有人认为始于墨西哥的"萨帕塔运动"，还有人认为始于 1992 年的地球峰会，甚至有人认为始于更早的时间。观点各异，目前尚无定论。笔者认为，具体起始于哪一年哪一月并不重要，因为作为一种全球性的运动，它有一个发展过程。

1.2.1 酝酿起始阶段

"反全球化"运动作为一个过程，是从 20 世纪 90 年代开始酝酿的。早在 20 世纪 90 年代初期，由于苏联解体、东欧剧变，国际平衡关系被打破，美苏冷战结束，美国成为了世界上唯一的超级大国，美国将其在国内行之有效的一套规则搬到全球化的设计之中，按照美国的价值标准推动全球化步伐大大加快。于是，全球化的负面影响和消极后果进一步被放大，并在世界上产生日益深入的影响，从而引起了许多人对全球化的日益不满和反感，世界范围内就开始了很多针对全球化和跨国公司的抗议和游行示威活动。一些组织和个人通过街头的抗议游行和示威，宣泄对以美国为首的西方发达国家的各种不满，抗议一些国际组织的为虎作伥，反对跨国公司的种种恶行。这些街头抗议活动波及的范围越来越大，影响越来越广，并日益演变成为一场全球性的运动。

1994 年，国际货币基金组织和世界银行在西班牙马德里召开成立 50 周年庆祝大会，200 多个社团、近千名"反全球化"人士在会场外举行游行示威，同时在此召开唱反调的会议，揭露这两大国际经济组织提出的、把大部分发展中国家的人民排除在外的经济结构调整方案和发展模式。

1995 年 10 月，世界银行和国际货币基金组织年会在华盛顿召开，1000 多名反全球化人士在开幕日举行示威游行,要求世界银行和国际货币基金组织提高运作的公开性和民主性,实现各国之间的平等发展,削减第三世界的债务,停止对环境的破坏等。这是第一次在美国本土发生的针对国际经济组织的抗议活动。

1996 年 3 月,在泰国首都曼谷召开了首届亚欧会议,在举行开幕式当天,1000 多名来自世界各地的反全球化人士在附近广场聚集举行抗议活动,呼吁解决贫困问题,并高喊"反对贸易自由化"和"反对经济全球化"的口号。同年,13 万菲律宾人上街游行示威,反对在马尼拉举行的亚太经济合作组织会议。

1998 年 5 月,世界贸易组织部长会议在日内瓦召开。在"人民全球行动"(People Global Action)的组织下,1 万多名来自世界各地的反全球化人士在开幕当天举行示威游行,一些青年人甚至采取暴力对抗的方式,打碎商店玻璃,砸毁汽车,破坏银行建筑等。警察用警棍、催泪瓦斯对付示威者。抗议持续了三天,造成附近交通瘫痪和人民财产损失。与此同时,在美国、印度也有零星的抗议活动,印度的反全球化人士公开宣布:"我们印度人民,在此宣布世贸组织是我们残忍的敌人。"巴西有 5 万人参加游行,并且抢劫了超市和食品商店,以表达对饥饿的抗议。

1998 年 5 月,在英国伯明翰召开八国首脑会议,约 5 万名来自英国和其他国家的宗教团体、劳工组织与其他反全球化人士举行抗议,他们手挽着手组成 9 公里长的人链,高喊"打破债务锁链""债务侵夺生命"等口号,要求西方发达国家取消第三世界债务。

1998 年,印度 20 万农民走上海得拉巴街头,抗议世界贸易组织推行的政策和对印度造成的后果。同年,韩国、印度尼西亚、菲律宾等国的工人也举行了不同形式的反全球化活动。

1999 年 6 月 18 日,八国经济峰会在德国科隆市召开,引发了世界范围内的抗议高潮,40 多个国家的 100 多个城市同时举行了示威游行。从澳大利亚到津巴布韦,从瑞典到韩国,从智利到捷克,无论是发达国家还是发展中国家,都卷入了这次浪潮之中。在英国伦敦,示威者打出"我们要全球生态保护,不要全球经济自由""全球化,当心点!人们不会放过你"等标语,约 2000 人的游行队伍与警察发生冲突,示威游行演变成骚乱,造成 42 人受伤,财产损失达 100 多万英镑。与此同时,反全球化者还发起了针对经济机构的网络攻击,在 5 小时内至少对 20 家公司发动了 10000 次以上的攻击。

酝酿起始阶段的反全球化街头抗议活动的一个最大的特点是,大部分活动都与主要的国际会议相联系,而且大多发生在欧洲发达国家,并得到了媒体的关注和宣传，欧洲是这一阶段反全球化运动的中心。但是从 20 世纪 90 年代初到 90 年代末这一阶段，即 1999 年 12 月"西雅图抗议"之前的反全球化运动，总体来看，抗议活动还是较为分散、规模小，缺乏完善的组织和纲领，目的也不明确。它是一种自发性运动，为反全球化运动的蓬勃发展奠定了基础。

1.2.2 蓬勃发展阶段

1999 年 12 月，世界贸易组织在西雅图启动"千年回合"谈判，世界反全球化人士云集西雅图，对全球化进行抗议。他们打出了"不要 WTO"等标语，在会场外筑成人墙，阻拦代表进入会场，迫使原定的盛大开幕式取消，并使会议延期到 12 月 3 日。由 4 万人组成的全球化抗议者队伍与警察在整个西雅图发生全面冲突，被视为全球化象征的麦当劳快餐店（有一种说法是，全球化就是麦当劳化）被捣毁。防暴警察试图用催泪弹和橡胶子弹（警察事后只承认用了胡椒粉喷雾剂）驱散示威群众，但效果不大。世界贸易组织部长会议被迫推迟 5 小时开幕，不少代表团未能出席第一天会议。西雅图示威被公认为反全球化运动兴起的象征，约 700 个非政府组织参与了这次抗议活动，并在抗议活动中起到了很好的组织与协调作用。西雅图大规模反全球化示威游行之后，在世界各地发生的所有反全球化的示威游行都被称为"西雅图风暴"，反全球化运动的参加者都被称为"西雅图人"。从此以后，反全球化运动成功地将具有不同文化背景、不同政治色彩乃至不同利益追求的群体，集于"反全球化"旗帜之下，此起彼伏。正如俄罗斯的学者所言："另一个幽灵正在世界徘徊，这就是反全球正义。"

2000 年 1 月 27 日，世界经济论坛在达沃斯举行。反全球化示威者从世界各地到达沃斯会合，抗议全球化。在示威过程中，又发生了捣毁被视为全球化象征的麦当劳快餐店的事件。

2000 年 2 月 14 日，联合国贸易和发展会议在曼谷召开。反全球化示威者汇集曼谷，谴责世界贸易组织、国际货币基金组织和世界银行，要求国际金融机构立即采取行动分担发展中国家所承受的来自全球化的负面影响。

2000 年 4 月 16 日，国际货币基金组织和世界银行在华盛顿开会。大批全球化反对者汇聚华盛顿，抗议全球化，抗议国际货币基金组织和世界银行会议，使一些代表无法进入会议中心。示威者要求建立一个没有"公司的支配"的"工人的社会"。全球正义动员组织发言人说，这次抗议活动旨在反对跨国公司接管世界。他们认为，政治制度正逐渐演变成一小撮跨国公司集团的工具，只照顾跨国公司的利润。警方拘捕了 600 名抗议示威者。

2000 年 5 月 1 日，伦敦举行声势浩大的反全球化示威游行，以纪念国际劳动节。同一天，全球 6 个大陆的 75 个国家都发生了规模不等的反全球化抗议活动，范围波及发达国家和发展中国家。

2000 年 9 月上旬，联合国在纽约举行各成员国首脑千年高峰会议。与此同时，大批反全球化示威者在联合国总部对面举行各国人民高峰会议。在各国人民高峰会议上，来自全球的抗议者历数三大国际经济组织的"罪行"，并称"世界银行和国际货币基金组织根本拿不出结构性调整方案。我们也不允许其这么做，因为应为我们社会不断增加的贫困负责的正是它们"。

2000 年 9 月 26 日，国际货币基金组织和世界银行第 55 届年会在布拉格举行。来自欧美主要城市的 10000 多名反全球化示威者聚集布拉格，反对国际货币基金组织和世界银行举行的年会，指责国际货币基金组织和世界银行是全球资本主义的工具，要求加以关闭，加快国际金融体系改革进程，取消第三世界债务。示威者冲破路障，与警察发生冲突，导致约 100 人受伤。

2000 年 10 月 20 日，第三次亚欧会议在韩国汉城（现首尔）召开。反全球化示威者约 20000 人举行与亚欧会议相对立的人民论坛，3000 多名工人、环保主义者和人权分子聚集到主要街道，高喊"不要新自由主义全球化"的口号举行抗议示威。

2000 年 12 月 6~7 日，欧盟首脑会议在法国尼斯举行。与此同时，来自世界各地的反全球化示威者云集尼斯，举行声势浩大的反全球化大游行，参加者大约有 50000 人。欧盟首脑会议一度被迫中断。示威者与警察发生冲突，多人被捕，其中 2 人被判监禁。警察中有 24 人受伤。

2001 年 1 月 27 日，世界经济论坛在苏黎世举行。来自世界各地的几千名反全球化示威者会集苏黎世，抗议世界经济论坛会议。反全球化人士与警察发生冲突，约有 30 人被驱逐，120 人被捕。

2001 年 4 月 20 日，美洲国家首脑会议在魁北克举行。来自世界各地，特别是来自南北美洲各地的反全球化的大批示威者同警察发生冲突。警察动用催泪弹和高压水枪对付示威群众。400 名活动分子被捕。抗议者向警察投掷石块和酒瓶，19 名警察受伤。

2001 年 6 月 15 日，欧盟首脑会议在哥德堡举行。来自世界各地，特别是来自欧洲的反全球化人士云集哥德堡，举行反对全球化的示威游行，参加者约 20000 人。示威者与警察发生巷战，警察向示威者开枪，多人受伤。

2001 年 6 月 25 日，世界银行在巴塞罗那开会。大约 10000 人在巴塞罗那举行反全球化示威游行。示威者与警察发生冲突，22 人被捕，32 人受伤。世界银行被迫取消了这次会议。

2001 年 7 月 20~22 日，八国首脑会议在意大利热那亚举行。12 万名反全球化人士从世界各地聚集热那亚，他们打着"全球化导致贫困"的横幅举行示威游行，并举办大型社会论坛，抗议全球化。意大利警方严阵以待。天上战机巡逻，海上军舰游弋，军方甚至部署了地对空导弹，会议区内连下水道出口都被全部焊死。"八人开会，两万人保卫，十万人抗议"成为了媒体的醒目标题。会议前一天，50000 名反全球化人士在街头示威游行，试图冲击会场。开幕当天，10 多万名抗议者参加示威游行，继续打出"全球化导致贫困"的旗号，并与警察发生激烈冲突。在这场暴力冲突中，近 500 人受伤，126 人被捕，一名意大利青年被警察开枪打死，并且引发次日暴力冲突的蔓延，15 万人再次走上街头。会议在反全球化的抗议声中闭幕，并被迫在《八国首脑会议公报》中写上"要使经济全球化有利于全体公民，特别是穷人"的词句。

"西雅图之战"是"反全球化运动"的转折点，它标志着世界"反全球化运动"进入了一个全新的阶段，即蓬勃发展阶段，直到 2001 年的"热那亚之战"达到高潮。这一阶段"反全球化运动"呈现出规模不断扩大、斗争方式更加多样、出现更加频繁、影响更为深远的特点。它让更多的社会公众了解到全球化的阴暗面，激励更多人投身于反全球化运动中。尤其是"热那亚之战"，是迄今为止规模最为庞大、最为激进、暴力倾向最为明显的一次反全球化运动。但是，这一时期反全球化运动的暴力倾向，也使有识之士更加担忧反全球化运动的发展趋势，不少反全球化组织已经意识到暴力泛滥带来的后果："暴力方式的抗议会引起暴力的螺旋式上升，最终导致社会军事化。一方面，这种军事化会表现为当局会采取更加严密的治安防范形式，另一方面，一些抗议组织会把更多注意力放到破坏财产的行动或手段上，而不是放在真正主题的表达策略上。"同时，暴力泛滥，使反全球化运动的群众基础深受影响。在众多新闻媒体的过度渲染下，一些人把反全球化人士视为缺乏理性的街头暴动分子。再加上暴力倾向的增加使反全球化运动内部出现意见分歧，越来越多的反全球化组织重新思考其斗争策略或手段，强调非暴力的理性诉求与和平主义的发展方向。因此，反全球化运动进入了调整转型阶段。

1.2.3 调整转型阶段

2001 年 9 月 11 日，一场史无前例的惨剧在美国纽约发生，国际恐怖主义势力向美国发动了一场自杀性袭击，摧毁了象征美国经济繁荣的世贸大厦，造成数千人死亡。"9·11"事件不但震惊了美国，而且震惊了世界。于是美国采取先发制人策略，对国际恐怖主义势力和支持这一势力的国家进行军事打击，先后引发了阿富汗战争、伊拉克战争。"9·11"事件对进入蓬勃发展阶段的反全球化运动带来了深刻影响，反全球化运动内部少数极端暴力派坚持使用暴力的主张，人们很容易将其与恐怖势力联系在一起，使得反全球化运动面临着前所未有的挑战。美国学者詹姆斯·哈丁（James Harding）在"9·11"事件的调查报告中指出："反资本主义已失去活力。它不仅仅是一场运动，更是一种情结。它的主要舞台——街道——并不像'9·11'事件前那样开放了；它的要求本来就很复杂，现在又增加了更多内容；它的听众——政治家、新闻媒体以及公众——现在已经完全转移了注意力。它本来就少得可怜的资金也面临进一步被削减的威胁，慈善基金会和慈善家股票市场的萎缩也在减少。"

"9·11"事件本来只是一起孤立的事件，但它产生的震撼力无与伦比。此后每逢召开重大国际会议，主办国都借口打击恐怖主义，加大了对反全球化抗议活动的盘查和监控力度，收缩对各类游行示威活动的批准，对反全球化运动的规模、方式、影响力等产生了不利的影响。但是，由于国际格局没有发生变化，反全球化运动的诉求仍然没有得到满足，全球化的负面影响仍然存在，"9·11"事件并没有就此销声匿迹，而是进入了一个新的调整和转型阶段。

2001 年 11 月 20 日，在加拿大渥太华，世界银行和国际货币基金组织召开年会，结果引发数千人在会场外举行示威游行，抗议全球化带来的不公和失衡。

2001 年 11 月，世贸组织部长会议在卡塔尔首都多哈召开，来自世界 142 个国家的贸易部长就新一轮投资与贸易自由化的问题举行谈判。卡塔尔政府严格限制签证发放，世界各地只有 200 多名反全球化人士来到多哈，数百名抗议者举行和平示威游行。

2001 年 12 月，欧盟首脑会议在比利时布鲁塞尔召开，80000 多名抗议者走上街头举行示威游行，并且冲击会场。

2002 年 1 月 31 日至 2 月 4 日，世界经济论坛在美国纽约召开，来自 100 多个国家的政要、企业家、学者、宗教界领袖等近 3000 人参加了论坛。来自世界各地的大批反全球化人士汇聚纽约举行示威游行，反对全球化，抗议富国和强国决定世界命运。联合国秘书长安南在讲话中说，全球权力和财富分配的极不平衡对国际安全形成严重威胁。当今的现实是少数人享有特权，而多数人生活在极度贫困和日益恶化的境况中。国际货币基金组织总裁克勒甚至也批评美欧的贸易保护主义政策，批评发达国家"过于自私"。会场外 15000 多人举行反全球化示威游行，他们打出了反对新自由主义、反对跨国公司、反对美国发动阿富汗战争的旗号。

2002 年 5 月，欧盟首脑会议在西班牙巴塞罗那召开，来自世界各地的 50

万人举行抗议示威活动，他们高举"反对资本主义的欧洲""另一个世界是可能的"等横幅，反对欧洲参与阿富汗战争以及美国发动反恐战争。

2002年5月22日，韩国30000多名钢铁工人和化工工人发动联合大罢工，要求缩短工时，改善工作条件，反对政府响应国际货币基金组织的政策。

2002年6月8日，世界粮食高峰会议在意大利罗马召开，来自世界各地的约50000名反全球化人士举行示威游行，要求国际机构采取更多的措施解决世界粮食短缺问题。

2002年6月26~27日，八国首脑会议在加拿大卡尔加里召开。加拿大政府为防止爆发大规模的示威游行，特意将会议安排在距城区100公里的一个偏僻的小山村举行，并采取严格的防卫措施。来自世界各地的几千名抗议者在无法接近会场的情况下，在卡尔加里城区举行示威游行，以反对发达国家借全球化之名对发展中国家实施经济掠夺。

2002年12月13日，欧盟首脑会议在布鲁塞尔召开，约80000名来自世界各地的反全球化人士举行联合大游行，要求欧盟国家工会在制定社会政策时发挥更大作用，并要求政府通过干预减少失业现象。

2003年9月，世贸组织第五次部长会议在墨西哥坎昆举行，20000多名来自世界各地的反全球化人士以及980个非政府组织不远万里，到坎昆与世贸组织唱对台戏。反贸易自由化的示威活动者认为，世界贸易体系缺乏公平性，世贸组织是由超级大国控制的一个强权组织，是不顾穷国和各国劳工等弱势群体而强行推行全球化的堡垒。美国一位非政府组织领袖说："世贸组织是一个失败的模式。"墨西哥的一个非政府组织领袖认为，"我们之所以反对世贸组织，是因为它想让我们的产品获得专利权，它想把我们的资源私有化。我们不能允许它们搞私有化，不能允许它们让外国更廉价的谷物冲击我们的市场"。示威者与军警发生冲突，韩国农民李京海自杀身亡，由此引发了更大规模的暴力冲突，造成26人受伤，坎昆会议最后无果而终，意味着反全球化运动取得了胜利。正如某些学者所言："坎昆会议的失败，意味着全世界人民的胜利""在坎昆，全球公民社会成为主角""全球公民社会团体是世界上第二大超级力量"。

2003年11月17~21日，34个国家的贸易部长在美国佛罗里达州迈阿密市就美洲自由贸易区举行会议，美国当局重重设防，在会场周围安置了2500名警察。20000多名反全球化人士在场外举行示威游行，抗议美国推动美洲贸易自由化。

2004年2月15日，美国纽约爆发了10万人参加的反战大游行，示威者强烈谴责美国对伊拉克的战争。

2004 年 6 月 13 日，世界经济论坛在韩国召开会议，9000 多名反全球化人士走上街头举行抗议示威活动，高喊"不要全球化"的口号，指责世界经济论坛是一个富人剥削穷人的工具。

　　2004 年 11 月 20 日，世界上最富有的 19 个国家和欧盟的财政部长、央行行长聚集澳大利亚的墨尔本，举行 20 国集团论坛。2000 多名反全球化人士从 11 月 18 日起就聚集在墨尔本举行抗议，并和警察发生冲突。

　　2004 年 11 月 20~21 日，亚太经合组织（APEC）第 12 次领导人非正式会议在智利首都圣地亚哥召开，20 多个国家的领导人讨论贸易投资自由化、人类安全、可持续发展等议题。全球各地，特别是拉美各国的 50000 多名反全球化人士在圣地亚哥街头举行声势浩大的抗议示威，抗议这个"富人俱乐部"制定出来的对穷人没有益处的政策，呼吁采取行动，让正在全球扩散的这种经济模式更人性化。在 APEC 会议召开的同时，由"智利社会论坛"发起并得到政府批准的 50000 人游行活动也在市中心阿尔玛戈罗广场举行，部分抗议者与维持秩序的警察发生冲突，导致一些公共设施被破坏，一些汽车被烧，一家银行和一些商店门窗被砸碎，警方逮捕了 130 名抗议者。

　　2005 年 7 月 6 日，八国峰会在英国格伦伊格尔斯召开。峰会围绕两个主题：一是豁免非洲穷国的债务，二是检讨《京都议定书》生效后的运作情形。来自全球的 10 万名示威者聚集在英国爱丁堡街头，从 7 月 4 日起就开始发动"让贫困成为历史"的"白色缎带日"活动，反全球化主义者也参与其中，反对作为"全球化代码"的八国峰会所带来的"单向全球化"。

　　2005 年 12 月 13~18 日，世界贸易组织第六次部长级会议在中国香港举行，来自韩国、南亚、东盟、欧洲等地的农民和其他抗议人士会聚中国香港举行示威游行，呼喊"打倒 WTO""反对全球化"等口号。

　　2006 年 7 月 17 日，八国峰会在俄罗斯的圣彼得堡举行，来自俄罗斯及其他国家的一些反全球化、反全球资本主义人士聚集圣彼得堡举行街头抗议。他们高呼"打倒八大国"等口号，和警察发生对抗。与此同时，"社会论坛"也在圣彼得堡举行。

　　2007 年 6 月 6~8 日，在德国北部港口城市罗斯托克附近小镇海利根达姆召开八国集团峰会。6 月 2 日，来自德国内外约 10 万名反对全球化的抗议者和示威者向海利根达姆各个方向前进，他们控制了德国北部小镇海利根达姆（Heiligendamm）通往机场的道路，反全球化运动与推进全球化的国际峰会在同一时间和同一地点举行，前者与后者进行针锋相对的斗争，已经成为反全球化斗争的一种重要形式。示威抗议者和警察发生冲突，结果造成 520 名示威者和 400 名警察受伤。

2008 年 1 月 23 日，世界经济论坛在瑞士度假胜地达沃斯举行，来自世界的 27 位国家元首或政府首脑、113 位部长级官员、超过 1370 位执行长级企业领袖齐聚。反全球化的示威者于 1 月 19 日就来到达沃斯，他们高举"反对世界经济论坛、资本主义体系与压迫"的标语，与警察发生冲突，造成 200 人被捕，数十人受伤。

2009 年 4 月，G20 领导人齐聚英国伦敦共商应对金融危机大计，英国反全球化组织发动"金融愚人节"大游行，英国官方如临大敌，派出大批警察应对。

"西雅图示威""达沃斯抗议"以及发生在伦敦、墨尔本、曼谷、罗马、香港、海利根达姆等地的反全球化运动，成为与全球化运动相对立的一股潮流，这种"反全球化"的运动的形式和特点是，反全球化运动与推进全球化的国际峰会在同一时间和同一地点举行，前者与后者进行针锋相对的斗争，发生正面冲突，并且出现暴力甚至有人员伤亡。

随着反全球化街头抗议活动的发展，反全球化人士的技术条件和组织条件更加完善，反全球化抗议示威与过去西方发达国家一般的抗议示威有很大的不同。抗议者不单是高举抗议标语和旗帜、用扩音器高呼口号、在特定场所进行有节制的游行，而且往往采取一些新奇的做法。他们头戴面具，在催泪气体的笼罩下，向防暴警察投掷石块和玻璃瓶，并砸烂店铺橱窗。他们聚集在举行国际性会议的场所前，用身体筑成人墙打起示威的标语，阻断交通，向国际会议和国际组织施压。有的人在建筑物外墙上喷漆、涂鸦，还有人甚至赤身裸体，嘲笑"精英们的伪善"。表面看来，他们似乎是一群存心闹事的乌合之众。但实际上，这些人并非游勇散兵，来自许多国家的几万人甚至十几万人在同一时间聚集到一个地方，无疑需要有一定的组织和技术条件。这时候的反全球化运动多少带有一种和现存的世界调侃和娱乐性质，成为嬉皮士的一种斗争方式。

1.2.4 "反全球化"转变为"逆全球化"阶段

2017 年特朗普当选美国第 45 任总统，将发达国家中日益嚣张右翼势力的民粹主义、保守主义、孤立主义和贸易保护主义公开化、明面化，使长期以来以弱势群体为主导的"反全球化"运动趁势转变为以发达国家为主体的"逆全球化"思潮。这种变化，使"反全球化"运动具有新的特征。

首先，"反全球化"运动的主体发生了变化。传统的"反全球化"运动的主体主要是弱势群体，包括参加过反侵略战争的老兵，处于社会底层的工人、农民、医生、自由职业者、失业者，工会活动积极分子，环境保护主义者，无政府主义者，农产品保护主义者，自由主义者，左翼分子以及少量的极端主义者，他们大多通过各类工会、民间社团、左翼政党以及和平组织、环保组织、无政府主义组织、人权组织等形形色色的非政府组织和抗议联盟的鼓动，为争取各种脱离现实的诸如消除贫富差别、实现平等正义等空想理想而发泄对全球化的不满和怨气。2017年特朗普上台后，肆无忌惮地"退群""毁约"和推行贸易保护主义、民粹主义、保守主义的"逆全球化"政策，"反全球化"主体由弱势群体转变为富国中右翼势力的民粹主义、保守主义、孤立主义和贸易保护主义者。运动主体的变化，标志着"反全球化"运动性质的变化。

其次，"反全球化"运动目标的变化。传统的以弱势群体为主体的"反全球化"运动以反对美国等发达国家对广大发展中国家的掠夺、反对全球化不公正的扶强抑弱规则、反对贫富分化和环境破坏、追求所谓的公允和正义的目的，转变为以发达国家为主导的自私自利、对发展中国家进行的贸易保护主义、民粹主义和孤立主义的排斥政策。实际上这是发达国家为了保护自身狭隘利益而对广大发展中国家进行的新的宣战，它将进一步加剧南北差距。

再次，"反全球化"运动的方式发生了变化。传统的"反全球化"运动以弱势群体为主体，由于他们不是执政者，没有掌握国家机器，缺少媒体支持，因此采取的惯用方式是街头抗议、网络抗议、集会等，话语权很差。一些激进的团体将弱势群体的这种不满引向暴力，在一定程度上影响了"反全球化"运动的公信力，甚至引起中产阶级的反感和厌恶。而以发达国家为主体的"逆全球化"运动，由于主体是一些政党甚至执政者，有组织有纲领，有国家机器支撑，掌握着话语权，甚至将他们的保守主义、贸易保护主义、民粹主义的思潮转化为国家内外政策和主张，具有强大的影响力，因而使这种"逆全球化"具有全球性扩散特征。

最后，"反全球化"运动的影响力发生变化。传统的以弱势群体为主体的"反全球化"运动由于多以民间的方式开展，又缺乏话语权，因此其影响有地域、阶层和时间的局限性，在发展中国家和弱势群体中影响较大。而随着"反全球化"运动发展，现在以发达国家中的右翼势力为主体的"逆全球化"群体，借助掌控的强大国家机器以及现代信息技术，将保守主义、民粹主义、孤立主义和贸易保护主义作为国家主张和国家政策，通过国家机器的正式渠道和力量传递到全世界，其影响力可以说是全方位、全地域、全周期的，远非弱势群体的街头抗议之类的"反全球化"运动所能及。

1.3 "反全球化"的世界社会论坛

1.3.1 何谓世界社会论坛

随着"反全球化"运动之街头抗议运动的兴起，一种文明的、不会发生正面冲突更不会出现暴力冲突的非街头式的、与世界经济论坛分庭抗礼的"反全球化"形式蓬勃兴起。这种"反全球化"形式，将"反全球化"运动的论坛与推进全球化的国际会议安排在同一时间、不同地点举行，公然与全球化唱反调，并直接与全球化的国家会议进行远程对话和抗辩。

世界社会论坛（World Social Forum）是由反对经济全球化的各国非政府组织发起，并由全世界非政府组织、知识分子和社会团体代表参加的大型会议，是与瑞士达沃斯世界经济论坛相对立的非政府间论坛。2000 年 6 月，世界各地的非政府组织代表在日内瓦举行会议，决定在世界经济论坛举行的同时召开世界社会论坛。该论坛成立的目的是提供一个开放性的集会场所，用来表达思想，民主地讨论观点，提出建议，通过市民社会集体行动反对新自由主义和资本控制世界，反对任何形式的帝国主义，致力于建立一个关注人类以及人类与地球关系的新型社会秩序。它与世界经济论坛的最大区别在于自由开放性，除政党代表和军事组织成员外，与会代表不受性别、文化、种族等资格限制。世界社会论坛会议的出现和成功举办，推动了国际社会关注和思考全球化的负面问题，奠定了世界社会论坛广泛的国际影响力。

从此以后，世界社会论坛每年年初都举行会议，并将会议时间安排在与有"有钱佬俱乐部"之称的"世界经济论坛"相近的时期举行，宗旨是让普通公民就一系列社会议题表达看法和进行交流。全球民间组织聚首一堂，共同讨论各项议题及策略，互相交流反全球化运动的信息。

1.3.2 第一届世界社会论坛

2001 年 1 月 25 日，就在世界经济论坛第 31 届年会在瑞士达沃斯召开之际，来自世界 117 个国家的 10000 多名反全球化人士相聚巴西的阿雷格里港，参加这次前所未有的"平民百姓"的盛会。他们的口号是"另一个世界是可能的！"这个口号给人们一个充满希望的信息，希望面对不公义与霸权，弱势者团结在一起找寻出路。

　　世界社会论坛会议完全是跟达沃斯世界经济论坛峰会唱对台戏。世界社会论坛的中心议题是：如何让所有的人合理创造和分配财富；如何建起一个公平的金融体系；如何将"以科学为本的发展"变化为"以人为本的发展"；如何探索全球公民发展的可能性和局限性。组织这次论坛的主角主要是巴西劳工党，还有过去曾先后在西雅图、华盛顿和巴拉圭以及其他国际会议大吵大闹的"反全球化"的精英们，包括法国两名低级别的部长和 2000 年辞职的内阁部长皮埃尔·切维蒙特，他曾大声告诉记者："当资本主义和金融市场在全世界占据统治地位的时候，就走向了反民主、反教育、反社会福利的趋势。"此次论坛的"当家人"是巴西南里奥格兰德州州长、巴西左翼工人党领袖奥里维欧·杜特拉、法国农场主领袖乔西·博夫、阿尔及利亚独立后的首任总统本·比拉。这些"当家人"和各路代表们在开幕式上争抢麦克风发表自己五花八门的观点。会场内的布置也别出心裁，马克思、格瓦拉等画像挂在会场上，红色成为论坛的主格调。代表们达成了如下共识：第一，每年召开一次世界社会论坛；第二，与世界经济论坛同期召开；第三，2002 年世界社会论坛仍然在阿格雷里举行，并鼓励其他国家同期举行类似活动；第四，成立世界社会论坛国际理事会，商讨并制定《世界社会论坛原则宣言》。①

　　第一届世界社会论坛的召开获得了巨大的成功。论坛最后在宣言中提出：来自全世界的社会力量聚集到这里——阿格雷里的世界社会论坛，各种协会、非政府组织、社会运动和组织、知识分子和艺术家等聚集在一起，组成一个强大的联盟，从而建立起一个新社会，这是一个不同于其主要逻辑是把自由市场和金钱作为价值衡量的唯一手段的社会。宣言确立了论坛的基本目标，即"作为从西雅图发展而来的反全球化运动的一部分，我们挑战精英阶层以及以世界经济论坛为标志的国际民主赤字。我们走到一起分享经历，加强团结，表达对新自由主义全球化政策的坚决反对"。

　　第一届世界社会论坛的成功召开表明，在探寻反全球化运动的新形式方面，反全球化人士与组织已经走出了艰难的第一步。这是他们有组织、有计划地进行联合斗争的开始，标志着反全球化运动已经进入了一个新阶段，并为以后的世界社会论坛的召开奠定了坚实的基础。正如论坛的组织者之一卡森所言："从今往后，我们就跟达沃斯峰会一样，每年开一次，相信我们的论坛会越开越大，越办越好。我们将一如既往地反对全球性组织召开的会议，比如说

---

　　①　在第一届世界社会论坛闭幕后的 2001 年 4 月 9 日，在巴西圣保罗由组成世界社会论坛组织委员会的诸组织诵讨了《世界社会论坛原则宪章》。该宪章于 6 月 10 日由世界社会论坛国际理事会修改后通过。

像世贸组织的会议。"

1.3.3　第二届、第三届阿雷格里港世界社会论坛

2002 年 1 月 31 日至 2 月 5 日，在世界经济论坛于美国纽约召开的同时，反全球化的第二届世界社会论坛在巴西阿雷格里港召开。在巴西这边的世界社会论坛与在美国那边的世界经济论坛进行远程对话。世界社会论坛是与世界经济论坛相对立的非政府组织会议。在美国那边的世界经济论坛有 100 多个国家参加，在巴西这边的世界社会论坛有 150 多个国家、5000 多个非政府组织的15000 名代表参加，其中 40% 是妇女代表。如果把非正式代表以及巴西本国参与者计算在内的话，参加论坛者则超过 50000 人。

第二届世界社会论坛会议主题是"建立一个更团结的世界"，反对"由自由市场控制"的全球化，反对"新自由主义的过分做法导致的灾难、不平等和不公正现象"。会议宣言要求结束"军国主义、新自由主义和战争文化"，宣言主题是"为了抵制新自由主义、军国主义和战争"。这次反全球化运动认为："美国政府及其盟国以'反恐怖主义战争'的名义悍然发起了一场军事行动"，"战争加强了美国及其盟国的主导地位"。宣言总结了"反全球化精神"，说"这是一种全球团结的运动，我们因为反对财富集中、反对贫困与不平等现象的扩散、反对破坏我们生活的现象而团结到了一起"。埃菲社说参加世界社会论坛的人数高达 60000 人，其中有 15000 人是青年，他们在会议期间还为 2001年在热那亚反全球化运动中被警察打死的那位意大利青年举行了悼念活动。

在论坛召开的 5 天时间内，共举行了 700 多场大大小小的会议、讨论会和报告会。由于"9·11"事件后美国发动了阿富汗战争，因此这次论坛的与会者就世界和平、恐怖主义、地区冲突等问题进行了研讨，同时经济全球化中存在的债务、就业、环境和人权等问题也是本次会议的讨论重点。会议提出西方债权银行应取消发展中国家的债务作为补偿性措施，并要求改革国际货币基金组织、世界银行等国际性机构。在论坛组织的 50000 人大游行中，发生了多起焚烧美国国旗和布什模拟头像的事件，反美标语更是处处可见。论坛发表了《追求一个没有战争的世界》的声明："一个没有战争的世界，就是一个消除了霸权的世界，这个世界上可以存在一个民主化的世界强权，不过它是通过地区合作方式得以支撑，并且它表达的是绝大多数人的利益。"

美国学者诺姆·乔姆斯基在论坛上指出：今天我们看到的全球化，不是对各国人民有好处，而只是对一部分人有好处。拉丁美洲国家的代表则反对美国推进的北美自由贸易区，认为这无异于将狮子与绵羊放在同一个圈子里，这必

将摧毁拉丁美洲各国的生产部门，加剧社会贫困。一些欧美国家的代表则主张，各国政府应该对从事金融投机的短期国际游资征收"托宾税"，以用于反贫困计划。有些代表要求废除世界银行、国际货币基金组织和世贸组织，并颁布对跨国公司实施严密控制的宪章。来自"全球化国际论坛"（International Forum on Globalization）的代表甚至提议改造联合国，并且在新改造过的联合国框架内推行一种各方共同参与的全球治理。

时任联合国秘书长科菲·安南对世界社会论坛的召开极为关注，致信与会代表说，众多代表的出席表明了世界社会论坛的重要性。他呼吁各位代表要与各国政府和企业进行合作，共同改造世界，而不是采取与政府对立的方式。他还呼吁在纽约出席世界经济论坛的代表倾听世界社会论坛代表及他本人的呼声，与发展中国家一起，与贫困做斗争。

第二届世界社会论坛是在"9·11"事件发生后、美国在全球展开反恐战争、阿根廷爆发经济危机等背景下召开的。在美国等发达国家对反全球化运动进行严密监控下，国际反全球化运动并没有因此沉寂，而是以一种新的姿态、新的形式发展起来，阿雷格里成为日益壮大的反全球化运动的中心地。萨米尔·阿明指出，世界社会论坛有着广泛的社会基础与理论基础，2002 年的阿雷格里港的论坛表明，左派存在于全世界，它的性质是反帝、反新自由主义的。这次论坛还决定于 2002 年 11 月建立欧洲社会论坛。

第三届世界社会论坛于 2003 年 1 月 23~28 日在巴西阿雷格里港举行，来自世界 156 个国家的 5717 个非政府组织的 20000 多名代表，1423 个新闻机构的 4000 多名记者与会，与会人员超过 100000 人，其中拉丁美洲国家代表和巴西代表占绝大多数。这届论坛召开了 1472 场形式不一的圆桌会议、演讲、研究会、讨论会等，其突出特点是反对美国对伊拉克动武，呼吁安理会 15 个成员国议员向各自政府施压，迫使它们反对战争，并在安理会行使否决权。与会者还就民主和可持续发展，人权和社会平等，传媒、文化和反对霸权主义，政治权力、社会文明与可持续发展，反对战争、促进和平五个问题进行了深入讨论。论坛开幕式结束后，70000 多人走上街头，举行了声势浩大的示威游行，他们手举标语，高呼口号，反对战争，希望和平，抗议美国可能对伊拉克发动的战争。

论坛呼吁联合国成立一个类似于安理会的专门机构，对全球化进程及其运作方式作出调整，并对国际组织进行改革，致力于解决贫困、战争和环境恶化等世界范围内的社会问题，要求各国政府同样致力于解决这些问题，而不应该把主要精力投入到全球化方面。与会代表对全球化的批判得到拉美政治家的支持，时任委内瑞拉总统查韦斯专程参加论坛，并发表了公开演讲。时任巴西总统达席尔瓦在前往达沃斯参加世界经济论坛年会前，也向群众发表演讲，表示会把阿雷格里港发出的信息带到达沃斯，努力谋求建立一个"新的世界秩序"，因为一个非洲出生的孩子，同北半球出生的、蓝眼睛的孩子一样，也拥有吃饭的权利。

在巴西召开前三届世界社会论坛，反映了一种同街头抗议不同的新形式的反全球化运动在非西方世界兴起，并且呈现出蓬勃发展之势。它表现在以下四个方面：

第一，规模不断壮大。从 2001 年的第一届到 2003 年的第三届，参与的人数从 1 万增加到 10 万。论坛正式代表国别的反全球化人士也越来越多，从第一届的 117 个国家增加到 156 个国家，世界上大多数国家的代表都参加了论坛。这表明，世界社会论坛的影响力正在不断扩大。

第二，讨论的议题越来越广泛和深入。虽然每届论坛的主题仍然是反对新自由主义的全球化，但是随着形势的发展和变化，每届论坛的议题都会有所变化和侧重。代表们的发言和讨论也不断深入，反全球化的思想从新自由主义全球化造成日益扩大的贫富差距和不平等、跨国公司造成失业率上升、工人工资下降、新自由主义全球化加快了生态环境的破坏过程等，一直延伸到反对资本主义全球化、反对战争、反对美国的霸权主义等领域。

第三，论坛的关注点从单纯揭露问题升华为探索解决问题的可行性方案。2001 年第一届世界社会论坛是作为达沃斯世界经济论坛的对立面而存在的，其目的主要是通过挑战世界经济论坛来挑战新自由主义全球化，因此更多的只是提出问题，从不同的角度揭露新自由主义全球化的恶果，而没有提出解决问题的方案。到 2002 年举办第二届世界社会论坛时才正式确定了主旨："另一个世界是可能的。"代表们围绕这一主旨展开讨论，回答了西方政治家提出的"除了新自由主义全球化之外没有其他替代方案"的问题。到 2003 年举办第三届世界社会论坛时，进一步将具体替代方案明朗化，并对论坛本身在结构、进程等方面的问题进行了深刻的反思。正如印度激进作家阿兰哈迪·罗伊所言："另一个世界不仅是可能的，而且她已经启程了。在一个安静的日子里，我甚至能听到她呼吸的声音。"

第四，作为实现反全球化运动全球动员的重要途径，世界社会论坛的各类分支机构不断兴起。在世界社会论坛确定建立分支机构后的一年内，从洲际论坛到国家论坛再到城市论坛甚至城镇论坛，在全球范围内迅速诞生。如随后建立起来的欧洲社会论坛，就于 2002 年 11 月在佛罗伦萨组织起了 100 多万人的反战大游行；在印度海德巴拉召开的亚洲社会论坛，吸引了亚洲 60000 多反全球化人士参加；拉美地区则广泛组织起了以国家、省份、城市等为单位的地区性社会论坛，并动员起越来越多的反全球化人士加入到反全球化运动中去。

1.3.4　第四届孟买世界社会论坛

2004 年 1 月 16～21 日，来自 130 多个国家、2300 多个非政府组织、75000 多人参加的第四届世界社会论坛在印度孟买召开。这是自世界社会论坛成立以来规模最大的一次盛会，如果把印度本国的反全球化参与者计算在内，则参加的人数超过 10 万人，其中 80% 来自印度次大陆。反全球化人士聚集在一起，目的就是反对全球化带来的文化殖民和经济至上，反对主流意识和主流形态上的强者对人类秩序的肆意破坏。

2004 年第四届世界社会论坛的主题包括该论坛的常规讨论话题：军事干预主义、战争与和平；全球化、经济与社会安全；可持续发展；土地、水资源与食物安全；宗教、种族、语言歧视和压迫；父权制度与性别；劳动力与世界就业；文化与知识。此次论坛的小组专题讨论内容包括政党和社会运动；全球化及替代方案；全球化、全球治理与民族国家。特别值得一提的是，2004 年孟买会议的重点议题是：帝国主义与全球化；军事干预主义与和平；种姓制度、种族主义与其他排斥和歧视性制度；地方自治、宗教狂热与宗派主义的暴力统治。最重要的两个议题是：反对全球化带来的不公正、不平等；反对美国对伊拉克的军事占领，反对美国的霸权主义和单边主义政策。为此，会议除了开幕和闭幕大会外，设有专题小组讨论、辩论会、大会、小型聚会及大约 200 个讨论组。

第四届世界社会论坛选在印度孟买召开，主要基于以下几点考虑：

首先，进一步扩大世界社会论坛的影响并吸引更多的亚非代表参加。亚洲地区人口总数占世界一半以上，印度又是亚洲人口大国。在阿雷格里港举办的前三届世界社会论坛的参与者，80% 以上来自巴西，虽然从一开始，组织者就努力把论坛办成世界性的，但是就整个论坛的组织活动和参与者来说，在很大程度上它依然是一个拉美地区性论坛。第四届世界社会论坛移师印度孟买召开，克服了上述弊端，迈出了论坛走出拉美的重要一步，与会代表有一半以上来自亚洲尤其是印度。

其次，发展中国家多位于亚洲、非洲和拉丁美洲，它们受到了全球化不平衡发展的影响，有些国家甚至正被边缘化。全球化不平衡发展还表现为一国内部不同地区、不同产业的不均衡发展，例如，在印度高科技和极度落后的农业社会同时并存。2001 年世贸组织会议期间，印度 30000 名农民集会抗议世贸组织不利于发展中国家的规定。此外，抵制麦当劳、肯德基，倡导购买国货及"要晶片不要薯片"的口号都显示出反全球化运动在印度已具有较广泛的社会基础。

再次，印度的左翼人士、非政府组织、人民运动等，不仅能为主办论坛本身提供丰富资源，而且能有效地实现与地方政府及市政当局的团结合作。印度的反全球化除了捍卫民族经济外，还涉及抵制西方文化的影响。印度是世界文明古国之一，有着多元的语言、宗教和文化，可以突出 2004 年世界社会论坛的多元性。

最后，孟买是印度第一大城市，人口约 1400 万，濒临阿拉伯海，被称为印度的"西部门户"，在印度的政治、经济、金融、军事及文化等各方面都具有重要地位，是印度的工商金融中心。各种文化和宗教派别在孟买并存，现代化摩天楼和拥挤的贫民窟并立，集中体现了印度的多元性和矛盾性，对帝国主义全球化和宗派主义的抵抗具有一定社会基础。

第四届世界社会论坛移师孟买的意义，正如世界社会论坛国际理事会成员、热那亚社会论坛主席维托罗·阿格诺莱托所指出："这是一个非常重要的选择，它使得世界社会论坛成为一场真正的世界性运动，而不仅是西方的运动。"

第四届孟买世界社会论坛吸引了众多非政府组织参加，包括来自阿拉伯世界的和平组织和工会组织，巴基斯坦的女权组织，西欧国家的保护难民组织，北美国家反跨国公司组织和环境保护组织，中欧国家的反核武器扩散组织，非洲的捍卫土著居民权利组织，以及世界各地的反对宗教政治化组织等。同时，许多世界明星级人物也参加了这次世界社会论坛，其中最显眼的有反对世界银行与国际货币基金组织推行的新自由主义政策的、诺贝尔经济学奖得主、美国经济学家斯蒂格利茨。斯蒂格利茨认为，新自由主义政策是被意识形态和经济利益而非一种可行的经济理论所驱动的，这种经济模式不能带来发展，结果反而是工人收入下降、经济不平等、社会不稳定。他积极倡导广泛的、整体性的改革，而这种改革必须把经济问题与广泛的社会问题的解决放在一起。

第四届孟买世界社会论坛始终将反对全球化作为最主要的声音，认为世界上出现的大量社会问题，包括新殖民主义、全球贫富差距等，主要是由经济全球化、跨国公司、国际组织支持的新自由主义政策所致。这届论坛的另一个重要主题就是反对美国的帝国主义与霸权主义。由于孟买在印度社会中的特殊地位及其突出特点，这届论坛表现出了与历届论坛截然不同的风格和特点，具有鲜明的印度特点。印度的贫困问题十分严重，宗教、种姓制度名扬世界，孟买的贫民窟全球闻名，因此宗教冲突、种姓制度以及社会贫困问题也成为这届论坛讨论的主题。"在孟买，贱民们争取自身权利的运动表明，如果没有一场全球性的以各种方式反种姓制度的斗争，世界社会论坛和世界范围内反全球化运动所声称的'另一个世界'将是不可能的"。因此，这次社会论坛还有印度三万多贱民、土著居民和妇女参加。组织者以高超的组织才能，使得这次论坛的文化氛围浓厚，也更加贴近现实。一位代表感慨地说："第三世界的现实在论坛围墙外一览无余。孟买四处是触目惊心的贫困……到处是恶臭与污秽，随时都有乞丐抓我们的衣袖,不时缠绕着我们……但我们需要习惯这一切。为改变这一切,我们必须首先面对这个世界的丑恶一面。"

第四届孟买世界社会论坛的成功举行,具有重要的世界性进步意义。美国学者大卫·怀特豪斯认为:"同以往的社会论坛一样,本届论坛为世界这一重要地区的进步和左翼力量提供了一个重要的对话和讨论空间。这一步是非常重要的,但是下一步,即自下而上建设可靠而政治化的反抗力量的工作尚待努力。"《印度日报》的社论也高度评价说,世界社会论坛只用了三年时间,就赢得足以与历史悠久的世界经济论坛相媲美的地位。倘若不考虑对国家政策的具体影响,就其启发人们意识到可以有别于世界经济论坛的其他存在而言,世界社会论坛是一个成功的例子。

1.3.5　第五届阿雷格里港世界社会论坛

2005 年 1 月 26~31 日,在世界社会论坛的发源地阿雷格里港,第五届世界社会论坛隆重举行,2005 年 1 月 31 日,第五届世界社会论坛在巴西城市阿雷格里港闭幕。时任巴西总统卢拉、委内瑞拉总统查韦斯,一些国际机构代表和国际知名人士出席了第五届论坛。第五届世界社会论坛是历届论坛中规模最大的一次。在为期 6 天的论坛会议中,代表围绕自主思维,维护多样性、多元性和独特性,以及和平与非军事化等 11 项议题展开了深入的研讨。来自全球 135 个国家和地区的各类非政府组织代表、社会工作者、志愿者和巴西民众共约 15.5 万人参加了这次盛会,中国也有 20 多位代表参加,其中在论坛上发表演讲的有 5 人。论坛还吸引了一些世界知名人士,包括世界银行、国际货币基金组织负责人、诺贝尔文学奖得主、葡萄牙作家若泽·萨拉马戈、诺贝尔和平奖得主、肯尼亚环保人士旺加里·马塔伊等。论坛召开期间,先后有 2500 多个主题各异、形式多样的报告会、讨论会、辩论会等相关活动在阿雷格里港进行,6800 多人在不同场合发表了演讲,还有丰富多彩的音乐会、歌剧、电影和展览等文化节目,规模宏大,气势夺人。

与前四届论坛一样,本届论坛的主题仍然是"另一个世界是可能的"。代表们围绕这一主题,就自主思维,维护多样性、多元性和独特性,艺术和创造,媒体的权利,人类共同的财产,社会斗争和民主选择等 11 项议题进行了讨论。就在世界社会论坛开幕的同日,第 31 届世界经济论坛也在瑞士达沃斯举行,经济论坛的主题是"为艰难抉择承担责任"。两个论坛同时召开,多少给人以"对台唱戏"的感觉,因此有人认为,世界社会论坛是对达沃斯经济论坛的一种"建设性"反对姿态。两个论坛各有自己的特点:世界经济论坛具有较强的"官方"色彩，参加者多为各国政要、政府高官，工商界领袖和主流学者，本届达沃斯论坛就有25位国家元首或政府首脑，72名部长级高官和"全球500强"中的120家企业的总裁；而世界社会论坛则更多地体现了"民间"色彩，参与者中以非政府组织及其代表、民间机构代表和社会工作者居多。从代表性上看，前者代表了主流建制，代表着经济全球化的发展趋势；后者则更多地代表了世界范围内的反全球化情绪，体现了一种人文关怀；前者更多地代表着发达国家的利益和主张，代表着世界"一统性"的需要，后者则更多地代表了广大发展中国家的价值取向，反映了它们多元化发展的诉求。尽管存在着对立的成分，但两个论坛也有着一些共性，其中包括全球化与可持续发展、气候、环境与发展，建立公正、合理的国际政治经济秩序，民主与现代化等；而在世界社会论坛上，一些人士也一再表示，他们并非绝对反对经济全球化，而是希望这一进程能够更多地关注社会公正以及与自然的协调。

2005年1月26日下午论坛开幕，20多万人举行了规模宏大的示威游行。他们高举着五彩缤纷的旗帜和横幅，高呼着"另一个世界是可能的"的口号，呼吁反对战争，反对新自由主义，反对布什，要求拉美联合等。

1月27日，论坛举行全球反贫困行动大会。时任巴西总统卢拉出席大会并发表了讲话。他在讲话中表示，贫困是人类面临的最严重的问题之一，而消除贫困的办法是穷国团结起来，加强内部合作和同其他国家的合作。他还批评一些发达国家在反贫困问题上态度消极。但由于卢拉推行的新自由主义政策被反全球化人士广泛批评和指责，因此在他演讲过程中嘘声不断。查韦斯在演讲中严厉抨击了以美国为代表的资本主义和帝国主义对拉丁美洲国家的奴役和剥削，阐明了委内瑞拉在为对抗新自由主义所实行的种种政策和改革主张，其激情昂扬的演讲受到广泛欢迎。一位学者甚至认为："如果说敌人有一个名字（布什），那么人民的拥护对象也可能有一个名字，在参加世界社会论坛的许多人看来，这个名字就是乌戈·查韦斯。"

与前四届世界社会论坛相比，第五届世界社会论坛在组织方式、策略等方面有如下一些创新：第一，会场地点不像以前那样被安排在大学校园内，而是安排在瓜伊巴湖边绵延4公里的广阔区域，显得更加开阔、开放。第二，议题更加多样化，虽然贯穿论坛的核心主题仍然是反对新自由主义、反对全球化、反对资本主义，但此次论坛首次将议题划分为11个主题。第三，论坛首次制定了一份建议表，邀请代表们留下行动方案和计划，并且公布出来。论坛一共收到了352份建议。

第五届世界社会论坛取得了一系列丰硕成果，在反战方面，这届论坛有力地促进了世界各地反战组织之间的联合、团结，极大地推动了世界反战运动的发展。在反贫困方面，论坛呼吁敦促各国政府和机构共同制定反贫困计划，争取实现更加公正的世界贸易，取消穷国的债务。一个更大的成果是，由伊曼纽尔·沃勒斯坦、萨米尔·阿明、瓦登·贝洛等 19 位知识分子于 1 月 29 日共同起草了《阿雷格里港宣言》，提出了 12 条会给"另一个不同世界的建设带来理性与方向"的建议。①

《阿雷格里港宣言》的发表引起了争论，有人认为"不会产生多少共识""很难说具有广泛代表性"，有人给予了极高的评价，称之为"世界社会论坛历史上的一个转折点"。"现在，没有人能够说我们没有纲领；现在，我们

---

①《阿雷格里港宣言》：自从 2001 年 1 月召开第一届世界社会论坛以来，无论在国家层面还是在地方层面，社会论坛现象已超越自身而扩展到所有大陆。它导致了一个致力于公民权利和公民斗争的世界性的公共空间的出现，并允许人们就替代新自由主义全球化暴政的政治方案进行详尽讨论，而新自由主义全球化把金融市场、跨国公司、美帝国主义及其军事力量作为其基本的推动力量。由于参与论坛的个人及社会运动的多样性和团结性，这项替代性全球运动越来越成为需要从全球视角加以考虑的力量。在论坛所提出的无数建议中，许多已得到世界各地诸多社会运动的支持。作为《阿雷格里港宣言》的起草者，我们决不自称代表整个世界社会论坛，而这项宣言也完全基于严格的个人基础之上。

我们已经认同以下 12 条提议，我们都相信，这些提议会给另一个不同世界的建设带来理性和方向。如果这些建议能够被贯彻，这将使公民们能掌握自己的未来。因此，我们试图把这些基本要点提交所有国家的参与者及社会运动来审查。因为正是他们将在所有层面——世界层面、大陆层面、国际层面、地方层面——奋勇前进，并为这些提议的实现而斗争。的确，我们并没有幻想各国政府和国际机构会自发地执行这些提议中的任何一条，即便它们出于机会主义考虑叮能会宣称这么做。

通过新经济措施的推行，另一个不同的世界必须尊重所有人的生存权。为此，就有必要：

一、取消南方国家的外债。南方国家已经多次偿付外债，这些外债已成为债权国家和地方性、国际性金融机构行使特权的手段，从而使绝大多数人处于其控制之下并使他们饱尝痛苦。需要补充的是，还有必要收回腐败的领导人所窃取的巨额财富。

二、对金融交易、国外直接投资、跨国公司合并收益、武器交易以及导致严重温室效应的生产活动征收国际税（最要紧的是针对投机资本征收托宾税）。这类财政收入，外加应占富国国民生产总值的0.7% 的公共发展援助应被直接用于同重大流行疾病（如艾滋病）的斗争，用于保证所有人都能享有洁净水、住房、能源、健康和医疗、教育以及其他社会服务。

三、坚决摧毁所有形式的财政、司法和银行的"乐土"，这些"乐土"除对有组织犯罪、腐败、各种非法交易、诈骗、逃避金融监管以及大公司甚至政府的非法操作有利外，几乎一无是处。这些"乐土"不仅存在于某些国家的法律不完备的地区，还存在于发达国家的法律体系中。因此，对进出这些"乐土"的流动资本以及参与资本运作的机构和个人征收资本交易税是一种明智做法。

四、地球上所有居民都享有工作的权利，都享有社会保障和退休金的权利，而且要做到男女之间权利的平等。无论在国家还是在国际层面上，这些都应该是所有相关公共体系中不可或缺的部分。

五、推进所有形式的公平贸易，抵制世贸组织提出的所有有关自由贸易的协定和规则，引入具有

有了阿雷格里港共识，并且我们确定——我们深信——论坛的大多数人会赞同这个提案"。过去的几届世界社会论坛因为没有对需要改变的东西提出实质性建设而屡受批评，而《阿雷格里港宣言》改变了这种状态。其中帕特里克·邦德的评论最具代表性。他认为，第一条提议的不足之处在于，它没有明确指出取消债务也应涉及中等收入国家。这条提议另一个不足是，各国精英分子窃取并存入瑞士等国银行的财富，各国人民都表示关注并极力要求收回，但这条提议对民众日益高涨的这种要求并没有表示明确支持。这条提议还牵涉清偿利息问题。以南非为例，在种族隔离期间，统治者通过掠夺黑人的社会财富而支付外债利息达数十年之久。"大赦南方"和支持种族隔离受害者组织为此要求银行及相关机构予以赔偿，但目前还没有取得成功。不过，要求赔偿的呼声还会继续，对此，这条提议应该明确自己的支持态度。宣言起草者还应指出北方国

进步倾向的操作机制，以便在商品生产和服务方面推行一致的社会和环保标准。教育、健康、社会服务和文化等应该被排除在世贸组织制定的《服务贸易总协定》范围之外。

六、通过推动农业生产的发展，确保所有国家有权享有食品主权和食品安全。这意味着完全禁止所有农产品出口补贴（主要是美国和欧盟），以及为避免倾销而对进口产品有征税权。同样，对用于消费的转基因产品的生产和进口，任何一个国家或国家集团都必须加以制止。

七、对所有类型的关于生物（人、动物或植物）的知识，都禁止授予专利权；禁止对各种公共物品特别是水，实施私有化。

为了全人类的利益，另一个可能的世界必须以和平与正义的方式维系共同生活。为此，就有必要：

八、依靠公共政策来反对各种歧视、排外主义、反犹主义和种族主义。完全认可土著居民的政治、文化和经济权利（包括使用自然资源的权利）。

九、采取紧急措施来消除环境恶化以及温室效应所导致的严重气候变迁带来的威胁，这些威胁是由于个人交通的快速发展以及对不可再生资源的过度使用所造成的。立即推行一种替代性发展模式，这种模式建立在如下基础之上：在全球层面上，有效和有节制地利用能源，对自然资源尤其是洁净水进行民主控制。

十、除在联合国明令之下的军事行动外，立即拆除所有外国军事基地，实现从所有国家，特别是伊拉克和巴勒斯坦的撤军。

另一个可能的世界必须从地方到全球层面来推进民主。为此，就有必要：

十一、为确保所有公民都享有获取信息的权利，有必要通过下述法案：终结大型媒体集团对媒体的垄断；保证新闻记者的自主权利；支持非营利性出版社、替代性媒体以及社区网络的发展。

十二、对国际机构推行民主化改革，以确保《联合国人权宣言》所规定的人权以及经济、社会、文化权利得到弘扬。这意味着要把世界银行、国际货币基金组织和世贸组织纳入联合国的决策机制和体系之中。如果美国一再违反国际法，那就考虑把联合国总部从纽约迁到另一个国家，而南方国家更为合适。

家因滥用全球公共资源而欠下南方国家的生态债务（"大赦南方"运动正以此为目标努力，并日益发展成为国际性运动）。第二条提议没什么可挑剔的。不过，这里存在一个有益的辩题，即与国家资本控制相比，托宾税是否合适。因为，全球托宾税能够被金融家们以各种方式轻易逃避，而且考虑到当前我们所面对的全球权力关系，这一进程可能会转向布雷顿森林体系。第三条是个很好的提议，也是一个被长期延误的要求。"9·11"事件之后对基地组织资金来源的追查使这些离岸金融中心遭受了一定压力。不过，宣言的起草者应考虑瑞士、巴拿马、开曼群岛、泽西群岛等地居民（特别是低收入者）如何开始另一种替代性生活模式。第四条提议非常好，不过什么样的国际协定需要积极推行呢？在目前不利的权力关系下，人们会期望全球进步运动朝这个方向发展吗？第五条提议虽然提倡各种形式的公平贸易，不过，起草者是不是忽略了贸易和交通低效而不合理的运行方式？起草者是不是借用了新自由主义出口拉动发展的信条？凯恩斯曾提出："让商品尽可能合理、便利地流动。"考虑凯恩斯的建议是不是更好呢？为什么起草者会忽略一些活动家们关于将水排除在《服务贸易总协定》范围之外的要求？第六条提议很好，它对第五条中重视贸易的偏见有所纠正。然而，这里却丧失了一个明确的机会，那就是不仅要讨论食品主权，还要讨论确立营养优先权的需要，以及评估食品加工代价的需要，以推进食品"去商品化"运动的发展。第七条也是一个非常好的提议，然而它没有深入下去。因为当前我们面临的最为严重的威胁，就是空气私有化。在 2 月 16 日，即该宣言发表两周后，支持空气私有化的《京都议定书》正式生效，这对全人类都是一个巨大威胁。根据《京都议定书》，那些排放二氧化碳过量的发达国家，可以向排放量不足的第三世界国家购买二氧化碳排放份额；发达国家还可以通过给予补贴等手段，向低收入地区倾倒有毒物质。所有这些都不利于环境保护。公共物品的滥用虽然使空气私有化成为必需，但起草者有必要让听众警惕由此带来的危险。第八条提议没有什么好说的。第九条提议把全球气候变暖首先归咎于"个人交通"，显然没有切中要害。因为当前如此之多的排放二氧化碳的交通工具，是同不必要的商品贸易联系在一起的。第十条提议听起来是必要的，但对处理像伊朗这样的国家所面临的军事威胁显然是不够的。这条提议也没有谈到使帝国主义得逞的各国代理机构，以及为美国和欧盟利益服务的各国精英。此外，全球军火交易似乎也应在这里提及。第十一条提议非常好，但也应该对国有媒体的改革加以讨论，毕竟，在许多第三世界国家，这也是阻碍新闻业走向民主和进步的严重障碍。第十二条提议对一些正在发展中的社会运动——如由"大赦南方"发起的"国际货币基金组织滚出去"运动——具有相当大的破坏作用，这些社会运动反对把新自由主义机构合并到联合国之中。跨国的区域性论坛中已经提出了全球行动的框架、要求、策略、战术和联合等，这正是 19 位起草者本来应予以关注的。

1.3.6　第六届巴马科世界社会论坛

2006 年 1 月 19~23 日，第六届世界社会论坛在非洲国家马里首都巴马科举行。本届世界社会论坛不再设立中心会场，而是分成 3 个部分，分别在马里的巴马科、委内瑞拉首都加拉加斯及巴基斯坦南部城市卡拉奇举行。会议共组织了 600 多场各类活动，来自世界各地的 20000 多名反全球化人士出席了首次在非洲大陆举行的大型非政府组织的反全球化会议。与会者就武装冲突、安全与和平、经济自由化的后果、发展中国家农民日益贫困化、第三世界国家债务、发展中国家科技落后以及企业私有化等当今世界重要议题进行了研讨，特别是对非洲所面临的重大问题进行了深入讨论。

第六届世界社会论坛对于非洲人民是一次十分重要的会议，因为非洲正在遭受新自由主义导致的各种灾难、不平等和不公正。出席会议的刚果（金）代表指出，目前世界上的贫困人口需要 800 亿美元才能享受到基本的医疗服务、接受初级教育和喝上干净的饮用水，但南方贫困国家每年须向发达国家偿债 3000 多亿美元，沉重的债务让这些贫困国家已无力应对当今全球化的挑战。关于棉花生产和销售问题，马里代表认为，棉花是非洲 33 个棉花生产国中 2000 多万人的主要收入和生活来源，而如今它却变成了非洲的负担和造成贫困化的原因之一。国际市场上棉花价格日益走低，以家庭生产为主的许多非洲棉农捉襟见肘，生活困苦。由于发达国家对其农业和农产品出口实行巨额补贴政策，非洲国家失去了大量的教育和卫生经费，从而使非洲农村的贫困人口更加贫困。他们强烈要求发达国家完全取消对其棉农的补贴。

中华环保联合会理事夏堃堡于 3 月 24~26 日参加了在巴基斯坦卡拉奇举行的第六届世界社会论坛年会亚洲地区分会。

1.3.7　第七届内罗毕世界社会论坛

2007 年 1 月 20~25 日，第七届世界社会论坛在非洲国家肯尼亚的首都内罗毕召开，全世界反全球化的组织代表和活动人士原预计 15 万人、开幕式当天约 8 万人齐聚一堂，发表了他们对各种社会经济问题的看法。其议题涉及艾滋病、种族歧视、自由贸易、妇女儿童权益、非洲青年人失业、减债和消除贫困等。

这届世界社会论坛的主旨仍然是与达沃斯世界经济论坛抗衡，反对全球化，强调世界社会公正性；强调全球化负面影响，呼吁政府公司负责任。与前几届世界社会论坛不同，本届社会论坛由于在非洲肯尼亚召开，因此更加关注非洲的发展。

本届世界社会论坛具有下列特点：一是参与者的广泛性。几乎全世界的左翼非政府组织、劳工组织和社会团体、反全球化的社会力量和组织都积极参与，举行了包括研讨、游行、展览、演唱会、影视播放等活动，构成了与达沃斯世界经济论坛上政治家、企业家和学术精英围绕着世界经济发展主题而研讨完全不同的风景。二是更加开放。与会者不管持何种思想，来自何等阶层，只要不鼓吹暴力革命，都可以自由讨论与全球化有关的问题，而且可以用各种形式表达自己的观点，因此除了讲演、展览之外，演唱、影视、游行都是世界社会论坛的重要活动。三是其反全球化的特性。由于参加者大多数是发展中国家民间组织的代表，他们对当今经济全球化带来的负面影响持激烈的批评态度，所以世界社会论坛在一般人的印象中就成了反全球化的论坛。

本届世界社会论坛对发展中国家的发展具有更加重要的意义。尽管经济全球化是一个不以人的客观意志为转移的客观进程，它的物质基础是科学技术革命所推动的生产国际化和国际分工在全球范围的进一步加深，它的积极影响是为更多的发展中国家参与国际分工并从中获得发展提供更多的机遇，但资源丰富、发展落后的广大非洲国家，在以美国为代表的西方发达国家发动和极力推广的现有的全球化体制中，存在着很多不合理的秩序和影响，非洲国家中的不少社会阶层并未从经济全球化中获益，非洲一些最穷的国家甚至被边缘化，在贫困线之下挣扎。这就需要国际社会站在全人类共同发展的角度进行对话和协调，建立起全球帮困减贫的机制。

第七届内罗毕世界社会论坛完整地在非洲召开还有特别重要的意义，因为非洲是最需要世界给予关注和帮助的地区，非洲大多数国家在全球化的进程中被忽视，成为全球化的弱者和全球化负面影响最集中的地区，贫困、艾滋病、种族歧视、妇女儿童权益遭受侵害也在非洲表现得最惨痛。世界社会论坛的召开将促使国际社会对非洲伸出更多更有效的援助之手。本届世界社会论坛的召开和非政府组织的呼吁、世界媒体的报道，使世界主流社会更多地重视导致非洲欠发展的根源，采取切实有效的步骤改革现行体制中存在的弊端，为非洲广大落后国家提供更多的发展机遇。

1.3.8　第八届以后的世界社会论坛

2008 年 1 月 26 日前后几天，第八届世界社会论坛由全球上千个地方团体在世界各地举行。本届世界社会论坛被称为"全球呼吁行动",因此以一种特殊的方式,并未在同一个地方举行。

2009年1月27日至2月1日,第九届世界社会论坛在巴西北部城市贝伦举行,这是论坛时隔4年后重回巴西。来自世界各地的150个国家和地区的约11万名社会运动和非政府组织代表参会,共举办1500多场研讨会和分会等活动。巴西、委内瑞拉、玻利维亚、厄瓜多尔和巴拉圭五国总统出席了与论坛代表的见面会。中国民间组织国际交流促进会、中国联合国协会和北京市民间组织国际交流协会分别派代表组成中国民间组织代表团参会。议题包括金融危机、环境保护和气候变化等问题。

2010年1月25~29日,第十届世界社会论坛在巴西南部城市阿雷格里港开幕,这是该论坛创建10年后第一次回到首次举办地进行。作为10周年纪念,本次论坛将举办主题为"10年之后:建设一个别样世界的挑战和建议"的研讨会,回顾世界社会论坛成立10年来所做的工作、发挥的作用、经验教训,并展望论坛未来的发展。除了继续关注反经济全球化这一主题外,环境问题也成为了会议热点话题。本次世界社会论坛采用分散举办的方式,除了阿雷格里港之外,论坛该月底还分别在巴西北部城市萨尔瓦多、非洲贝宁、西班牙马德里和巴塞罗那举办活动。而在阿雷格里港的研讨会及文化艺术活动也是分布在几个卫星城进行,有20000人参加。本届世界社会论坛共举办了915场各种形式的报告会、研讨会和文艺表演。

2011年2月6~11日,第十一届世界社会论坛在非洲国家塞内加尔首都达喀尔开幕。本届论坛的口号是"体制和文明的危机"。包括政治家、金融家、工会及社会组织积极分子在内的近50000名代表参加了会议。会议持续到2月11日结束,论坛的主题是全球金融危机后果、公民社会和社会领域现状、阿富汗问题等。

2012年1月23~29日,当全球经济和政治精英聚集在瑞士度假胜地达沃斯之际,第十二届世界社会论坛在巴西南部城市阿雷格里港举行,探讨经济危机新的解决方案,70000多名反资本主义斗士参加这一论坛。这次论坛向全球的其他声音和抗议组织敞开大门,其中包括西班牙"愤怒"运动、美国"占领华尔街"运动、"阿拉伯之春"运动以及智利学生的成员。时任巴西总统罗塞夫也参加了这一论坛。这次论坛的口号是"资本主义、社会和环境正义",其目的就是为与6月在里约热内卢召开的联合国可持续发展会议同时举行的有关社会运动的人民峰会奠定基础。

2016年8月9~14日,第十六届世界社会论坛在加拿大魁北克省蒙特利尔市举行。主办者为了弥合南北差异,改变自2001年以来一直在发展中国家举办的传统，有意将会址选在发达国家。来自全世界 118 个国家的 10000 多人齐聚蒙市，加上加拿大本地参加者，人数接近 50000 人。会议在蒙特利尔市中心和周边地区的 11 个会场举行了 1200 多项活动，内容包括讲座、演出以及在麦吉尔大学和魁大蒙市分校等地举行的 22 场大型讨论会。本届世界论坛的议题包括气候变化、企业的社会责任、反种族歧视、工人权益和贫富差异等。与会者有加拿大作者和活动人士娜奥米·克莱恩、意大利经济学家里卡多·佩特雷拉、法国哲学家和社会学家埃德加·莫兰和玻利维亚副总统加西亚·里奈拉等。有一百多名代表因没有获得入境签证而无法到会，其中包括联合国秘书长候选人、马里活动人士阿米娜塔·特拉奥雷麦等。

1.3.9　与世界社会论坛相伴的其他各种峰会

反全球化运动的形式除了以上两种之外，世界上不少地方举办的全球化论坛，有的实际上是反全球化运动的又一种形式。这种形式的反全球化国际运动与推行全球化的国际会议既不在同一时间举行，也不在同一地点举行，而是一种独立行动。随着世界社会论坛的发展，世界各地逐渐建立了一些分支机构，如"欧洲社会论坛""亚洲社会论坛"等。在世界社会论坛举行的同时，不同地区的分支机构也举行了一些反全球化的峰会。特别是 2001 年 7 月的热那亚反全球化抗议活动中，一个叫朱里亚诺的青年"误中宪兵流弹"，成为反全球化运动的第一个"殉道者"后，各地的反全球化集会不断。

哈瓦那全球化论坛已经举行了三届。2002 年 2 月 11~15 日，第四届哈瓦那全球化论坛在哈瓦那举行。出席论坛的有来自 40 多个国家和 10 多个国际组织和地区组织的 1000 多人。论坛的议题较为广泛，有金融危机、外债、人类资源和劳动力市场、经济一体化和合作、环境、阿根廷危机、美洲自由贸易区等。卡斯特罗在闭幕式上发表讲话说，当今世界正处于"二战"以来最严重、最危险的危机之中。发展中国家债务日益严重，已达 20000 亿美元。其中拉美国家 1985 年外债总额为 3500 亿美元，2001 年增加到 7500 亿美元。与此同时，一些国家推行私有化，使财富转到了外国企业手中。卡斯特罗批评美国的霸道做法，为了美国利益，逼迫一些国际机构改变原来的职能和作用。不少反全球化人士在论坛上抨击了西方国家特别是美国主导的全球化。

2002 年 6 月 26~27 日，在富国峰会于加拿大举行的同时，非洲一些国家的代表于非洲举行穷国峰会，对富国峰会进行远程抗辩。

2002 年上旬，在欧洲文艺复兴发祥地的佛罗伦萨，来自全欧各地的上百万人举行了一次反全球化运动史上规模空前的大游行。这次大游行是反全球化运动为期 5 天的"欧洲社会论坛"的活动内容之一。游行的主题是反对战争、捍卫和平。"反对美国称霸世界""反对新种族主义""反对资本主义全球化"等这些激愤的口号，使人感受到一种强烈的反美情绪和对当今世界总体秩序的不满。来自世界各地的 4000 多个组织的 20000 多名代表召开了 160 多场研讨会和 30 多次大会。他们在发言中，除了反对美国利用全球化在全世界追求其单方面利益和霸权外，还制定了世界社会论坛的《原则宪章》，其中第四条就"反对由大型跨国公司以及为其服务的政府和国际组织主导的全球化进程"，并列举了全球化的若干"严重罪行"：跨国资本以其犬儒主义和目光短浅的行为向全球自由扩张，野蛮地掠夺自然资源和人文资源，加剧了各国贫富悬殊和南部国家的贫穷，制造了大量被边缘化的人口，创造了滋生民粹主义、狂热、暴力的土壤，并使全球生态环境更趋恶化。特别是美国，将全球化视为美国化，并以超强的经济和传媒力量推行其全球化、自由化、民主化的"三重全球化"意识形态，根本不关心全球化进程中的社会、环境和文明模式等问题。

2005 年 11 月，61 个国家的共产党和工人党代表在雅典召开会议，讨论全球资本主义现状和共产党在当今世界应该担当的角色。代表们认为，在全球化过程中，资本主义进行了新帝国主义侵略和它对人民社会和民主权利以及生活水平的全球性打击。尤其是美国公开实行"国家恐怖主义"，用"野蛮的法律"替代了国际权利。一些原社会主义国家的共产党代表指出，在资本主义全球化的统治下，他们的国家又回到了社会主义之前令人沮丧的境地，全球化下的自由意味着政府没有保护劳动者权利的义务。

人们对全球化的虚幻世界不再存在幻想，抵制全球化斗争的主要场所不再是守卫森严的国际经济会议现场，抗议的重点也不再是反对首脑会议，反全球化运动已经"改头换面"，向纵深发展，"全球正义行动"这个由形形色色的人组成的没有领导阶层的网络正在与和平运动结合。该反全球化运动组织把美国总统布什视作全球化军事行动的总司令，反对的主要目标是美国未来保护全球化而进行的军事干预。反对全球化的另一个场所就是现实的日常生活和人们的内心，这是一种更加微妙、更加隐蔽的无声的反抗形式，如抵制基因食品，反对开放本国市场。

2000 年 4 月 13 日，在德国《世界报》上发表的《全球化及其反对者》认为，反对全球化的直接原因，是全球化加大了贫富之间的不合理分配、剥夺了民族国家的主权。因此，反全球化的声音首先来自第三世界的一些弱势国家领导人，如古巴国务委员会主席卡斯特罗就连续发起召开了一系列抵制、批评全球化的国际会议，宣传反全球化的观点；马来西亚前总理马哈蒂尔也对全球化进行了批评,"赞成全球化,但反对霸权一统性,赞成大家共享丰足的物质财富,但反对金钱的全面世界统治。"从地区来说,反全球化者反而东亚不如欧美,东欧不如西欧。原因在于东亚和东欧国家仍然处于"西化"与"爱西"阶段,年青一代认为全球化是好事。美国和欧洲是全球化的中心,但同时也是反全球化的中心,如欧洲的"中左翼"领导人均是全球化的重要反对派人物,法国反对美国式的全球化,反对对其他国家的"全球化强加"。从产业的角度来说,反全球化力量更多来自第一世界与第二世界的"旧经济"而不是"新经济"部门,许多跨国公司将高污染、高能耗的低端产业移植到发展中国家,直接引起受到损害的当地国家居民的反对,从而导致反全球化游行示威的发生。反全球化的一个重要特征就是与上升的民族主义、排外主义的力量与情绪普遍联系在一起,弱势国家更关注国家主权遭受的全球化挑战和压力,担心本国成为西方的"经济殖民地",担心自己的呼声被全球化的声浪所淹没。

2012 年 6 月 21~22 日,"联合国可持续发展大会",即"里约 +20"峰会在巴西里约热内卢举行,同期举行"里约 +20 争取社会和环境正义峰会"。由大企业、金融市场和资本主义国家政府代表的生产体系和消费模式,是导致并加剧全球气候变化的罪魁祸首。资本主义体系正在以新的统治方式来应对资本主义多重危机,这种体系导致了饥饿、营养不良、森林减少、生物和社会文化多样性降低、化学污染、饮用水短缺、土壤荒漠化、海水酸化、土地囤积、城市和农村生活商品化。资本主义体系将导致全球人类的生存危机。

自 2016 年 8 月 9~14 日在加拿大蒙特利尔市举行第十八届世界社会论坛以后,由于世界社会论坛本身的缺陷,如组织的无序性、经费的紧张以及社会的认同感缺失,尤其是 2017 年后民族主义、贸易保护主义和民粹主义的日益嚣张,以弱势群体为主体的,以争取社会公平、正义、消除贫富分化为主旨的"反全球化"运动逐渐陷入低谷,随之而来的是以发达国家为主体掀起的"逆全球化"潮流。

1.3.10 世界社会论坛的成就显而易见

世界社会论坛作为一种和平的、文明的新形式的反全球化运动,自 2001 年开始,每年举行一次,在世界上产生了广泛、深远的影响,对于推动反全球化运动的发展起到了非常重要的积极意义。世界替代方案论坛(World Forum on Alternatives)主席萨米尔·阿明(Samir Amin)和三大洲研究中心主任弗朗索瓦·豪塔特(Francios Houtart)在《社会论坛的三大挑战》一文中认为,世界社会论坛的最大成就是使世界人民形成了这样的集体觉悟:新自由主义不是永存的，存在着与之抗衡的替代方案和推动其实现的力量。现将文章主要内容介绍如下。

自 2001 年 1 月在巴西阿雷格里港举行第一届世界社会论坛以来，大洲的、国家的和专业性的世界社会论坛迅速发展。2006 年初世界社会论坛在巴罗科、加拉加斯和卡拉奇分别召开分会议后，同年 5 月 3~7 日在雅典召开了欧洲社会论坛。根据第一届世界社会论坛阿雷格里港原则宪章，与会者反对新自由主义，反对资本统治世界和一切形式的帝国主义，讨论构建以人类为中心的全球化社会。从柏林墙倒塌以来，抵抗力量在抗议世贸组织、国际货币基金组织、八国集团、欧洲理事会、美洲峰会、达沃斯论坛等世界重要决策中心的活动中日益汇合起来，世界社会论坛成为世界范围内反抗力量聚集和合作的场所，提供了反抗和制定替代政策的空间，为更公正的世界的诞生带来了希望。阿雷格里港宪章提出：帝国主义的新自由主义阶段起始于 20 世纪 70 年代。当时的世界经济三大支柱，即资本、劳动和国家合作的凯恩斯模式，“现实”社会主义模式以及万隆模式——第三世界国家的发展模式都陷于衰落之中，全球范围内在生产过程中劳动对资本的服从加强，工资劳动者对资本的屈从，通过金融机构的清偿债务和征集税收，或者通过国际货币基金组织、世界银行、世界贸易组织强加的发展标准，伸延到小农、妇女、城市非正规就业者、土著居民和中间阶级等一切社会阶层。一切从属的社会集团，由于教育、卫生事业的市场化，自来水和公共服务业的私有化，基础建设投资的削减和农产品价格的暴跌，总之由于受到市场和金融无所不在的统治以及经济决定权集中在跨国公司手中，他们今天的日常生活受到严重的影响。在全球体系顶端，美国需要保护它的安全，保证对世界自然资源的军事控制，因而导致资源浪费，生态破坏加速。这不仅影响到最贫困阶级，也影响到全体人民。对人数最多的阶层来说，今天资本主义的破坏性特征，就是压制财富和服务的创造者。由此产生的财富分配日益不公平引起了层出不穷的反抗，它成为人数最多阶层的共同敌人。

社会论坛显示出了它的多样性，也产生了它自己的财富：在地理上遍及各大洲，在阶层方面包括农民、土著居民、工人、妇女、环保工作者、知识分子等，在组织上有社会运动和非政府组织，在意识形态上支持资本主义人道化或超越资本主义。社会论坛在管理上不分等级。举办一次论坛需要提供接待和服务空间，需要会见和交换意见的场地，这决不是一个团体所能做到的，全世界成千上万个社会运动和组织，几万人参与，这种规模不可避免地产生爆炸性的影响。人们认为世界社会论坛取得的巨大成就在于集体觉悟的形成，这就是新自由主义不是永存的，存在着抗衡的替代力量。世界社会论坛致力于构建和加强国际斗争网络,推动对各式各样的问题,如发展中国家的外债、全球税率、美洲自由贸易区、世贸组织、服务贸易总协定等提出替代方案。世界社会论坛的存在本身已成为一个政治事实,并为世界带来新的希望。

世界社会论坛的最紧迫任务就是前途和走向的确定。为了论坛能够持久进行,现在必须建设集体性的主体。无论在国家还是在大洲(特别是欧洲)和国际范围内,在争取政治行动中,已初步描绘了"另一个世界是可能的"的轮廓,并且呈现出下列几个鲜明的特点:

首先,世界社会论坛为各种反全球化力量提供了一个文明的表达平台。形形色色的反全球化力量,包括同情民众的政治家、学者、女权主义者、土著居民、马克思主义者、劳工、农民、学生、无政府主义者、反战主义者、同性恋者、环保主义者、绿色人士、弱势群体等,在世界社会论坛建立以前,只是一群大杂烩,缺乏统一的行动、指挥和目标,各自为政,没有什么力量。建立了世界社会论坛这个空间和场所,有了"另一个世界是可能的"的共同旗帜,就能够聚集在一起进行交流,统一行动,统一斗争目标,反全球化的力量更强了,他们能够求同存异,共同探讨取代新自由主义全球化的替代方案。正如美国学者乔姆斯基指出:"世界社会论坛提供了一个无比重要的机会,以发展建设性的替代方案,以使世界上绝大多数人免遭对基本人权的践踏,摧毁不合法的权力集中现象,并扩展公正和自由得以实施的领域。"

其次,世界社会论坛具有强大的动员作用,激励越来越多的人投入到形式各异的反全球化运动中去。世界社会论坛于2001年开始建立时,参加的国家和地区只有132个,参加的人员只有10000人左右。随着世界社会论坛影响力的扩大,参加论坛的国家和地区达到156个,人数超过150000人,影响遍及全世界。在印度孟买和非洲召开的几届世界社会论坛,为这个世界上贫困人口最多的国家——印度及地区——非洲的广大下层人士参与新的反全球化运动提供了机会和舞台。印度和非洲在融入全球化进程中,也深切地品味到全球化带来的苦果。印度和非洲的土邦居民、妇女、农民等,基本上都是全球化的受害者,他们对全球化不满,但没有表达的机会,无力参加在拉美和其他地方举办的世界社会论坛。世界社会论坛在印度和非洲本土举办,为他们发泄对全球化的不满,表达他们对世界新自由主义的愤慨提供了机会,同时也为扩大反全球化运动在亚非拉的影响力与号召力,起到了积极的推进作用。

再次,世界社会论坛与街头抗议两种反全球化方式互相配合,相辅相成,增强了反全球化运动的力量。作为一种文明的、学术探讨性的反全球化方式,世界社会论坛使街头抗议这种比较粗暴、野性的反全球化运动有了更多的理论支撑，从深层次上反映了广大的受全球化之害的下层民众的诉求。同时，世界社会论坛又通过另一种动员方式，让一些政治家、学者等加入到反全球化队伍中来，让政府无法通过警察阻拦和镇压的方式来抗拒，又进一步推动了街头抗议这种反全球化运动的深入发展。例如，魁北克抗议、坎昆抗议、热亚拉之战等反全球化抗议浪潮中，世界社会论坛本身及其分支性论坛在社会动员以及抗议活动的组织上，就发挥了重要的中坚性作用。正如一些学者所言："世界社会论坛的功能在于，为全球性的'西雅图运动'提供重要的政治保护伞，通过它可以为这项运动增加公开性和合法性，建立相互间的联系，协调各自行动，开拓资金源流。"

最后，世界社会论坛作为一种新的反全球化形式，更多地反映了反全球化运动理性和思辨的特征，代表了反全球化运动的未来发展方向。街头抗议反全球化形式包含着暴力成分，容易吸引媒体关注和大众眼球，但这种反全球化形式更多的只是一种愤怒和不满的发泄，活动的参加者很少提出什么纲领和解决问题的方案。特别是"9·11"事件以后，带有暴力倾向的街头反全球化运动很容易授人"恐怖活动"口实，容易因危及国家安全而受到政府的镇压。而世界社会论坛通过召开国际会议进行讨论的方式，来揭露全球化的恶果，探讨未来替代全球化方案的可行性，体现出更多理性与思辨的特征，所以吸引、聚集了一大批学者、政要和社会精英参与全球化问题的讨论，诸如巴西前总统卢拉、委内瑞拉前总统查韦斯、葡萄牙前总统苏亚雷斯、法国 3 位总统候选人和 6 位内阁部长、克林顿政府顾问、诺贝尔经济学奖获得者斯蒂格利茨等，有力地推动了全球化在更人性的轨道上发展。

1.3.11　世界社会论坛面临的挑战及其存在的问题

在社会论坛的力量发展并得到巩固后，世界社会论坛作为一种新型的反全球化形式，尚处在发展过程中，因此还存在很多问题，面对复杂、混沌的世界，面临着三大挑战：

第一个挑战是从集体觉悟的形成到集体角色的确定，这已成为新的历史主题。当然，19 世纪和 20 世纪的工人阶级仍然是重要的集体角色，但与工人阶级类似的还有很多角色和社会运动。在论坛范围内，为了有利于这种转变，每年都举行一次社会运动代表大会，制定文件、行动日程和建议，诸如反战示威、反对强权政治、反对"扶强抑弱"的不公正的财富分配以及世界银行和国际货币基金组织的嫌贫爱富等。

第二个挑战是论坛本身,即其运行的物质基础和组织内部怎样保持下去。管辖权、时间、获得资金以及组织的困难都是现实的问题。同时还有动员各类人民群众参与的困难,以及把责任集中到拥有足够资源的组织的专职人员身上的危险。

　　第三个挑战是如何对付打着"论坛"旗号进行破坏活动的有关政府和国际机构,这些政府和机构也举办论坛并运用"公民社会""民主参与"和"反贫困斗争"等口号,但对其采取完全不同的理解,为社会统治集团服务,具有极大的破坏性。同时,其中某些政府还把社会运动和进步的非政府组织的案件移送到刑事法庭,在反恐斗争的借口下,强制进行司法诉讼,将人民领导人投入监狱,甚至杀害。

　　在严峻的挑战面前,世界社会论坛的组织者和参与者们,最应该做的事情就是好好进行内部顶层建设,规范论坛的内部行为,提升组织结构水平。经过十多年的发展,世界社会论坛上存在下列一些问题:

　　首先,缺乏一种行动纲领。任何运动如果漫无目的,缺乏一种行动纲领,就会沉湎在空谈之中。世界社会论坛本身并不表明任何立场,没有提出具体的行动计划,"只聚集、联系世界各国公民社会的组织和运动,并不愿成为代表公民社会的一个机关""世界社会论坛的各次会议不可有意将世界社会论坛表现为一个机关并宣称代表这个机关。"这样,论坛本身只会成为一个松散的集合体,没有这样的权力机关,"它因此而使自己脱离了权力的主题,脱离了国家、公共领域、政治领导权,并在某种程度上脱离了意识形态斗争……这种对政党和政府组织的排斥所带来的后果,发展到极端会极大地限制任何一种替代新自由主义方案的形成。"因此,这种局限性,大大影响了世界社会论坛在世界上的影响。

　　其次,组织内部四分五裂。多样性是世界社会论坛的特色,参加者五花八门,有国际机构的官员、学术界和政界的要员,有老左派、新社会运动、人权组织、工会成员,还有无政府主义者、共产主义者、绿色和平组织、环保主义者、女权主义者、同性恋者等。正如沃勒斯坦所言,世界社会论坛寻求将以前所有的各种运动如老左派、新社会运动、人权组织和其他不易归入这些类别的运动聚合起来,并且将那些严格按照地区、国家和国际风格组织起来的团体也包含起来。很重要的是,世界社会论坛力图将来自北方国家和南方国家的运动聚合到一个框架中。世界社会论坛奉行的观点和见解也五花八门,很多议题代表们各持己见,缺乏统一的主题。虽然世界社会论坛的主旨是"另一个世界是可能的",但在这个旗号下,各种身份的人士对未来世界的构想观点分明,很难达到一致。

再次，论坛的原则宪章在宣称开放性、包容性的同时，又携带着比较浓重的排外性，大大影响了世界社会论坛的社会基础与群众基础。《世界社会论坛原则宪章》中明确规定：世界社会论坛将永远向多元主义开放，向所有决定参与其中的不同组织和运动的各种行动方式和活动方式开放，向各种不同性别、种族、文化、年龄和身体条件的人开放，条件是他们遵守本原则宪章。这表明开放性、多元性是世界社会论坛的特色。但是，世界社会论坛宪章中又有一些排外性条款，如任何党派代表或者军事组织均不得参与论坛，但可以邀请表示遵守本宪章的政府领导人和立法机构成员以个人身份参与论坛。这样一来，许多反全球化组织或政党都无法参与论坛，尤其是一些军事组织或者准军事组织更是被排斥在论坛以外，如西班牙的埃塔，墨西哥的萨帕塔运动等，削弱了反全球化运动的社会基础。

最后，世界社会论坛的组织机构与决策机制等方面缺乏民主性。世界社会论坛原则宪章的第一条就规定，世界社会论坛是一个公开集会的场所，供公民社会的组织和运动进行反思，对各种思潮进行民主讨论，提出倡议，自由地交流经验，建立相互间的联系，组织有影响的行动。可见，民主性是这个论坛的基本原则。但是，世界社会论坛组织机构的形成以及决策机制等方面却缺乏民主性，所有的决策都由国际理事会讨论通过，而理事会却并非选举产生，在论坛代表的邀请、会议主题的确定等各种决策上，都缺乏公开性和民主性。因此有人抱怨说："论坛组织结构是如此不透明，以至于几乎不可能弄明白这些决策是如何做出的，或者找到质疑这些决策的手段。论坛从来没有召开过会议，也从来不提供为未来事件的决策而投票的机会。由于缺乏一个透明程序，于是，在哪些明星将给予更多发言时间，谁将在媒体上亮相，以及谁将被看作是这项运动真正领导人等问题上，非政府组织各派别之间存在激烈争论。"

1.4 新媒体的"反全球化"

1.4.1 新媒体在"反全球化"运动中的广泛运用

现代互联网技术的发展，使得反全球化活动的组织者可以迅速、容易地安排抗议示威，必要时甚至组织跨国性、世界性的抗议示威。有了互联网，单个的组织甚至某个个人可以向来自各国的示威者分派任务并解决抗议示威活动的后勤问题，同时通过网上征集抗议活动所需资金，这在过去是无法做到的。各种组织之间很容易进行联络，安排国际性的抗议示威的日期和时间，并使一系列抗议示威活动协调地进行。一般来说，在抗议活动开始前，一个国家内部持有相同主张的组织开始联络，安排示威者按照各自的角色旅行到达抗议的地点。在到达抗议地点后，与来自其他国家的持有相同观点的抗议者会合，本地持有相同主张的组织则为他们提供一些必要的物质支持。然后，他们互相传递有关食宿等方面的信息，讨论应采取的抗议活动的类型和地点，听取法律方面的建议，并推举一名发言人。也有的组织在抗议活动开始之前组织一些培训，让参加者了解有关的抗议主张和要求。同时，通过印制一些徽章和 T 恤衫分售，筹集抗议活动必需的一部分资金。在抗议活动过程中，主要的通信手段是移动电话。移动电话使抗议示威活动具有一定的流动性和后备力量，必要时可以迅速地将人群从一个地方调到另一个地方，也让警方更难于防范。

更重要的是，有了互联网，大规模的抗议示威活动不再需要指挥中心，可以在不设立专门组织机构的情况下，以最少的资源组织起来。过去的抗议示威活动如果有各式各样的参与者，往往会因内部意见分歧而发生矛盾。而反全球化抗议示威却可以在持有众多不同观点和主张的人之间组织起来，同时又避免内斗，其原因就在于，这些示威活动不需要有一个位居中心的"指挥者"，或者说中心指挥者可以藏而不露，这既避免了互相不服的情况出现，也使警方难以采取"擒贼先擒王"的手段。一个组织甚至个人通过便捷的电子邮件，便可以使持相同主张的组织和人员之间结成纽带，召集众多的人参加抗议示威。

1.4.2　"反全球化"运动的"网络战"

除了大规模的街头示威外，网络上的"反全球化"活动也十分活跃。互联网不仅可以在反全球化的直接反抗中起到宣传、组织的作用，也可以很好地保护组织者，使西方国家一直"擒贼难擒王"。它还是反全球化者们展开攻击的利器，西方主要发达国家的官方网站、大型跨国公司以及各种全球性经济机构组织的网址都是他们的攻击目标。"世界经济论坛"就曾几次被攻击至瘫痪，有的黑客还窃取了政要们的信用卡号码和手机号码。反全球化者通过网络空间研究与讨论全球化问题，在网络中广泛表达对社会公正、环境恶化等问题的关心，协调全球反全球化行动。

互联网是一个开放的平台，而不是为诸如电话网络等特定服务创建的。齐特莱恩将互联网称作"有生殖能力的"（Generative）：人们可以对其进行修补，创造出新的服务，将现有服务推到一边。任何人都可以创造一款设备或者开发一款软件与互联网相连，从而为反全球化提供一种技术上的便利。在更加封闭和受控的环境中，亚马逊、Facebook 或谷歌恐怕永远都无法像现在这样大放异彩。美国人打开了全球化的口子，在世界不同的角落里面疯狂地进入，纳入自己全球一体的概念中，美国的企业也是在这方面走得比较多和全面的国家，全球化的生产，全球化的物流，全球化的销售，真是地球是一家，我们完全生活在全球化的包围中。中国经过了最近 20 年的发展，企业的视野和规模也让他们看到了更多外面的世界，外面的世界很精彩，外面的世界很无奈，最近几年走出的步伐，看到了中国企业家更具国际化、全球化的动作，TCL 收购汤姆逊，联想收购 IBM 电脑，中海油的海外并购，中国移动屡次的海外扩张，都给我们留下了深刻的印象，同样也困难重重，脚步沉重。不过，全球化已经不可避免，迎接挑战总是好的表现，也会积累更多的经验和资本。

反全球化的人士除了进行大规模的街头示威抗争以外，网络上的反全球化运动更加活跃。众所周知，随着互联网的发展和现代信息技术的飞跃，反全球化人士充分运用互联网的开放性、虚拟性、多样性与渗透性的特征，发挥其信息快捷方便、进入成本低、表达自由平等的优势，以强烈的社会批判意识，对新自由主义全球化的各种不合理现象进行猛烈的抨击和批判。通过网络这个平台和空间，尽情地"指点江山，激扬文字"，畅所欲言，广泛表达对社会公正与环境恶化的关心，协调全球反全球化行动。网络反抗是一种非常典型的形式，被认为是当今社会抵抗运动与过去抵抗运动最大的不同之处。网络已经成为反全球化行动者进行宣传联络、组织抗议活动最便利、最重要的工具。他们通过网络发布日程、确定方案、交流经验、召集新成员、筹集资金，进行辩论和宣传。有一种形式的网络反抗，被称为"网络战争"。早期，反对者频频以黑客身份攻击西方主要发达国家的官方网站、大型跨国公司以及各种全球性经济机构组织的网站，以发泄自己对全球化的不满情绪。1999 年 6 月 18 日，名为"J18"的反全球化网站对多个商业组织进行了电脑攻击，5 小时内使至少20 家公司受到上万名电脑黑客的攻击。网络反抗形式和组织手段，使原本分散的反全球化运动形成了一种超越国界的集体抗拒形式。它可以同时占据地方、全国乃至全球的空间。

"全球化"也是一样的道理。现实的全球化，实际是美国、西方所主导的一种便于他们从全世界实施经济压榨和变相剥削的世界体制——这个全球化正是导致全球极端贫富分化、国际政治经济不公正秩序的元凶。全球化是美国设的圈套，这样他们就可以靠印美元，用"绿纸"来换取全球的资源产品，美元霸权可以确保他们一直像抽水机一样吸血，用全球财富资源来养活自己。他们认为，全球化是个骗局。人类社会不能只有商业，全球化的受益者恰恰就是几个商人。全球化毁了文明的差异性，毁了文明的多样性，毁了众多的可能性，西方、美国掌握世界资本＋技术垄断——实行全球化，根本得利的是他们，全球化之后，他们就可以很方便地从全世界掠夺和侵吞财富与资源；发展中国家则无力从中分享根本利益与好处。资本主义的本质从来都是掠夺，从来没有改变过，从 180 年前大清王朝到今天都没有改变过，只是 180 年前它是以东印度公司为前导、炮舰为后盾，而今天却是以国际化为前导、金融为后盾，其掠夺的本质是不会变的。西方的产业基金也好，金融资本也好，难道我们不让他们进来吗？简言之，当今的全球化，真正造福的是西方世界，而广大发展中国家，在其中获得的利益十分有限——当今世界的秩序和体制整个就是西方设计和操纵的。"全球化"在他们手里被扭曲、异化、变质了，被用来彻底谋私、维护自己一家利益了。在他们规定的秩序和设定的体制里，整个世界充斥了不公平、苦难、饥饿、挣扎、剥削、倾轧和榨取……网络上诸如此类对全球化的发泄语言、对全球化的抨击不胜枚举。

1.4.3　其他现代形式的"反全球化"

"反全球化"人士还建立了一系列网站，用来与全球化针锋相对，如"摧毁 IMF""跨国公司监控""全球人民行动反对自由贸易与 WTO""社会主义选择""民间监察世贸联盟"（Hong Kong People's Alliance on WTO）、"全球化监察"（Globalization Monitor）等。他们运用网络等现代工具批评全球化，认为现在的全球化实际上是"公司全球化"，公司主导的全球化使国家与国家之间、人与人之间、地区与地区之间的不平等、不公正加剧，地球环境将因为全球化而不堪重负，全球工业化的结果就是人类环境的末日，全球化不过是发达国家要求发展中国家开放市场的说辞，是发达国家的伪善等。

除了上述主要的斗争形式外，弱势群体的反全球化斗争还有其千奇百怪的一面。如总部设在德国的一个反全球化组织打着德国《时代报》的旗号，在德国 100 座城镇发行了 15 万份日期为 2010 年 5 月 1 日的报纸，该报称北约已经解体，还报道说各国领导人同意结束"赌场资本主义"，解除穷国负债。这种真真假假的信息战，也成为弱势群体反全球化的一种无奈的选择方式。

弱势群体最无助、最极端的"反全球化"方式，就是采取静坐、示威、街头暴力甚至恐怖主义的做法，使得传统的引起整个社会广泛同情的一种"正义"运动口碑江河日下，舆论越来越不利于弱势群体的这种"反全球化"方式，直接将弱势群体的"反全球化"运动带入困境。2017 年特朗普当选美国总统后直接喊出了发达国家的"逆全球化"的口号，淹没了弱势群体的"反全球化"呐喊，世界对"反全球化"运动的关注直接转向"逆全球化"，从此，以世界社会论坛为代表的弱势群体的"反全球化"运动逐渐走入低谷。

第 2 章

"反全球化"运动的成员及其特征

　　考察"反全球化"运动的主要组织，自然首先要考察"反全球化"运动的力量构成，弄清楚到底是什么人在反西方发达国家主导的全球化。从爆发的历次反全球化运动中不难看出，当前反西方主导的全球化运动的主要力量是西方发达国家中的弱势群体。资本的趋利性以及以自由市场为基础的国际经济体制，使得西方发达国家的垄断资产阶级很轻松地把一些在发达国家难以牟利的落后产业转移到发展中国家，因而加剧了发达国家中缺乏竞争力的弱势群体的贫困和失业状况。随着西方发达国家主导的全球化的不断推进，与跨国公司的巨额利润形成鲜明对比的是弱势群体的低工资、低福利。他们参与反全球化运动的一个根本动因就是要求跨国公司、国际经济组织、政府部门和国际社会关注他们的福祉。此外，一些非政府组织中的成员、环境保护主义者、无政府主义者、减免穷国债务的宣传者、资本主义世界体系的抵制者，也是"反全球化"运动的重要力量。那些在全球化中被边缘化的发展中国家的人民也非常不满西方主导的全球化，他们自然也是"反全球化"运动的一支重要力量。可以看出，"反全球化"组织分布广泛，主张多样，形式松散，但具有极大的包容性，环保主义者、人权主义者、和平主义者、左翼、右翼、激进者、保守者、穷人、富人都有理由成为其中的一员。

2.1 "反全球化"运动的主体成员及其特征

2.1.1 "反全球化"运动的主体成员

　　（1）大多数发展中国家。发展中国家在全球化的大潮中，成为发达国家的附属物和原料供给者、商品的输出地，他们在全球化丰厚的红利中获得的只是微薄的残羹剩饭，所以广大的发展中国家认为，全球化对他们来说弊大于利，挑战大于机遇，其消极面不可忽视。全球化进程中产生的首要问题就是全球日益贫富分化的问题。哥伦比亚总统内斯托·桑佩尔曾经指出，并非所有的人都能从当今的全球化进程中得到同样的好处。在西方发达国家主导的全球化进程中，经济蛋糕做大了，但是在分配经济蛋糕时，"大蛋糕分给富人，其他人只得到面包屑"。古巴国务委员会主席菲德尔·卡斯特罗也一针见血地指出，当今西方发达国家主导的全球化"趋向不是使发展全球化而是使贫穷全球化，不是尊重而是侵犯我们各国的主权，不是主张各国人民之间团结一致，而是主张在不平等的市场竞争中各寻活路"。马来西亚前总理马哈蒂尔曾说，全球化使发展中国家变得越来越穷、富国越来越富有。这些第三世界领导人批评全球化，并不是不要全球化，而是要公平的、有序的、更好的全球化，他们是想待在全球化之中，而不是离开它。发展中国家的基本立场是要求公平分享全球化的果实，参与修改和制订新的游戏规则，改变不合理的国际政治和经济秩序。

（2）左翼政党和组织。他们大多对全球化持批评态度，主张对全球化进行管理和调控，呼吁在世界范围内合作，清除负面影响。多数共产党，特别是欧美发达国家的共产党认为全球化加强了对工人阶级的剥削，加剧了南北矛盾和西方发达国家内部的阶级分化，削弱了国家的政治经济职能和公民的民主权利，加剧了发展中国家的经济危机，严重破坏了全球环境。社会党国际认为，尽管全球化的积极影响是主要的，但其消极影响也不容忽视。所以，必须对全球化进行管理和调控，对现行国际政治经济体制进行深刻改革，并在联合国框架内建立经济安全理事会，实行全球治理，消除全球化的负面影响。

（3）环保主义者。这是反全球化运动中一个非常积极的组成部分。他们的主要观点是新自由主义的全球化忽视了生态环境的保护，唯利是图的公司为了利润而破坏了生态环境和人类资源。因此他们倡导可持续发展，主张贸易谈判应包括环保条款，反对跨国公司向环保标准低的第三世界国家转移，提倡安全食品第一，健康第一，地球第一的口号。一些知名的环保组织，如"绿色和平组织""善待动物人民组织"（People for Ethical Treatment of Animals，PETA）、"热带雨林行动网络"（Rainforest Action Network）、"地球第一"（Earth First）组织等，都是反全球化行动的积极参与者。

（4）劳工组织。劳工组织也是反全球化运动的积极参与者，在西雅图、尼斯等地举行的反全球化抗议行动中，都有劳工组织的参与。劳工的参与对整个反全球化运动具有重大的影响，对社会主义者来说，他们从中看到了工人运动复兴的征兆。发达国家工人认为全球化降低了他们的生活条件，削弱了工会的作用。发展中国家的工人则受到跨国公司裁员的影响，导致大量的失业。劳工参与反全球化的目标主要是反对资本主义剥削、反对血汗工厂及降低劳动保障条件。他们要求提高工作待遇，制定全球最低工资，组织全球工会。要求在多边贸易谈判中包括劳动权利和社会保障条款等。

（5）农民组织。农民组织谴责资本主义全球化导致了土地集中，使农民和土著人失去了自己的土地。他们提出进行土地改革，反对土地被占有和出卖，反对单一作物。提出土地、水和种子要掌握在农民自己手中。例如法国农民"反全球化专业户"博韦（Jose Bove）组织了"农民联盟"，奔走于各国，鼓动反全球化活动，抗议农产品基因变种。他的行动在法国和其他国家得到很多支持。巴西、墨西哥等拉美地区的农民则积极投身于争取土地的运动。

（6）人权组织。人权组织参与运动的目的包括反对剥削、反对剥夺劳动权利、反对雇用童工、反对与独裁国家或违反人权的政府进行交易等。他们还为保护少数民族权利、土著权利呼吁。人权组织提出，世界银行和国际货币基金组织的结构调整规划贷款不能违背现存的国际人权条约和社会福利。"全球交流"（Global Exchange）、"直接行动网络"（Direct Action Network）、"激进的根"（Radical Roots）、"全球贸易观察"（Global Trade Watch）等组织，都是反全球化运动中非常活跃的人权组织。

（7）妇女组织。也许妇女对平等、公正、多样性等问题更为敏感，在反全球化运动中，涌现出许多女积极分子，妇女运动也是反全球化运动中非常活跃的运动之一。例如在巴西举行的世界社会论坛中，妇女参加者超过40%。南方妇女联合组织"新时期妇女发展选择"（Development Alternatives with Women for a New Era）为世界社会论坛中妇女席位据理力争，终使论坛增加了妇女问题的讨论，使第二次论坛中妇女代表几乎遍布各个小组。一位加拿大妇女组织领导者称，妇女运动是反全球化"运动中之运动"的完全参与者，提出"现在是应该承认妇女为性正义、经济正义和共享民主而进行斗争之重要性的时候了"。

在"反全球化"运动中，左派和中左派占多数，但一些右翼极端分子、种族主义者和无政府主义组织也加入其中，如"黑色组织"（the Black Bloc）、"黑色军团"（the Black Army Faction）、"无政府主义行动集体"（Anarchist Action Collective）、"无政府主义新闻服务"（the Anarchist News Service）等。这些组织往往主张在运动中采取最激进的行为，包括采取暴力手段。

（8）具有强烈民粹主义、民族主义意识的政治家。民粹主义（Populism）的崛起是西方民主在过去30年最突出的特征。民粹主义又译成平民主义，是相对精英主义而言的一种政治哲学，主张普通民众的权益，相信普罗大众的智慧，认为掌权的政治、经济和文化精英建立的制度和制定的政策损害普通民众的利益，因此民粹主义者往往都是反精英和反建制的。

民粹主义一般在实行普选制的民主国家会有较大发展。对于普通民众而言，只有通过选票才有可能改变他们反对的政府和政策。但也正因为如此，民粹主义往往会被一些有野心的政治家利用，成为他们谋取个人利益的一种政治手段。这些政治家一般都有较强的个人魅力，总是讲老百姓爱听的话，把自己打扮成民众利益的代言人，并做出许多不切实际的承诺以求当选。他们依靠自己绚丽的成功经历引起民众的共鸣，让民众确信他们有能力解决社会存在的问题。在当今追星的时代，这些成功者成为众多希望成功的人追捧的对象，自然也为他们推销自己的政治理念提供了契机，但他们要走上政治舞台，成为精英，必须好走偏锋，哗众取宠，故反精英、反潮流、反建制成为他们成功的不二法宝。民粹主义不是一种意识形态，其政策主张可以是左倾的，也可以是右倾的，拉丁美洲许多国家的政治长期被民粹主义所左右，20世纪三四十年代右翼民粹主义占上风，到了50年代以后却是左翼民粹主义占上风。美国的特朗普是右翼民粹主义的代表，而民主党另一位总统候选人桑德斯则是左翼民粹主义的代表。不管左也好右也好，有一点是共同的，就是投民意所好，反映当时民众的心理状态和流行观点。意大利的贝卢斯科尼、美国的特朗普，都是这样崛起的。

民粹主义者认为全球化对普通民众不利，对统治精英有利，因此也反全球化。在发展中国家，由于历史上长期受西方的殖民和压榨，民粹主义的另一个表现是反西方，这与反精英、反全球化是一致的。及至英国公投脱欧、特朗普胜选美国总统、勒庞险成法国领导人，民粹主义在西方已达至近年顶峰。

尽管民粹主义者反对全球化，但这并不代表民粹主义等同于民族主义。民族主义强调民族认同和民族意识，认为民族利益至上。从这点看，右翼民粹主义和民族主义的主张更接近。英国脱欧支持者都说要"赢回英国"，和特朗普的"让美国再次伟大"异曲同工。很多脱欧支持者并不反对自由贸易，他们反对的是移民和难民，不仅是因为他们的工作机会受到了威胁，而是他们感觉本民族（种族）的文化和价值观受到了威胁。左翼政党一般都反对自由贸易，但由于他们坚持公平正义的理念，却不反对移民。这就是为什么英国右翼的保守党有很多人支持脱欧，反而是左翼的工党支持留欧。

2016年是民粹主义终结全球化的元年，6月英国选民亲手决定了未来几个十年的大英帝国的命运，11月特朗普依靠民粹主义、孤立主义作为口号当选美国新一届总统。西方社会赖以生存的以精英政治为基础的治国方略开始走向没落。一个国家的命运，在一人一票的体制下，并不是由自上而下的精英主义来决定的，而是自下而上的民粹主义。由于民众对现状的不满和对统治集团精英的失望，从而导致对制度的怀疑和对政府的怨恨，民粹主义者抓住这一机会，迎合左右民众的不满情绪，"反全球化"正好具有这一功能。

与过去的反抗运动相比，"反全球化"运动的参与者范围更为广泛。工会工人、学生、知识分子，从教授到家庭妇女，从失业者到国家公务员，都成为这一运动的参与者。发达国家知识分子是这一运动的理论先驱，青年人，尤其是青年学生是最积极的直接行动参与者。

2.1.2 "反全球化"运动主体成员特征

"反全球化"运动的主体非常复杂，从第二次世界大战时期的反法西斯老战士，到小学的"童子军"、大中学校的学生、工人、农民、医生、演员、教师、学者、自由职业者、失业者、中小企业主、议员、政党领袖、民粹主义政治家、民族主义政治家，不一而足。概括起来主要具有以下几个特点：

（1）主体多元。"反全球化"运动的社会基础非常广泛，力量构成非常复杂。有工会活动分子、环境主义者、无政府主义者、农产品保护主义者、自由主义者，还有左翼力量、民主派，也有极端主义者。他们大多分属于各类工会、民间社团、左翼政党以及和平组织、环保组织、无政府主义组织、人权组织等形形色色的非政府组织和抗议联盟。他们主要来自富国，年轻人居多。从主体构成上看，参与运动的大多数人士并非某些媒体所说的无政府主义者、新法西斯主义者、极端主义者乃至恐怖主义者。

（2）目标各异。"反全球化"运动参与主体力量的动机、理念以及具体目标不尽相同，可谓千差万别。他们之中有的是担心失业，有的是反对全球化进程中贫富差距的扩大，有的是反对生态环境的恶化，有的是反对科技进步的成果只被少数国家享用，有的是反对跨国公司对发展中国家的掠夺，有的是反对美国霸权主义、反对资本主义。也有的是同情亚、非等地的第三世界国家在全球化进程中的边缘化地位等。可以说，从反对不公正的国际经济秩序到反对跨国公司，从强调环境保护到倡导宗教自由和性别平等，不一而足。

（3）鱼龙混杂。在研究"反全球化"运动的主体时，我们切不可因为他们揭露出了全球化的弊端，就简单地认为所有的反全球化运动力量都是先进的。我们应该清楚地认识到，反全球化主体是鱼龙混杂的，他们之中有的代表着公允与正义，有的代表着焦虑与同情；而有的则只代表着自私与排外，代表着盲目与误解。此外也不乏凑热闹者以及极少数过激、非法和非理性的极端主义分子存在。

（4）相对弱势。"反全球化"力量与全球化力量相比，不管是在发达国家还是发展中国家，都显现出明显的弱势。他们或存在着某种实际困难，或存在着某种焦虑。他们其中有人正面临着失业的压力，有人正为全球化给世界带来的负面影响而忧虑。然而他们在国际会议和国际组织中缺少合适的代言机构和发言机会，因此，采取游行示威的方式应该说是一种必然。只是由于反全球化力量极其复杂，他们之中无人也无法控制某些极端行为的出现，从而导致了悲剧的产生。可是，他们从根本上来说是被动的，他们需要国际社会和各国政府的理解，他们渴望与国际组织进行沟通。简单的武力压制或拒绝沟通的方式都只能让他们更加焦虑和不满，从而采取更加激烈的方式。

（5）非政府性。"反全球化"运动的主要力量至今绝大多数都来自于非政府组织和团体，虽然其中也有部分政府人士的参与，但他们或是以个人名义加入到运动中，或是只停留在口头呼吁的层面，还不能视为反全球化运动的重要主体。政府在全球化与反全球化之间应充当什么样的角色，起什么样的作用，怎样起作用，这需要政界和学术界的进一步探讨。

"反全球化"运动的主体成员的背景和构成是复杂的，他们参与运动的动机是多样的，要达到的目的也是大不相同的。从参与运动的目的看，大体可以分为两大类：一类为综合反抗型，他们不是反对某个具体的对象或为达到某种单一目的而参加运动。他们将反对资本主义作为目标。另一类为单一目标型，这类参与者具有比较明确而具体的目标，如工会主义者、女权主义者或农民运动者等。还有一些参与者可能是为了更为狭小微观的目的，如争取动物权力、反对砍伐森林、反对建筑水坝、反对转基因作物或争取土著人权利等。他们认为全球化是不可避免的进程，但负面影响多，因而要反全球化。反全球化者们最大的分歧可能在于他们对如何建立一种更好的制度的看法。激进者主张彻底推翻资本主义制度，甚至可以采取暴力手段，认为只有这样才能解决今天全球化的种种弊端。持这种立场的多是左翼社会主义者或无政府主义者。另一派则主张在不触动资本主义制度的前提下进行改革。更多人对全球化的态度是矛盾的，他们参与"反全球化"运动，只是反对全球化的某一方面。

2.2　"反全球化"组织

2.2.1　"反全球化"组织的多元性

参与"反全球化"抗议的组织形形色色，有跨国性的联合会与工会、环保组织、激进左翼组织、劳工组织、农民组织、人权组织、妇女组织、无政府主义组织、反对流产组织、土著人权利保护组织，等等。它们在反全球化的共同名义下走到一起。除了少数比较著名的组织（如绿色和平组织）之外，参与和组织反全球化抗议示威的大多数组织规模很小，人员很少。它们的名称本身并不重要，因为它们往往因临时需要拼凑而成，而且不时更改名称。有时候，一个人是好几个组织的成员，支持多项目标。随着反全球化运动影响的扩大并通过媒体报道引起人们广泛关注，又不断催生更多以反全球化为旗号的组织和抗议联盟。

无论是以欧洲还是以北美为基地的反全球化组织，都十分强调其人员构成的跨国性，重视发展在其他国家和地区的成员，并积极联络和援助其他国家和地区持相同主张的组织。有些组织甚至把总部设在第三世界国家。例如，提供全球问题研究的成果、主张缓解南北贫富悬殊的"聚焦地球南方"（Focus on the Global South）组织即把基地设在泰国。

发达国家的工会和左翼团体有组织地参与反全球化抗议活动，主要发生在重大国际会议讨论贸易问题的场合。一些激进左翼组织，特别是冠以"共产主义"名称的激进青年组织，是反全球化抗议示威的积极参与者。例如，在欧洲，希腊共产党对反全球化抗议表示支持，曾积极参与组织在热那亚发起的反对八国首脑会议的抗议活动。在热那亚八国首脑会召开前夕的 2001 年 7 月 26~27 日，希腊共产党在雅典组织了一次"劳工组织会议"，来自奥地利、土耳其、南斯拉夫、希腊、西班牙、分兰、葡萄牙、塞浦路斯、俄罗斯、德国、捷克、丹麦、挪威、英国等国的"共产主义青年组织"的代表签署了一份名为《学会一起战斗》的宣言，号召在热那亚八国首脑会议期间组成一个与八国首脑会议对抗的"红色集团"。

无政府主义组织也是反全球化抗议示威的积极参加者。在这些无政府主义组织当中，有以欧洲为基地的"第三种立场"（Third Position），以北美为基地的"黑色集团"（Block Bloc）、"无政府主义消息服务"（Anarchist News Service）、"无政府主义行动集体"（Anarchist Action Collective）等。除了参加抗议活动中的环保主义者之外，无政府主义者是比较好斗的，具有一定的暴力性和破坏性。它们与持削减债务等其他主张的温和组织有着明显区别。

2.2.2 世界上主要的"反全球化"组织

"减免债务"（Drop the Debt）：该组织总部设在英国伦敦，其前身是"2000年大赦"（Jubilee 2000）。该组织的目标是，通过游说活动，促使发达国家撤销或减免第三世界国家的债务。该组织对于八国集团的游说活动极为成功，第三世界国家 400 亿美元的债务被取消，并且八国集团还承诺进一步取消 600 亿美元的债务。

"直接行动网络"（Direct Action Network）：该组织是一个由北美洲多个组织组成的松散网络。成员之间常常互相用铁链锁住、手挽手组成人墙，并表演街头剧或高举巨型木偶嘲笑世界贸易团体。该组织是 1999 年 11 月世贸组织（WTO）西雅图会议示威活动的主要参与者，该组织的许多成员都有无政府主义倾向。

"关注全球化中的南方"（Focus on the Global South）：该组织主要是由泰国的一些智囊人士组成的，这些智囊人士经常开展一些极具争议的全球问题研究。该组织主要强调亚洲地区、工业化国家与发展中国家的贫富悬殊，经常开展一些极具争议的全球问题研究，并通过发表报告的方式提醒人们关注工业化国家与发展中国家质检的贫富悬殊问题。

"温布尔"（Wombles）：该组织是一个反资本主义组织，总部设于英国，声称会员遍布欧洲，会员穿着连帽的白色工作服。

"阿塔克"（Association for Taxation of Financial Transactions for the Aid of Citizens, ATTAC）：该组织是一个以巴黎为基地的组织，全称是"争取开征托宾税援助公民行动协会"，由法国《外交世界》月报于 1998 年 6 月 3 日发起成立，它强调自己是非暴力组织，主张在发达国家各大金融市场的金融交易中收取交易额 0.5% 的"托宾税"，替贫穷国家筹集 1000 亿美元款项，用于缓解穷国的贫困和保护环境。该组织在政治、经济、社会生活中十分活跃，缩略语"ATTAC"在当今西方左翼报刊上频繁出现，其影响正在不断扩大。

"全球贸易监察"（Global Trade Watch）：该组织是由 2000 年美国总统选举中的独立候选人纳德（Ralph Nader）领导的，强调贸易协议要有责任感，并努力监察全球化对就业、社会、环境和民主的影响。

"国际地球之友"（Friends of the Earth International）：这是一个总部位于荷兰的 68 个国家环保组织联盟，主要游说国际货币基金组织、世界银行和贸易官员多注意当地的需要，并评估他们的计划对环境的影响。

"国际乐施会"：该组织是一个由不同国家的乐施会共同参与，并提供这些组织之间协同工作机会的国际性民间团体网络机构，其主要职责是为消除贫穷、不平等现象而努力，具体工作内容是在世界范围组织内救助弱势群体，目前已在全球 115 个国家与当地 2000 多个社区组织共同开展扶贫发展工作。

此外，以法国为基地的"取消第三世界债务委员会"（Committee for the Cancellation of Third World Debt）、以日本为基地的"食品安全与环境网络"

（ Network for Safe and Secure Food and Environment ）、以菲律宾为基地的"反
对走私妇女联盟"（ Coalition Against Trafficking in Women ）以及阿姆斯特丹多
国研究所（ Transnational Institute in Amsterdam ）等非政府国际组织也是很有影
响的反全球化运动组织。

　　除此以外，世界上还出现了一些反对全球化的组织，如关注全球不平等
问题的非政府组织是反全球化运动中一支主导力量，这些组织在南方国家基
本上是以弱势群体代表的面目出现，如巴西的"无地农民运动"（ Landless
Movement ）[1]、孟加拉的"乡村银行"（ Country Bank ）、非洲的"达喀尔 2000：
从抵制到替代"。而在北方国家则由一些富有正义感的人士所组成，还有"关
怀国际"（ Care International ）、"福特基金会"（ Ford Fund ）、德国的"明爱组织"
（ Caritas ）等。这些关注全球不平等问题，尤其是发展中国家债务或贫困问题
的非政府组织，将千千万万的全球化受害者以及反对全球化造成的不平等的正
义人士联合在了一起，他们为了一个共同目标结成了坚实的同盟，并成为反
全球化运动中的一支主导力量。"全球公义运动"（ Global Justice Movement ）、
"粮食主权运动"（ Food Sovereignty Movement ）、"免债运动"（ Debt Relief
Movement ）、国际救援及发展组织，向制药公司施压，要求降低治疗艾滋病药
物在非洲的售价。以北美为基地的反全球化抗议活动的组织和团体，除了劳
联 – 产联（ AFL-CIO ）等工会组织之外，比较有名的有：主张环保的"地球第
一论者"（ Earth First ）、热带雨林保护行动网络（ Rainforest Action Network ）、
塞拉俱乐部（ Sierra Club ）等；以人权为旗帜、反对自由贸易的"全球交流"
（ Global Exchange ）等；主张尊重动物权利的"道德对待动物人群"（ PETA ）
等，妇女联盟（ Coalition Against Trafficking in Women ）以及阿姆斯特丹多国研
究所（ Transnational Institute in Amsterdam ）等非政府国际组织也是很有影响的
反全球化运动组织。

2.2.3　"反全球化"组织的"反全球化"运动面临的困境

　　"反全球化"组织采取各种形式组织的反全球化活动，包括街头抗议这种
直接的反抗，以及没有暴力因素却更针锋相对的世界社会论坛，已经发展成为

---

　　① "无地农民运动"是20世纪80年代在巴西兴起的无地农民抢占庄园、抢占土地的运动，参与该运
动的人数达百万以上。随着巴西土地私有化进程的加速，越来越多的农民失去土地和家园，为维护基
本生存权，无地农民联合起来，开始抢占土地，并同政府相对抗。迫于运动的压力，巴西政府开始逐
步对无地农民实施安置，但这种努力犹如杯水车薪，无地运动在巴西仍然有着强大的影响力。

涵盖维护世界和平、反对霸权主义、消除贫困、保护弱势阶层权益等议题的综合性论坛,一些诺贝尔奖获得者、政府要员参与其中,举办地也实行亚、非、拉轮流坐庄的形式,11 次成功举办,大大推进了反全球化运动的发展。

但是,本质上是由"杂牌军"组成的反全球化组织自身发展也面临着瓶颈。首先,反全球化组织虽然参与人群广泛,但组织过于松散。环保主义者、人权组织等都是其重要成员,左、中、右三派,种族主义者和无政府主义者也都参与其中,他们参与反全球化运动带着各自的利益和目的,这种杂乱的组成使其难以实现真正的统一,能量往往被分化。其次,"反全球化"运动的发展极为不平衡,其中的活跃分子往往来自西方发达国家,美国著名学者约瑟夫·奈就认为反全球化运动是富人的运动。它的许多活动都经由网络发动实施,而发展中国家接触网络的民众并不多,这就使得发达国家与发展中国家的反全球化运动难以产生步调一致的交集。

委内瑞拉的著名评论家詹姆斯·彼得拉斯在回答为什么存在如此普遍的抵抗,全球化还没有被推翻时说,很多反全球化的团体资源有限,只能进行防御性斗争;尽管提出了各种替代方案,但尚无一个方案被普遍接受。这正是这一运动受到的制约所在。而"反全球化"运动最大的悖论也许在于:这场由各个国家、各种人群参与的运动,从诞生的那一天起,就是全球化的产物。

2.3 "反全球化"运动的基本特征

20 世纪 90 年代以来,随着经济全球化的迅猛推进,全球性的抗议浪潮也日趋高涨,全球化受到宗教及文化极端主义的殊死抵抗。反全球化参加者的形形色色和组织的五花八门,使得反全球化与全球化一起将会是 21 世纪长期并存的重要内容,反全球化运动呈现出以下主要的特征。

2.3.1 "反全球化"组织参与"反全球化"运动的原因各异

形形色色的反全球化组织参与"反全球化"运动的原因非常复杂,既来自于全球化进程本身无法避免的负面影响,又来自于全球化进程中人为的不平等,也来自于许多国家、地区、组织和个人自身对全球化程度的不适应等。既有客观上的原因,又有主观上的原因。

(1)全球化进程中自然的不公平。不管从历史还是从现实上看,有竞争就有不公的存在。在竞争中，这种由资源条件的不同、经验不足等引起的非直接人为的不公，在这里称之为"自然的不公"。一方面，鉴于历史的原因，各国在全球化进程中的起点不一样，不同起点的主体要在同一起跑线和统一的游戏规则上较量，其结果必然是不公平的。一方是发达国家"马太效应"的迅速发展，而另一方是落后国家恶性循环的加剧，这必然带来落后国家人民的不满。国家间贫富差距的进一步扩大，是发展中国家反全球化的原因之一。另一方面，由于经济的自然规律，跨国公司从自身发展角度出发，必然选择成本最低的地方生产、收益最大的地方销售自己的产品。发达国家中大量的投资企业外移，使得发达国家的一些低技术工人就业威胁加大。这也是反全球化的一个重要原因。此外，由于全球化带来了各国经济上的普遍联系，也使得经济危机的国际传播等负面影响不可避免。所有这些在一定程度上都可以说是自然的现象，并不是反全球化的最直接原因。

　　（2）全球化进程中人为的不公正。学者们认为，反全球化更直接的原因是全球化进程中人为的不公。第一，由于新殖民主义和霸权主义在国际事务中的盛行。政治上，西方许多发达国家常在全球化国际事务中采用唯我独尊的"双重标准"，甚至干涉他国内政；经济上，他们利用市场经济的游戏规则，占有稀缺的社会资源；文化上，他们强制推行西方的价值观和理念，进行文化渗透，弱化他国价值文化。这是世界上很多国家和国民反全球化的重要原因。这种不公正，常使反全球化运动与"反霸权""反西化"或"反美国化"紧密联系在一起。第二，国际货币基金组织和世界银行等国际经济组织所制定的游戏规则总是与金钱直接挂钩，使得处于从属地位的发展中国家受到了不公平的对待。反全球化人士认为，这些国际机构为早已垄断国际贸易舞台的公司利益服务，它们的规则是建立在不公平和偏见的基础上的，这使得他们把矛头直接指向了各国际经济组织。第三，那些被发达国家产业升级所淘汰的污染高、耗能大的产业，其投资造成了生态环境的恶化，严重威胁了广大发展中国家今后的良性发展，这就成为了许多环境主义者反全球化运动的重要原因。第四，发达国家在财富猛增的同时忽略了其内部利益的再分配，使得低技术工人的福利持续降低，损害了一部分人的既得利益，这也使得一些人把矛头指向了全球化。总之，一个忽视公平的国际经济规则与分配机制，一个忽视他国可持续发展的国际投资以及霸权主义思想的存在等都是当今世界反全球化人士把矛头指向全球化进程的重要原因。

　　（3）对全球化认识上的偏颇。对全球化认识的偏颇，不管在发达国家还是在发展中国家都是不可避免的。由于立场与利益的不同，多数发达国家非政府组织与发展中国家的反全球化人士对全球化认识往往不同，其偏颇也有所不同。比如某些发达国家的示威者因为就业压力加大就把责任归咎于外来移民，某些发展中国家的示威者把社会的各种弊端统统归咎于全球化等，还有一些人士则因为全球化的某些弊端便全盘否定全球化的作用，这都是不公允的，其中也不乏民族排他主义、贸易保护主义等色彩。当然，这只是当前一个局部的现象，"反全球化"运动的队伍中不乏大量正义和公允的人士。

2.3.2 自愿、自助、松散的运动

"反全球化"运动的特点之一就是其组织形式的非正式性和松散性。反全球化的抗议行动多为环保、人权、劳工等具有反全球化趋向的非政府组织发起的。有些组织者是知名度较高并有一定规模的全球性非政府组织，如绿色和平组织；也有些组织者是新近成立的反全球化组织，如前面提到过的"受够了50年""全球交流""全球正义动员组织""全球南方中心（Focus on the Global South）"等。除了全球性组织之外，也有一些活动是国内或地方性的非政府组织发起的，如美国的劳联和产联，加拿大的"全国妇女组织"等。一些国家的在野政党，尤其是共产党、绿党等，有时也发起类似的活动。

许多"反全球化"运动的组织者没有固定的组织机构，一般由志同道合的个人组织起来，或若干非政府组织联合起来。多数是通过网络进行联系，在预定的时间、地点汇集起来，一起参加活动。反全球化组织大多是在活动中，或者是在网络上招募新成员。许多人是以个人身份参加反全球化活动，没有固定的组织。即便是集合在一起，也缺乏指挥，缺乏协调。人们这样描述世界社会论坛："将世界社会论坛看作一种'集会'而不是'会议'可能更准确。没有统一的集中点，没有共同的任务，论坛更像一个大家庭，而不是一个有组织的整体。"

在资金上，"反全球化"运动主要靠三个来源：自理、赞助和商业盈利。反全球化活动的参加者大多要自己负担包括交通、食宿在内的各种费用。在自理的基础上，形成了互帮互助的形式，例如共同使用帐篷，分享食品，一起搭车等。一些规模较大的组织可能提供一定的活动费用，如工会组织可能向参与者提供食品、住宿和交通工具。此外，反全球化组织也通过出卖纪念品、宣传材料或举办培训班获得一定收入。例如，"骚动社会"（Ruckus Society）和"联合行动"（Co-Motion Action）组织就要求参加培训者每人付125美元，或者根据自己的情况来支付。

与以往的社会运动一样，"反全球化"运动是极为松散的，凯米莱里将这类社会运动特点概括为"非正式性、临时性、不连续性、前后呼应性和平等主

义",它们主要是建立在"参与、运动、代言人、网络、自愿、自助以及捐款的基础之上"。在组织上,这类运动还具有广泛合作、非官僚主义、非等级化、共同分享等特征。

2.3.3 "反全球化"组织阵营庞杂

"反全球化"运动的另一大特点就是它的庞杂性和包容性,"反全球化"人群的背景和构成是复杂的,他们参与运动的动机是多样的,要达到的目的也是大不相同的,这一运动倾向于联合或包容环境、人权、性别等所有反抗性团体的斗争。

从参与运动的目的看,大体可以分为两大类:一类为"综合反抗型",他们不是反对某个具体的对象,或为达到某种单一目的而参加运动,他们将反对资本主义作为目标。在意识形态上,他们可能是社会主义者、无政府主义者,或改良主义者,同时也可能是环保主义者、人权主义者。另一类为"单一目标型",这类参与者具有比较明确而具体的目标,如工会主义者、女权主义者或农民运动者等。还有一些参与者可能是为了更为狭小、微观的目的,如争取动物权利、反对砍伐森林、反对建筑水坝、反对转基因作物或争取土著人权利等。

2.3.4 "反全球化"运动区域分布特征

由于参与"反全球化"运动的主体和组织多元,原因各异,因此该运动总体上仍旧处于一种无序的状态。有学者认为"无序"正是反全球化运动的一个重要特征。

欧洲,特别是西欧国家,是反全球化的中心与动力源之一。这些国家本来就存在很多非政府组织和抗议联盟。由于它们的策动,大规模的反全球化抗议活动在"西雅图之战"之前就已经在欧洲出现。1999 年 6 月 8 日,英国爆发了反对伦敦商业区金融机构的抗议活动。2000 多人的游行队伍演变成一场骚乱,导致 42 人受伤和 100 万英镑的财产损失。此后,欧盟国家每逢举行首脑会议、国际金融机构会议,都会引来大批抗议者。自 1999 年 11 月底美国西雅图世贸组织部长会议期间的大规模反全球化示威来,反全球化示威浪潮似乎成了国际会议场外的必备场景。他们举行大规模的游行示威,召开社会论坛,更有人以黑客身份攻击西方主要发达国家的官方网站和大型跨国公司以及各种全球性经济机构组织的网站等。他们还没有相对统一的政治、社会目标,尚未形成统一的协调机制，同时也缺乏有指导性的理论基础。斗争形式多集中于大规模的群众示威，偶有非理性和极端暴力发生。他们分布于不同的地区、不同的产业。但就其分布特点来看，目前是不均衡的。

（1）地区分布上的不均衡。从世界范围看，东亚不如欧美，东欧不如西欧；从发展中国家看，从中受益多的不如受益少或受损的。原因是东亚与东欧仍然处于"西化"与"爱西"阶段，特别是年青一代认为全球化是好事；而印度、巴西、墨西哥、中国等发展中国家由于从全球化中受益较多，所以人们把全球化称为"双刃剑"，大多把目光主要集中在如何提高自身，所以目前反全球化运动与言论也相对较小。关于反全球化的地区分布，有学者认为，美国与欧洲是全球化的发起者和最大受益者，是全球化的中心，同时也是反全球化的中心。也有学者从发展的角度看问题，认为若因反全球化运动首先在发达国家出现就说发达国家是反全球化的中心为时尚早。

（2）产业分布上的不均衡。反全球化的力量来源与产业的兴衰更迭有密切联系，一般而言，更多的反全球化力量来自于原第一世界与第二世界中处于衰退产业的旧经济部门，而不是新经济部门。随着全球化进程的加快，来自发展中国家的廉价劳动密集型产品、资源密集型产品和低技术产品能够大量涌入发达国家的市场。而发达国家的企业为节约成本，实现利润最大化，则不断地向外转移在本国已经没有竞争优势的产业和生产线，这使发达国家丧失许多就业机会。由于全球范围内的产业结构调整所带来的利益分配不均、生态环境受损、生存条件变差等，使得这部分受害者成为了反全球化的直接力量来源。

（3）影响的不均衡。由于反全球化运动的无序，它所带来的影响有着明显的"双重性"特点。一方面，反全球化运动将有利于厘清国际社会对经济全球化及其本质的认识，促使国际社会正视经济全球化的负面影响并进行反思，以促使全球化朝着更公正、合理、透明、可控的方向行进，尤其是使全球化的利益分配更趋合理。这将进一步促进国际协调管理机制的改革与完善。如当前的反全球化运动就有着反对霸权主义和反对新殖民主义的一面，有利于遏制美国的单边主义倾向。另一方面，日渐凸显的反全球化街头运动容易引发社会动荡与暴力冲突，影响正常的国际活动和国际局势的稳定。反全球化运动与冷战后世界范围内上升的民族主义、排外主义和其他极端主义情绪与力量有千丝万缕的联系，容易助长贸易保护主义和排外思潮，不利于世界经济的健康发展与国际局势的稳定。他们常提出一些理想主义的甚至是极端的要求，但不知道也提不出实现这些要求的可行途径。事实证明，这样的斗争方式，对解决当前世界的不公正、不合理现象，并没有发挥多大作用，其积极意义是有限的。就目前的反全球化运动来看，破坏性尚大于建设性。

2.3.5　"反全球化"运动区域差距产生的原因

"反全球化"是一种全球性的现象，但不同地区，不同国家在反全球化的内容、形式及程度上是不一样的。

按常理，由于发达国家在全球市场的竞争中占据优势地位，而发展中国家则常常处于劣势，因而发展中国家对于全球化应更有理由抵触。然而，现实恰恰相反，除了少数遭受金融危机重创的发展中国家（如泰国、韩国、印度尼西亚、菲律宾等）之外，在发展中国家发生自发的或由民间组织发起的反全球化抗议活动相对较少。一些从全球化中受益较多的发展中国家，如印度、巴西、墨西哥等，即西方媒体经常称的几个"全球化成功故事"的国家反全球化力量相对较小。在欧洲，东欧国家反全球化的活动较少，而在经济发达的西欧，反全球化抗议如火如荼，部分阶层成了全球化的坚决反对者。

欧洲、北美的反全球化现象最为突出。法国的反全球化倾向非常引人注目，甚至被认为法国正把"反全球化"作为戴高乐主义的替代物，"试图在国际反全球化运动中起领导作用"，法国的反全球化带有反对美国霸权、维护法国文化传统的倾向，带有更多的国家民族主义和左翼社会主义的色彩，在其政府和领导人中也表现得比较明显，例如法国农业部长公开说他从来都不吃汉堡包，总统希拉克则说"法国打算维持法国"。相比之下，英国的反全球化更多涉及全球化中的自由民主问题、市场与社会问题、政府干预问题和社会福利问题，这也正是"第三条道路"试图解决的问题。在欧洲国家的反全球化运动中，还带有某种程度的排外主义和种族主义倾向，有一些人则是欧洲一体化的反对者。

在美国的"反全球化"运动中，无政府主义者、社会主义者、工会主义者都非常积极。美国反全球化人士显然更关注劳工权力、医疗保健、环境、就业、移民等问题。在北美，反对多边贸易的非政府组织具有很大势力。同时，右翼排外主义、白人种族主义也附和着反全球化运动而猖狂起来。因此，美国的反全球化运动中还夹杂着反对战争、反对美国霸权和反对白人至上的成分。在西雅图事件中，美国白人种族主义的活跃已经引起其他种族反全球化人士的警觉，他们提出，既要反全球化，也要反白人种族主义。

西欧"反全球化"抗议运动活跃有着深刻的原因。20 世纪 80 年代末 90 年代初以来，全球化使欧洲成为"忧惧的大陆"。全球化对欧洲的巨大影响主要表现在失业上。欧洲各国失业率普遍较高，目前约有 1800 万人找不到工作。尽管现有社会保障制度使他们不至于生活无着落，但欧洲人知道，在全球化的背景下，他们将不得不顺应市场要求进行改革，政府已经负担不起现有的社会福利制度，企业也无法承受昂贵的人力资本。由于经济全球化带来的资本移动性的压力，20世纪八九十年代，欧洲国家为了增加竞争力，防止资本向外转移，纷纷实行新自由主义政策，造成"社会的市场化"。这种政策缺乏社会公正与关怀，社会中的弱势群体进一步被边缘化，贫富差距的扩大，工人阶级内部竞争加剧，社会福利减少，再分配制度遭到破坏，导致社会分裂。对失业的担心，加上外来移民冲击，促使欧洲国家的反全球化情绪高涨，并且与冷战后上升的民族主义、排外主义的力量与情绪结合在一起，引发大规模的抗议示威。

此外，在西欧国家，公众对议会政治、政府机构、政治家的信任普遍下降。参加投票的公民人数和参加政治党派的人数减少。公众对政府缺乏信任，年轻人对政治失去信赖，普遍感到空虚。而全球化的强大冲击力及其影响正在向深层发展，与西方传统的政治体制、社会结构、治国理念发生尖锐碰撞，使全球化的发展与资本主义传统体制滞后之间的矛盾趋于激化，导致资本主义民主危机加剧。全球化的扩张导致市场力量的增强，而民族国家政府和现有全球性机构不能适应当前复杂的形势发展，无法对全球化带来的经济、政治、观念等方面的跨国性问题进行有效的管理。与此同时，跨国公司的崛起已成为影响公民生活的重要因素，但跨国公司的领导者不是"选举"出来的，他们在台前幕后千方百计对政府施加影响，维护的只是其特殊利益，民众的利益往往被置之度外。政府面对跨国公司的迅猛扩张左右为难，当公众利益受到跨国公司的"侵害"时，不能提供有效的关注或保护，使政府进一步失信于民。从西雅图到热那亚，反全球化的抗议者都把矛头对准大公司及为大公司利益服务的国际机构与组织，认为这些机构和组织是"非法的"，因为它们是非民主选举的，往往掌控在少数发达国家手中，其决策相当大程度上受到少数发达国家中的少数"精英"的影响。无论是左派还是右派执政，均无法改变这种状况。在大众媒体的影响下，社会对这种不公正和非民主的不满日益情绪化。而非政府组织在20世纪90年代的迅猛发展，对此起到了推波助澜的作用。这些组织成为公众表达其关注的载体，尤其是成了边缘群体的利益的"代表"。在他们的鼓动下，反全球化浪潮一浪高过一浪。

拉丁美洲国家的反全球化运动在发展中国家是比较活跃的，巴西是连续两次世界社会论坛的举办国，据说2003年第三次论坛还要在巴西召开。在拉丁美洲国家反全球化运动中，具有特色的是农民运动和土著人的运动。例如巴西的"无地农民运动"、墨西哥的"萨帕塔运动"，它们都参与了西雅图、魁北克和热那亚的反全球化行动。同时，受结构调整政策影响，玻利维亚、阿根廷等国家还出现了强烈的反对IMF和本国政府对公共服务部门私有化的活动。

在东亚金融危机中深受影响的韩国、泰国、马来西亚等国也出现了强烈的"反全球化"倾向，它们将一切不满和愤怒发泄于国际货币基金组织和世界银行的政策。同时，在菲律宾等国，反对血汗工厂剥削的活动也日益频繁。东亚的反全球化与维护"亚洲价值"和"儒家文化"联系在一起的，马哈蒂尔的反全球化言论早已被广为引用。在日本，多数学者对美国主导的全球化持反对立场，认为美国式的全球化有着重大的缺陷，其竞争机制是不可取的，是不可持续发展的。印度的"反全球化"现象主要体现在捍卫民族经济和抵制西方全球化对印度民族文化和宗教的进攻上。例如针对外国产品的冲击，印度掀起了反对麦当劳、肯德基的运动，提倡购买国货的运动也得到广泛响应，流行着"要芯片不要薯片"的口号。

非洲"反全球化"运动并不突出，但在一些大城市的知识分子当中，同样存在对全球化的反抗倾向，一些积极分子奔赴热那亚、巴西及其他国家，参与那里的反全球化活动。取消债务、消除贫困、消除两极分化、防止非洲的边缘化、抵制西方文化对非洲传统文化的破坏，以及维护非洲国家的民族和文化尊严等，这些已经成为非洲反全球化积极分子正在竭力推动的目标。他们要求发达国家考虑历史和资源上对非洲国家的剥削，考虑欠下南方国家应得的社会、历史和生态债务。

伊斯兰国家对全球化的抵触和反抗更多体现在对教义的捍卫，体现在原教旨主义的复兴。在全球化的冲击下，宗教极端分子对西方全球化的反抗将使伊斯兰国家内部面临着分裂，也使它们与非伊斯兰国家，尤其是西方国家的矛盾更加尖锐化。

在另一些国家和地区，例如东欧、中亚国家以及包括中国在内的一些东亚国家，尽管同样存在"反全球化"运动所揭示的一些矛盾和弊端，也存在着"反全球化"的势力，但声音比较弱。对全球化的主流观点是利大于弊，积极意义大于消极意义。

由于所处地位和利益的不同，不同国家、不同阶层及不同个人对全球化的反应也是不一样的。在很大程度上，他们反对的可能不一样，赞成和支持的也不一样。因此，"反全球化"运动是一种松散的、阵营庞杂的社会反抗运动，其内部具有极大的包容性和多样性。

第 3 章

"反全球化"的理论基础和理论思潮

"反全球化"运动是20世纪人类历史上伴随着全球化深入出现的一个重要现象，它不只是一种简单的运动，只有街头抗议的打打杀杀、社会论坛的吵吵闹闹、互联网络的骂骂咧咧，而是一种有理论基础指导、有纲领宪章规范的世界性思潮运动。

3.1 "反全球化"运动的理论基础

3.1.1 马克思和恩格斯对全球化后果的有关论述

追溯现代"反全球化"运动发展的理论基础，实际上马克思主义经典作家早就进行过预测，特别是马克思和恩格斯在150多年前就已经致力于这一问题的研究，并早已预见到了它的许多后果。其有关思想对于指导、研究现代反全球化运动仍然具有现实意义。而为了正确认识当前的现实的全球化的性质，有必要把当前的现实的全球化同马克思主义创始人当时考察的全球化趋势作一比较。

在马克思、恩格斯那个时代，资本所有者积极奔走于全球各地，主要是出于不断扩大商品输出、扩大商品销路的需要。为了寻找和占领商品市场，商品资本所有者必须到处落户，到处开发，到处建立联系。在我们这个时代，资本所有者积极奔走于全球各地，则主要是出于扩大资本输出、扩大有利投资场所的需要。为了寻找和占领有利的投资场所，金融资本所有者必须到处落户，到处开发，到处建立联系。在马克思、恩格斯那个时代，在经济全球化过程中，商品资本的国际化已经达到了很深、很广的程度。在我们这个时代，在经济全球化过程中，金融资本的国际化则达到了更深、更广的程度。在马克思、恩格斯那个时代，主导全球化的资本主义国家所做的是"使未开化和半开化的国家从属于文明的国家""使农民的民族从属于资产阶级的民族""使东方从属于西方"。在我们这个时代，主导经济全球化的美国和其他西方发达国家所做的则是企图使发展中国家从属于发达国家，使社会主义国家通过演变从属于世界资本主义体系，使东方从属于西方。

通过比较可以清楚地看到，马克思、恩格斯那个时代和我们这个时代的全球化虽然有上述不同点，但是，两个不同时代的全球化具有本质的共同点：全球化是资本主义生产方式的全球化，是与资本主义生产方式相适应的生产关系和交换关系的全球化。资本增殖、剩余价值的生产和占有，是全球化最深刻的动因。由此，人们可以看到，当前的现实的全球化的实质是资本主义全球化。当前，全球化的推动者和主导者是美国和其他西方发达国家，全球化规则是美国和其他西方发达国家制定的，并且是按照美国和其他发达国家的利益制定的。德国《明镜》周刊网络版曾发表题为《布什，全球化的反对者》的文章，文章中提到："如果全球化的规则不是由华盛顿确定的话，它将拒绝任何形式的全球化。"美国《巴尔的摩太阳报》也承认，全球化"是规则制定者的全球化"。

实际上，马克思和恩格斯在撰写《共产党宣言》时，虽然还没有使用"全球化"或者"世界化"这个词，但已经提出资本主义制度下的大工业开拓了世界市场，推动了商业和交通，使生产和消费都成了"世界性"的了。他说："资产阶级，由于开拓了世界市场，使一切国家的生产和消费都成为世界性的了。让反动派大为惋惜的是，资产阶级挖掉了工业脚下的民族基础。古老的民族工业被消灭了，并且每天都还在被消灭。他们被新的工业排挤掉了，新的工业的建立已经成为一切文明民族的生命攸关的问题；这些工业所加工的，已经不是本地的原料，而是来自极其遥远的地区的原料；它们的产品不仅供本国消费，而且同时供世界各地消费。旧的、靠本国产品来满足的需要，被新的、要靠极其遥远的国家和地带的产品来满足的需要所代替了。过去那种地方的和民族的自给自足和闭关自守状态，被各民族的各方面的互相往来和各方面的互相依赖所代替了。物质的生产是如此，精神的生产也是如此。各民族的精神产品成了公共的财产。民族的片面性和局限性日益成为不可能，于是由许多种民族的和地方的文学形成了一种世界的文学。"这种世界性、全球化破坏了民族工业。一些使用别国原料的工业取代了民族工业，他们的产品在世界各地销售。这样一来，国际商业网取代了国内市场，并通过相互依赖关系把各国联合在一起。资本主义正把世界变成一个独一无二的市场，欧洲、亚洲和美洲的民族国家正日益发展成为这一市场内相互竞争的贸易集团。正如人们所看到的，在20世纪末出现的全球化并不是新生事物，它只不过反映了一种很久以前就已经出现并被人们所认知的现象的加速变化，被称为资本国际化进程。

马克思主义创始人科学地证明了资本主义最终将被社会主义所代替，人类社会最终将过渡到共产主义社会。与资本主义全球化不同，未来的理想的全球化将是社会主义全球化和共产主义全球化。当前的现实的全球化具有历史的必然趋势，但这只是资本主义历史阶段上的必然趋势，是具有历史暂时性的必然趋势，而不是具有历史永恒性的必然趋势。

在《德意志意识形态》一文中，马克思和恩格斯也准确地预测了全球化的发展。他们认为，共产主义这种新的社会形态出现不可能是一种地域性的现象，它必然是一种全球占主导地位的各民族突然间同时发生的行动。生产力的高度发展具有全球性意义。如果没有生产力的普遍发展，就不可能有物质产品的充分涌流，就只能使贫困普遍化，而在普遍贫困化的情况下搞成的社会主义，一切陈腐的东西都会卷土重来。共产主义只有作为世界性的存在才有可能实现，如果没有交往的普遍发展，共产主义也就只能作为一种地域性的现象存在，处于一种"落后的、家庭式的、笼罩着神秘气氛"的状态，最终就会随着交往的扩大而瓦解。

此外，全球化或者说资本国际化，并没有解决生产资料与交换手段的私有制的固有矛盾。相反，这一矛盾更加激化了。实际上，这种矛盾是由生产的不断社会化与社会产品越来越多的私有化之间的冲突导致的。新自由主义的推崇者也曲解了科技革命的意义及其取得的成果。今天，科技革命表现在大力发展生产工具上，并且对当今经济特点的形成也产生了影响。然而，其本质并不新鲜。同样是在《共产党宣言》中，马克思和恩格斯也曾指出，和过去社会体系中的统治阶级所扮演的角色不同的是："资产阶级除非对生产工具，从而对生产关系，从而对全部社会关系不断地进行革命，否则就不能生存下去。"当今发生的并不是什么新鲜的事，它只不过是一种特殊形式，在这种特殊形式下，被马克思和恩格斯研究、描述的现象更具体化了。但是，它并不能够改善社会关系乃至解决资本主义遗留下来的历史问题。同样是在这部巨著里，马克思和恩格斯作出了另外一个绝对适应于科学革命的论断，即生产工具的改革，或者说技术进步，即使再强大，其作用也会越来越激化与资本主义固有的生产关系的矛盾，引起被称作生产过剩的资本主义的周期性经济危机，因为资本主义的生产关系已经太狭窄了，再也容纳不了资本主义本身创造出来的生产力和财富。事实上，科学技术的发展，确实带来了社会生产力和财富的巨大增长，但这些成果并没有像那些为资产阶级服务的宣传家们所鼓吹的那样造就了一个福利社会、满足了所有人的愿望。科学技术的发展，并没有创造出一个福利社会，并没有满足所有人的愿望。不仅如此，由于强国对弱国的不断剥削，科学技术的成果拉大了富裕国家与贫穷国家之间的距离，这又注定会使弱国在全球化过程中在各个方面变得更加落后。

3.1.2 现代西方"反全球化"的有关理论基础

西方"反全球化"理论基础大体有：依附理论、世界体系理论、"比较优势陷阱"理论、拒斥论、贸易保护主义理论、民族主义理论。

（1）依附理论。依附理论起源于阿根廷经济学家劳尔·普雷维什的"中心—外围"经济体系论，随后又逐步发展为依附理论。该理论认为，在当今世界经济体系中，西方发达国家处于中心地位，而发展中国家则属于外围。中心与外围之间的分工、贸易尽管一直在变化，但却始终按照有利于中心国家发展的模式进行。依附理论认为全球化是一个骗局，西方是全球化的最大赢家，大部分第三世界国家则扮演着输家的角色。外围的发展中国家成为处于中心的发达国家的资本积累的对象，发达国家凭借资本、技术、信息等方面的垄断优势，通过国际间产品、技术、资金、劳动力、信息的不平等交换，获取巨额利润。依附理论是反全球化运动的一个重要的理论依据。

（2）世界体系理论。沃勒斯坦的世界体系理论产生于 20 世纪 70 年代。它认为反全球化运动是 20 世纪 60 年代末以来继毛泽东主义运动、新社会运动和人权组织运动之后的第四波反体系运动。它批判发达资本主义国家对落后国家与地区的剥削与掠夺，旨在通过运动产生一个更民主、更平等的世界。

（3）"比较优势陷阱"理论。比较优势理论是由李嘉图提出的，其主要观点是：由于各国的自然资源和技术水平、劳动生产率的不同，生产各种商品所使用的要素比例各有不同，各国在参与国际贸易时，都要尽力按照比较优势实现专业化分工。比较优势理论有利于各国发挥优势，在全球范围内有效配置社会资源，取得较好的经济效益。比较优势理论是全球化条件下资源最优配置的重要依据，因而成为指导经济全球化发展的重要理论基础之一。据此理论，在国际贸易中，发达国家进口劳动密集型和自然资源密集型产品，出口资本和技术密集型产品，发展中国家则相反。这就可以发挥发展中国家劳动力和自然资源的优势，也反映了它们目前经济发展水平。但是，发达国家可以实现资本、技术对劳动的替代，发展中国家却无法实现自然资源对资本和技术的替代。这样就出现了"比较优势陷阱"：在劳动密集型产品和技术密集型产品的贸易中，自然资源和劳动密集型产品出口国总是处于不利地位。劳动密集型产品不具有竞争优势，资本、技术密集型产品则具有垄断的竞争优势。单纯的由资源决定的比较优势在国际贸易中不一定具有竞争优势，单纯根据资源来确定自己的产业结构，就容易跌入"比较优势陷阱"。比较优势陷阱理论指导了很多发展中国家反全球化运动。

（4）拒斥论。拒斥论是指20世纪90年代形形色色的反全球化理论观点。西方左翼理论家，包括著名的"西方马克思主义者"哈贝马斯、佩里·安德森、反新自由主义斗士诺姆·乔姆斯基、法国学界首领皮埃尔·布迪厄、美国知识界思想领袖詹姆逊等，都研究全球化发展新趋势，纷纷著书立说参与讨论，形成了新左派的全球化理论，从各个层面剖析全球化的性质、特点及其后果。他们认为，全球化是发达国家掠夺发展中国家的工具，是发展中国家经济、政治、文化和军事等方面的"陷阱"。经济全球化有利于资本在不同国家之间的转移，助长了资本对工人阶级的剥削，尤其是对发展中国家工人的盘剥；全球化加剧了发展中国家的贫困，决不是发展中国家走出负债陷阱的出路。

（5）贸易保护主义理论。反全球化运动与贸易保护主义有着天然的联系。全球化中的最大受益者——各跨国公司，为降低成本，实现资源的优化配置，纷纷将生产基地转移到劳动力价格低廉、自然资源丰富的国家，在国内则大规模裁员以提高生产效率。以信息技术为代表的新产业、新经济的产生，促使旧产业结构和旧经济发生转变和改造，许多旧产业部门的劳工不得不面临失业、生活质量下降的危机。原来的福利国家为增加本国公司的竞争力，大量削减社会保障资金，向自由竞争的政策靠拢。原有的福利制度大倒退。因此，在全球化声浪日益高涨之时，贸易保护主义的趋势也日益明显，他们纷纷打出反全球化的旗号。发达国家的劳工参与反全球化运动与贸易保护主义趋势不无关联。

新的贸易保护主义主要依靠的是非关税壁垒、汇率战和组建区域性经济集团。当前，发达国家各种非关税壁垒种类繁多，设置精巧。它们一方面设置技术等级、卫生标准等形式的准入障碍；另一方面不断利用世贸组织的法律条款，借反倾销、反补贴之名，频行贸易保护主义之实。各种区域经济一体化组织也在区域内最大限度地利用劳动分工和自然资源优势，对外实行贸易保护。美国是贸易保护主义比较严重的国家之一。美国一方面用GATT／WTO谈判打开别国市场的大门，另一方面却用各种非关税壁垒筑起贸易保护的高墙，实行超级贸易保护主义。美国多年来以反倾销之名行贸易保护之实。汇率战更是美国的拿手好戏。从20世纪70年代初至今，美元兑日元的比价从1∶360直落至1∶105左右，严重地削弱日本经济的竞争力。

（6）民族主义理论。民族主义者认为发达国家鼓吹的全球思维，表面上主张全球共同繁荣，全人类的利益高于一切，其实质是西方发达国家推行霸权主义的工具，其目的是弱化发展中国家的主权，从而使其成为西方发达国家的附庸，达到自己独霸全球的目的。发达国家借经济扩张之机，大肆推行其文化价值观念和政治理念，大搞文化霸权主义，对世界许多相对弱势的文化、文明、传统构成空前挑战，使它们不得不面对消失的命运，民族认同与民族主义问题空前突出。在民族主义理论指导下，新民族主义和原教旨主义运动兴起。这些基于民族主义立场的反全球化行为就是为了弱势文化、文明、传统在全球化时代的生存与延续而斗争。当代伊斯兰教潮的兴起就是一个明证。对广大穆斯林民众来说，含有强烈政治色彩的伊斯兰教思想和主张象征着民族文化对西方基督教文化主导的世界现代化潮流的挑战，在这里，伊斯兰教所起的主要作用不是宗教性的，而是民族象征性的。“9·11”事件就是基于民族主义立场的反全球化行动的另一种极端形式的表现。

3.1.3 麦克卢汉的“地球村”理论

早在 20 世纪 60 年代初，美国从事文学和交往研究的学者马歇尔·麦克卢汉（Marshall Mcluhan）就从信息通信的角度提出了一些关于全球化的非常具有远见的论点，尽管他没有使用“全球化”这一术语。麦克卢汉先后发表了《对交往的探索》（1960）、《理解媒介》（1964）、《媒介就是推拿》（与 Q. Fiore 合著，1967）和《全球村中的战争与和平》（与 Q. Fiore 合著，1968）等著作，探讨了通信技术的发展对人类社会和文化的影响。

麦克卢汉认为，文化的决定性要素是其赖以传播的媒介。媒介（Media）包括所有延伸感觉的手段，因此既包括交通技术，也包括通信技术。根据媒介的不同，可以把以往的人类历史划分为两个时代：①建立在口头语言和水车技术之上的部落时代。在这种“口头文化”（Oral Culture）当中，人的经验必然是即时、瞬间和集体性的，同时也是微妙、感性和完整的。②建立在书面语言、车轮和机械化技术之上的工业时代。在这种“阅读和写作文化”（Literate Culture）中，人类经验是“碎化和私人化的”。阅读和写作是相互隔离和个体化的，甚至是孤独地进行的，在强调视觉的同时牺牲了听觉、触觉和味觉，使旁观者远在一边而无法参与。印刷术还将思想建构成相互联系的线性连续体，使社会得以理性化，从而得以工业化。这一转变过程产生了全球性影响。纸张、车轮和公路的利用使交往大大加速并将距离遥远的种种地方性（Localities）联系起来，从而削弱了部族和村落意识。它们还使得权力中心可以将其控制延伸到边远地区。这种穿越时间的空间重新组织，伴随着以下两种重要的普遍化手段的发展而发生。第一种手段是机械钟，它打破了时间的循环观念和季节观念，代之以延续性的时间观念，时间得以按准确的划分法来衡量。精确、普遍性的时间成为与人类经验的直接性相分离的现代世界的一个组织原则。分工便是随使用机械钟来划分时间而开始的。第二种手段是货币，它增加了人类关系的容量和速度。

当今人类社会的状况构成了新的时代转换。占优势地位的工业和个体化的印刷媒介、机械钟和货币正在被电子媒介取代。电子媒介在更广大即全球范围内恢复了“部落制文化”。这种文化的关键特点是速度。由于电子通信实际上是瞬间性的，因此它把各种事件和场所拉到一起，使它们统统相互依赖起来，造成时间和空间的压缩。电子技术确立了类似于人的中枢神经系统的全球通信网络，使我们能够理解和体验到世界是一个整体。"有了电子技术，我们可以将我们的中枢神经系统延伸到全球，同时把每个人类的经验联系起来。"线性系列化（Lineal Sequencing）和理性通过电子的加速和信息的共时化而发送，人们体验到的世界不仅是全球性的，而且是无序的。

电子通信和快速交通的加速作用引起了一种结构性效应，麦克卢汉将其称为"内爆"。所谓"内爆"，是指电子通信和快速交通将人类经验的所有方面汇聚到一个地方，一个人可以同时感觉和接触到远距离以外的种种事件和客体。工业文明的中心—边缘结构在同步性、同时性和瞬间性面前消失了。"这是一个新的地球村世界。"正如部落社会的成员意识到他们与其他成员完全相互依赖一样，地球村的成员也无法避免一种人类社会整体性的意识。不过，"全球空间"与部落的邻居关系并不完全相同。"电子流动推翻的'时间'和'空间'的统制，即时地、不断地向我们灌输所有其他人关心的问题。它在全球范围内重新建构对话。它传达的信息是'总体变迁'，结束了心理上的、社会的、经济的和政治的地方观念。旧的城市的、国家的和民族的集团划分已经变得行不通。没有什么比'一切在此，一切在其所在'更能说明这种新技术的精神了。"自从麦克卢汉提出"地球村"的概念以来，它被广为引用。麦克卢汉的思想对后来研究全球化的学者产生很大影响。

3.1.4　吉登斯论"时—空伸延"与全球化

安东尼·吉登斯（Anthony Giddens），英国著名社会学家，著有《民族国家与暴力》《社会的构成》《现代性的后果》《现代性与自我认同》等著作。吉登斯将全球化过程与现代社会的发展联系起来。他认为，现代社会具有四种制度特征或者说"组织丛"：资本主义、工业主义、民族国家、监督系统。资本主义民族国家是典型的现代社会,因为它体现了这四种特征的极度发展。而这种发展是由某些动态过程推动的,其中首要的过程是时—空伸延(Time-Space Distanciation)。在前现代背景下,无论时间和空间都基本上与一个人紧邻的处所相关,日常生活的时间节奏由当地每天的周期和季节性周期决定。同样,空间也局限于一个人直接意识到的范围,并联系其家居位置来衡量。18 世纪机械钟的发明和扩散,产生了使时间普遍化的作用,时间脱离了特定的地方性,使时间的社会组织变成一种全球时区系统。同样,空间被用各种全球地区标示,成为一种普遍性的社会维度,其现实性独立于任何个体的社会位置。这种时间和空间的解放(时空伸延),使得跨越遥远时空距离的人类活动能够稳定地组织起来,这是全球化的前提条件。时空伸延也是吉登斯称为"脱出"(Disembedding)的现代化过程的前提条件。所谓"脱出",是指社会关系"升离"(Lifting Out)地方性的互动场景并跨越时间和空间进行重构。这种脱出有两种机制:象征符号和专家系统。前者是指像货币这样普遍使用的交换媒介。货币能够将价值从一种场景转移到另一种场景,因而使得跨越巨大时间和空间的社会关系得以形成。专家系统由能够在许许多多不同的实际场景分布的技术知识库构成。一个专家系统能保证在所有这些场景都可以预期到某种东西。象征符号和专家系统这两种脱出机制蕴含着某种信任态度,就是说,人们相信由不在场的他人创造的货币价值和专门知识的准确性。因此现代性(Modernity)包含着高度的信任和高度的风险。现代人信任他们的社会,他们的生活由非人格的货币流和专门知识流引导,并不意味着他们容许这些流动不受监督。由于意识到存在风险,人们经常观察、了解和思考货币的价值和专门知识的有效性,因此,现代社会从性质上说是反思性的。在现代化过程中,"时空伸延""脱出"和"反思性"(Reflexivity)大大延伸了社会关系的时空距离,使复杂的全球关系网络得以形成。因此,吉登斯将全球化定义为"世界范围性社会关系的强化,这些关系以以下这样一种方式将遥远的地方性联系起来:一地发生的事情受到千百里以外发生的事件的塑造,反之亦然。这是一个辩证的过程,因为地方上发生的事情可能沿着与塑造它们的伸延很远的关系相反的方向运动。地方性的变迁既是全球化的一部分,又是社会联系跨越时间和空间的旁向延伸"。根据这一定义,吉登斯认为全球化是世界沿着现代性(Modernity)的四个维度(资本主义、监督、军事秩序和工业主义)的扩展。第一,世界经济越来越成为一个资本主义世界体系,世界经济由独立于政治安排运作的跨国公司主导。这些公司建立全球性联系和交换系统,因而全球日益成为单一的商品、劳动力和资本市场。第二,监督过程也在民族国家体系中沿着全球方向延伸。国家在国际组织中的合作,信息和专门知识的共享,增强了一个国家监督本国人口和干扰其他国家对人口监督的能力。第三，全球化在军事秩序方面表现为形成同盟体系，即真正全球范围的两极性的超级大国同盟体系（如今是围绕美国军事统治地位形成的单一中心的同盟体系）。第四，工业主义的全球化，地方性的工业纳入到国际分工之中。这一发展过程还包含着机械和其他工业技术以及具体性、合理化的生产制度的扩散。这一过程还在两个领域产生重大后果：对作为整体的地球生态系统产生有害作用；商品的生产进一步覆盖到服务和信息方面，导致文化的产业化，而文化的产业化又通过传播媒介促使文化（尤其是以消费为中心的成分）全球化。因此，对吉登斯来说，全球化是一个有多种因果联系和多缕的（Multi-Stranded）过程，"一个在协调的同时发生碎化的不平衡发展过程。"

3.1.5 罗伯森论"世界压缩和全球意识的增强"

在分析全球化的过程时，罗伯森认为，从全球化在 20 世纪表现为某种整体主义意识的情况来看，它包含个人和国家的参照点，针对普遍的超国家的参照点而发生的相对化。因此，它涉及下述四种因素之间的文化、社会和现象学上联系的确立：个人的自我；国家社会；社会构成的国际系统；一般意义上的人。综合起来，这些因素构成了"全球场"，即我们在分析全球化时需要考虑的对象的范围。在全球化的情况下，下述现象学上的联系和相对化开始在这些因素之间形成和发生：①个人的自我（a）被定义为某个国家社会的公民（b），通过与其他社会的发展的比较（c）而被定义为人的一个实例（d）。②一个国家社会（b），从自由和控制的意义上说，与其公民处在某种有问题的关系之中（a），它视自己为某种国家共同体的一员（c），而且必须提供以普遍的人权为参照的公民权（d）。③国际系统（c）依存于各国家社会对主权的让渡（b），它为个人的行为确定标准（a），并对人的欲望作出"现实性约束"（d）。④人（d）被从个人权利的意义上定义（a），这些权利表现为国家社会关于公民权利和义务的规定（b），它们通过诸社会构成的国际系统而被合法化和实施（c）。

这些互动在四个参照点的每个点形成渐进的发展过程，即：个体化，对每个人重新作出全球性的定义，定义为一个完全的整体，而不是任何地方化的集体的一个从属部分；国际化，国家间相互依赖性增强；社会化（Socialization），"现代"民族国家被确立为唯一可能的社会形式；人性化，从其可能性和权利的意义上说，人不能按种族、阶级和性别来区分。这些渐进的发展过程汇集到一起，构成了全球化的种种社会过程。而这些发展过程的发生，独立于单个社会的内部动态。全球化有其自己的"不可抗拒"的逻辑，而这些逻辑将不可避免地影响各个社会的内部动态。

罗伯森认为，全球化并不是新近的事情。从时间上说，它在现代性和资本主义之先。然而，现代化趋向于加速全球化。在当代阶段，这一过程移到了意识的层面。而且，欧洲文明是这一发展的中心焦点和起源。他将全球化的历程描绘为五个阶段：

（1）萌芽阶段（从 15 世纪初期到 18 世纪中叶，发生在欧洲）。民族国家共同体开始形成，中世纪"跨民族"的体系的作用开始降低。天主教会范围扩大。关于个人的观念和关于人性的思想受到强调。世界日心说和近代地理学开始出现；阳历使用范围扩大。

（2）开始阶段（从 18 世纪中叶到 19 世纪 70 年代，主要发生在欧洲）。向同一化、单一性的国家观念迅速转变；关于定型化的国际关系的概念、关于标准化的公民个人的观念和较具体的关于人性的观念得到具体化。与国际和跨国调节和交往有关的法律公约和机构迅速增加。国际博览会举办。"国际社会""接纳"非欧洲社会的问题开始出现。民族主义—国际主义问题成为讨论主题。

（3）起飞阶段（从 19 世纪 70 年代到 20 世纪 20 年代中期）。在此期间，从前的时期和场所发生的日趋全球化的倾向让位于以下面四个参照点（同时也是限制因素）为中心的单一的、不可抗拒的形式：民族国家社会，一般意义上的个人（但具有男性偏向），单一的"国际社会"，以及日趋单一但不统一的人性观念。"现代性"问题初步成为讨论主题。关于"可接受的"民族国家社会的"正确轮廓"的观念越来越具有全球性，关于民族国家自性（Identity）和个人自性的思想成为主题；一批非欧洲社会融入"国际社会"；国际间的形式化（Formalization）和人性思想得到尝试性实施。移民限制的全球化。全球交往形式非常迅速地增多，速度异常迅猛地提高。第一批"国际小说"出现。全世界基督教大国运动兴起。全球性竞赛（如奥运会和诺贝尔奖）形成。世界时间的实行和接近在全球范围内采用阳历。第一次世界大战发生。

（4）争霸阶段（从 20 世纪 20 年代中期到 60 年代后期）。在此时期，出现围绕起飞时期结束时确定的主导性全球化过程的脆弱条件展开的争论和战争。国际联盟，以及后来联合国建立。民族国家相互依存原则确立。（盟国和轴心国）提出相互冲突的现代性观念，随后发生高度剧烈的冷战（"现代性计划"内部的冲突）。因大屠杀和原子武器的使用，人类的本性及其前景问题备受关注。第三世界成为具体现实。

（5）不确定性阶段（从 20 世纪 60 年代后期至今）。20 世纪 60 年代后期，全球意识增强，登月成功，重视"后物质主义"价值。"冷战"终结，"权利"问题变得明显突出，获得核武器和热核武器的范围扩大。全球性机构和运动的数量大大增加，全球交往手段迅猛加速，各社会日益面临多元文化和多种族问题。人的观念因性别、性和人种的考虑而变得复杂。人权成为一个全球性问题。国际体系更加不固定，两极体系终结。特别是通过环境保护主义运动，使对作为一个物种共同体的人类的关注大大增强。尽管出现了"民族革命"，但对世界公民社会和世界公民的兴趣高涨。全球传媒系统加固，在这方面的对立加剧。里约热内卢地球环境首脑会议召开。总的来说，20 世纪 90 年代显示出危机趋势。所谓不确定，是因为我们对未来的方向几乎没有什么把握，尤其是对地球环境变化的方向没有多大把握。

罗伯森强调，这些发展进程的发生，独立于单个社会的内部动态。全球化有其自身的逻辑，这种逻辑将不可避免地影响这些社会的内部动态。罗伯森认为，这种逻辑可以从 18 世纪中叶文化上同质的民族国家的出现过程中找到其根源：国家社会是制度化的社会性主义的形式的观念的传播，对于刚开始的加速全球化来说是至关重要的。罗伯森并未明确说明这一逻辑，不过其步骤可能是：民族国家是有疆界的社会系统；它们为资源和市场而竞争，而且它们在物质上并不一定是自足的，因此它们进行跨越疆界的经济、军事、政治（外交）和文化上的交往，这些交往既有合作又有冲突；这些交往促使国家之间发生分化，由此出现后来者模仿先进者的情况；各国将力图使国际关系制度化，以确保它们自己存在的条件。

将当代阶段的全球化与其较早的表现分开的是其反思性（Reflexity）的增强，世界从仅仅在其中（In Itself）移到了为自己（For Itself），工商界人士和环境保护主义者从多种角度提出"从全球着想"（Thinking Globally）的警示，意味着地球的居民开始将地球作为一个整体结构看待，即把它理解为"一个地方"。就这一点而言，人们已开始将世界概念化为一个整体，因而他们将其作为一个单一的单元来再生产，而这反过来又增强他们认为情况就是这样的可能性。

罗伯森对他的论点做了许多仔细的保留。例如，他认为全球化不一定是好事，也不一定是坏事——它的道德性将由地球的居民来实现。他也不说全球化的后果是使世界成为一个更整合或更和谐的地方，而仅仅说它将是一个更统一或更有系统性的地方。在此，他指的是，尽管世界任一地区的事件都对其他地区的事件产生影响或以其他地区的事件为参照，但这种相对化并不总是积极的。确实，作为一个系统的世界很可能因冲突而分裂，与国家之间以前的争端相比，这些冲突难对付得多。

罗伯森认为，到目前为止，在全球化问题上可以作出的结论是：第一，世界正经历着加速全球化并达到了这样一种程度，即可以把它看作一种成就；第二，我们需要新的概念来分析这一过程；第三，这一过程从根本上说是文化上的，而且从性质上说是反射性的；第四，全球化遵循它自己不可抗拒的逻辑。

3.1.6　哈维论"时间—空间压缩"与全球化

西方社会学家哈维则从时间—空间压缩（Time-Space Compression）的角度定义全球化。戴维·哈维（David Harvey）于 1989 年发表了《后现代条件》一书。像吉登斯一样，哈维在书中也从人类时间和空间概念的变化角度研究全球化。他指出，在封建社会的背景下，人们用某个相对独立的社群（Community）的话语来思考空间，这些话语体现了经济、政治和宗教权利与义务的某种混合。同样，时间的编排由社群的节律决定。对于社群外的空间，人们的概念是很模糊的。对于社群外的时间就更是如此。这种地方化的时间和空间概念到文艺复兴时期才重新建构，当时，欧洲人远洋航海和地理发现确定空间的极限，人们发现了地球和宇宙之间的不连续性，因此地球可以被绘成地图并被客观化（Objectivated）。另外，机械钟的出现，也使时间被建构为一个线性的、普遍的过程。空间和时间概念的客观化和普遍化，使时间得以湮灭（Annihilate）空间。哈维称这一过程为时间—空间压缩。在这一过程中，时间可以重新编排来缩小空间的限制，反之亦然。时空压缩意味时间的缩短和空间的收缩，即办事所需的时间逐渐减少了，这反过来使人们体验到空间中不同点之间的距离缩短了。可以这样说，如果住在东京的人们可以与住在赫尔辛基的人们同时体验到同样的事情（如一次商业交易和媒体报道的一次事件），那么就可以说他们实际上生活在同样一个地方，空间已经为时间压缩所湮灭。哈维用一个包含四个不同时期的世界地图的图示说明这一过程。根据交通运输速度测定，年代离现在更近的地图比离现在更远的地图要小，例如，由于喷汽飞机比帆船的速度快 50 倍，1960 年的世界大约只有 16 世纪的世界 1/5 大。

时间—空间压缩的过程并非渐进和连续性的，而是以短促和猛烈的突然形式发生。在这样的时期，世界迅速变化。哈维将这种突然发生的形式归因于资本主义制度中过度积累引发的危机。其中，有一次突然压缩发生在 19 世纪下半叶，与有名的"现代主义"文化运动相联系。但这次突然压缩的发生，是由于 1847~1848 年因在铁路建设（一种控制空间的企图）中的过度投机导致的信用崩溃而引发的危机。这次危机后来通过由金融资本家阶层确立的统一的欧洲资本和信贷市场而解决。通过这种重新组织的制度，时间随资本流动更快而压缩，这又为通过投资铁路、运河、货运、管道和电信来进一步征服空间创造了条件。到 19 世纪末 20 世纪初，地面交通（自行车、汽车等）、空中交通（飞机）和通信（无线电）、大规模印刷、照相术和电影等领域中的发明，使空间进一步收缩。欧洲确立了其在地球表面的殖民霸权统治。同时，美国资本家亨利·福特将生产空间改组为生产线，因而节省了生产的时间和成本，并使空间根据大规模生产需要进一步改组成为可能。工业化的大规模生产和快速交通的发展，刺激和支撑了第一次世界大战，大战又反过来使领土空间按照《凡尔赛和约》重新改组。到 1920 年，全球金融资本体系和国际关系体系已经确立，大规模生产已成为工业组织的主导形式。

哈维认为，在 1970 年前后，时间—空间的突然压缩又一次发生了。它是随大规模生产制度中的过度积累危机而开始的。福特主义的大规模生产如此成功、如此高效，使工人被迫下岗，因而大大减少了对产品的需求。但是，产量却在迅速增长。消费市场极度饱和，政府已无法纠正不均衡，也无法履行在其福利计划中的承诺。它们的唯一反应是印钞票，从而引发一轮又一轮难以控制的通货膨胀。这场危机震撼了资本主义制度，促使它不得不采取一种"弹性积累"（Flexible Accumulation）的办法，即通过弹性的契约雇用拥有多种技术的工人、使用计算机化的机械去生产与消费者快速变动的趣味相适应的产品。就像 19 世纪下半叶的情况一样，新的生产体制首先对金融市场的结构产生影响。这种影响体现为金融市场出现长距离国际联系增多的趋势。而且不再有一个金融资本阶级来管理这一体系，它是无序、流动的，活动范围极其巨大。更重要的是，它的力量比以前要强大得多，迫使民族国家政府和跨国公司的行动屈从于市场限制因素。例如，国家的财政政策通过浮动汇率从属于经常性、反射性的约束之下，其结果是真正的全球化：全球性股票市场的形成，全球性商品（甚至债务）期货的形成，货币和利率交易的形成，意味着货币和信贷供给第一次形成了单一性的世界市场。这一全球金融体系的结构如此复杂，以至于大多数人无法理解它。银行业、经纪业务、金融服务、住宅金融、消费信贷等越来越互相渗透；与此同时，商品、股票、通货或债务期货出现了新的市场，以令人迷惑不解的方式将未来打折为现时。计算机化和电子通信使对金融流动进行同时性的国际协调变得极其重要。

3.2 "反全球化"的"学术战"

随着西方主流媒体对全球化大唱赞歌、人们享受着全球化带来的乐趣和好处的同时，一些同情弱势群体、有正义感的人们，包括政治家、理论家、绿色和平人士、普通的工人和农民、第三世界的穷人，却在遭受着全球化带来的煎熬，形成了日益强大的"反全球化"队伍，"反全球化"运动花样翻新，形式多样，频率日增，参与的人群众多。英国《金融时报》与哈里斯民意调查所联合进行的民意测验表明，对全球化以及世界顶级公司领导人的抵触情绪席卷了所有富国。英国、法国、美国和西班牙的受调查者在回答全球化对本国有何影响时，选"负面影响"者约是选"正面影响"者的 3 倍。由于对全球化及不断加剧的贫富不均现象感到担心，所有接受调查的富国公民们认为全球化是一种负面影响为主的力量，调查所发现的强烈的反全球化情绪令政府和企业高管感到不安。于是，一种质疑和批判全球化的理论思潮也随之兴起。这股理论思潮不仅遍及作为全球化中心的发达国家，而且也遍及广大发展中国家与新兴转型国家，从而构成了与全球化话语针锋相对的"反全球化"话语。这些理论思潮，不仅从学术的层面与"全球化万能"展开争论，成为与街头抗议、世界社会论坛、网络战等同样重要的"反全球化"运动形式——"学术战"，更重要的意义在于它从理论上、学术上为"反全球化"运动提供理论上的支持。正如学者所言："反全球化作为新的政治与意识形态，与全球化作为政治与意识形态针锋相对，体现了后冷战时代新的意识形态。"法国作家维维安尼就是著名的"反全球化作家"，这位充满激情的女作者在她所著的《经济的恐怖》中号召人民行动起来反对资本主义。

3.2.1 托夫勒驳斥全球化的五种"神话"

东西方冷战结束以后，人们曾描绘出一幅蓝图：每一个国家都拥有开放的市场，在天衣无缝的单一的全球经济之下，共同走向新的繁荣。人们热衷于像念经一样地重复着全球化不可避免地向我们走来，似乎考虑全球化的利弊都毫无必要。正如西方学者尼古拉斯·皮普所说："现在很清楚：反对全球化就像抱怨糟糕的天气一样没有意义。"但是，这种被过分简单化以致变得危险的有关未来的蓝图，被东南亚开始的金融危机击得粉碎。现在，世界性的经济危机即使不会出现，但经济衰退的发生却是不可避免。因此，保护主义和民族主义处在重新爆发的边缘，从莫斯科到马来西亚，各国政府都在对货币及相关领域进行新的限制或者重新加以限制，以防令人恐惧的"金融瘟疫"跨越边界，蔓延到自己的国度。所有这些，都对全球化主义的未来提出了诸多质疑。人们早就应该就全球化及其影响进行认真、公开的讨论。但迄今为止，人们听到的要么是源自于国家主义的煽动性言论，要么是一些经济学家被少数国家和企业利用而发表的自私自利的言论。美国未来学家阿尔文·托夫勒针对全球化的种种议论著文，驳斥了全球化的五个"神话"。

"神话"之一：全球化等于自由化。全球化和自由化这两者确实互相关联，但全球化并不等于自由化。自由主义要求减少贸易和资本自由流动的壁垒。实施严格限制的产业也可能在全世界实施有效竞争。因此，全球化并非意味着全盘接受自由主义的一切要素。

"神话"之二：全球化不可避免。事实并非如此。即使不能完全推翻这一观点，但起码全球化是可以推迟的。今天的全球化过程，既可能因为遭到国家主义乃至孤立主义的反攻而陷入进退维谷的境地，也可能因涉及全球的经济危机而受阻。

"神话"之三：全球化将在经济各个领域均衡发展，从而创造出"平坦的活动区域"。事实恰好相反。全球化常常是阵发性的，总是制造出不平衡的金融活动区域，而且总是引发出许多问题。

"神话"之四：全球化将扼杀民族主义。一些极端国家主义者以及现在的许多工会主义者，他们非常憎恨全球化，将全球化视为"对民族主义的攻击"，畅销欧洲的《全球化的陷阱》一书，就反映了这种观点。然而，问题并非那么简单。

"神话"之五：全球化对任何人都是一件好事或坏事。在华盛顿看来，全球化的过程不仅对美国，对世界都是一件好事。而与此相反，许多较为贫困的国家则将它视为美国的阴谋。在这些发展中国家看来，全球化使他们的发展陷于停滞，打击他们的资本与产业，以便用极其低廉的价格进行收购，造成他们国家贫困。而这些正是西方发达国家大力推行全球化的目的和利益所在。实际上，世界上并不存在对任何人都有益处的事物。这一点连冰激凌也不例外。经济的全球化并不能均衡地同时对每个人给予某种回报。因此，有关经济全球化的正反两方面的观点，在今后数月甚至数年内都将受到人们的关注。在这种情况下，最重要的是保持头脑清醒，彻底打破那些混淆视听的"神话"。

3.2.2 德国学者驳斥全球化的十种谎言

德国学者格拉斯·博克斯贝格和哈拉德·克里门塔针对全球化的过分迷信和崇拜，以德国作为案本，比较欧美发达国家，尤其是德国的社会、经济发展状况，阐述了全球化过分强调市场作用的局限性，列举了全球化所可能带来的诸多弊端，如经济危机、社会福利的削减、工人工资的降低、失业率的上升、世界贫富差距的扩大等，直截了当地驳斥了全球化的十大谎言。在他看来，全球化的种种神话是媒体以及一些热衷于领导世界的政治家们制造出来的，世界经济一体化并非不可阻挡，发展中国家没有从全球化的浪潮中获得什么利益，相反，全球化却加剧了发展中国家的贫困。世界金融体系及其自由化仅使那些已经享有特权并且主宰世界经济的国家受益，而代价却由发展中国家，特别是由它们当中最穷的国家承担。全球化使世界贫富分化加剧，大约有 45 亿人生活在所谓的"发展中国家"，80% 的人生活在贫穷之中，有 13 亿人必须靠每天不到 1 美元的收入生活，8 亿人食不果腹，另外 8 亿人则不得不放弃健康保健，至少 8.4 亿成年人目不识丁。联合国把世界上最不发达国家定义为每年的人均收入低于 320 美元的国家，全球 48 个最不发达国家中有 42 个在非洲，共有 5.7 亿人生活在这些国家中，超过全球人口的 12%。发展中国家的债务高达 20000 亿美元。今天，世界上最富有的 358 个富翁的财富相当于"占全球人口一半的 25 亿人的财富"。随着发展中国家逐步被世界贸易和资本流动所淘汰，第一世界和第三世界之间的收入差距在扩大。1965 年，最富有的 7 个国家的人均收入是最穷的 7 个国家的 20 倍，1995 年已经达到 40 倍。

3.2.3 埃德·拉森认为"全球化可能是个坏词"

亚洲金融危机从亚洲蔓延到全世界，甚至威胁到美国经济的健康。从经理办公室到华尔街，人们开始意识到全球化不仅带来希望，也充满危险。20 世纪 90 年代以来，世界著名的跨国公司纷纷把选择向国际市场扩展以满足亚洲、拉丁美洲和东欧的新兴市场的无止境的需求作为自己的发展战略，但亚洲金融危机爆发以后，一些上层的跨国公司都宣布它们因为进入全球市场而受到损失。一些公司正在收缩它们的国际扩展计划。固特异轮胎橡胶公司由于拉丁美洲和亚洲轮胎需求低迷而增加了全世界价格下跌造成的损失，该公司的股票价格自 1998 年春天以来下跌了 1/3 以上；吉列剃刀公司正在艰难地对付它的产品在海外市场的价格下跌，为了节省开支，打算把它在全世界的雇员裁减

11%（大约4700人），关闭在世界各地的几十家工厂和办事处；荷兰国际公司（一家金融服务公司）宣布它要大大减少在俄罗斯和亚洲进行的贸易业务后，股票价格下跌了13%；日本的大和证券公司计划裁减其40%的海外人员，关闭1/3的海外办事处；美国的摩托罗拉公司在亚洲金融危机后决定停止在里士满附近建一个30亿美元的芯片工厂的计划。美国股市也感觉到了国际经济的动荡，一些最热门的公司股票大幅下跌，可口可乐公司的股票从仲夏的最高点下跌28%；利润一直不菲的通用电气公司的股票也从高峰下跌了20%以上。这些公司中，有许多是过去牛气冲天的市场的领先者，投资者接受了它们作出的海外需求增加会使利润率提高的预测。但是，人们的情绪突然发生变化，因为这些公司的海外业务下降而抛弃了它们的股票。休斯顿共同基金管理公司AIM咨询公司的主要投资负责人埃德·拉森说："现在全球化可能是个坏词。"

3.2.4 鲁格曼提出"全球化的终结"

阿兰·M.鲁格曼作为全球颇有影响的经济问题研究专家，认为迄今为止，被人们近乎滥用的"全球化"概念并无实在意义，全球化首先是一场经济运动，作为全球化最基本构成要素的经济事实表明，不存在"纯粹的全球化"，也不可能存在或发生一场纯经济的全球化。人们所谓的"全球化"，不过是由目前最为强大的"三极集团"——美国、欧盟、日本三大经济巨人主导下的超级跨国公司的全球化经营。而且，无论是这些公司的结构性规模及其扩张方式，还是它们的生产管理，抑或贸易经营，都表明它们的全球化运作根本上只是一种资本扩张式的"区域性"经济行为，而非人们想象的无限制扩展的经济全球化。不仅如此，这种三级体制宰割下的区域化经营不仅不可能推进全球化经济运动的发展，反而会因为它们内部的区域化资本战略和经营策略的分歧与壁垒，以及各种外部因素，如形形色色的非政府组织的日益繁衍和制约、外部生态环境的保护要求、地方性政治和文化因素的日趋增长等"新社会因素"的制约，致使人们翘首企盼的全球化运动走向终结。

鲁格曼提出"全球化的终结"这样一个令人惊异的结论绝非是惊世骇俗的冒失之举，他给我们提供了确乎充足而又合乎理性的事实证据和理论分析。首先，鲁格曼认为，当今全球化观念的首要误区，是误解或曲解了"全球化"概念本身，用一种超经济学的理论方式，如人类社会学的、国际政治学的、社会哲学的和文化的方式，无限制泛化了"全球化"的概念内涵。现今人们所理解的"全球化"的概念，不是"太狭隘"就是"太宽泛"。按照鲁格曼下的"标准的经济全球化定义"，全球化是"跨国公司跨越国界从事外国直接投资和建立商业网络来创造价值的活动",而决不像吉登斯所说的那样,把这种有着明确经济目标和经济实践架构的跨国经济运动,漫无边际地将"全球化"概念扩张到"政治的、技术的、文化的,也是经济的"方面,或是像汤姆林森推断的"因为全球化,社会关系不再是本地性的,而是超越时空的""跨国公司势力的扩张传播共同的全球资本主义文化"。

其次,鲁格曼认为,现今全球化思想的又一重大失误是误解了跨国公司的职能和作用。合理理解全球化问题的关键,首先在于明确解释跨国公司的作用方式和战略目标,以免将其"跨国"经济行为泛化为全能的社会行为。鲁格曼认为,跨国公司在当今全球化的扩张运动中的确具有举足轻重的作用,但这种作用无论多么强大和深刻,根本上只能是经济的,而非社会政治的和文化的。跨国公司只不过是一个经济实体的名称,给予跨国公司某种超经济学意义上的定位,都是误导性的。而且作为经济实体的跨国公司而言,其所显示的全球化力量也并不是像人们通常所了解的那样,它并没有什么超度的社会政治权力。在社会政治实践中,跨国公司原本就不扮演任何确定的政治角色,并且在跨国经济的生产和销售活动中,不得不一面仰仗母国政府的政治支撑和保护,一面争取所在国政府的认可和保护。所以,把跨国公司巨大的经济规模同政治权利相联系是一个普遍的错误。

最后,全球化的另一个误区是把跨国公司的创新生产和密集的全球营销与全球文化同一化的发展等同起来。鲁格曼认为,一些学者乐观地相信,以跨国公司为龙头的经济全球化,正在使世界发生某种"文化杂化"或"文化认同",越来越"非本地化"。许多学者还有意识地援引所谓"麦当劳化""好莱坞化""商业连锁"等,试图证明这种文化同一化的趋势。但事实上,跨国公司并不真正关心文化的同一和扩张,资本和商业利润的扩张才是它们的关注所在。即使它们偶尔涉及所在国家和地方的文化,也是出于其经济生产和销售的目的。因此,臆想性地将这些世界"旗舰企业"即跨国公司当作某种类似于跨国政府或跨国文化大使之类的超级集团,没有足够的事实证据。

因此,透过跨国公司的运作方式和正在生长着的各种"新的社会因素"的实际影响,人们将看到的就不只是全球化运动的限制和受挫,而且是其失败或终结。鲁格曼说,"总之,我的主要观点是,全球化的悖论在于它并没有真正发生,只是一个神话。相反跨国公司的多数生产和服务行为,过去一直是,现在仍然是区域性的并非全球性的。"在鲁格曼看来,迄今为止,没有任何国际性组织结构能够承担组织或推进所谓全球化的重任,世贸组织和世界经合组织不行,三极集团中的任何一极,甚至是三极全体都不行,具有国际政治组织形式和世界政府外表的联合国也不行。在三极构架内活动的跨国公司,不仅没有也无法摆脱市场经济理性——求利为己的经济人理性的约束，而且也不想去追求超经济的世界价值理性。它们无意于抛弃自己特殊的经济利益目标，去实现一些雄心勃勃的思想者们所描绘的全球化乌托邦。全球化的时刻不是没有到来，而是正在消失；作为一个人类神话，它实际上从来就不曾真正发生过，过去没有，现在没有，将来也很难实现。鲁格曼相信，所有这一切都在暗示着一个基本事实：真正意义上的全球化，哪怕只是经济学意义上的全球化，非但没有走向成功，而且已经走向终结。他得出的结论是："思维地域化，行动本地化，忘掉全球化。"

3.2.5 詹姆斯·沃尔芬森的"四速世界理论"

世界银行前行长、布鲁金斯学会沃尔芬森发展中心创始人詹姆斯·沃尔芬森认为，世界经济增长率达到了30年来的最高值，但尚未围绕全球化达成共识，当八国集团领导人召开年度峰会时，将集中关注减轻非洲贫困和与新兴大国相处的问题，这些难题仍然难以解决。八国集团掌握着消除极度贫困和促进繁荣的资源，但八国集团及其控制下的金融机构仍然难以展开有效的行动，贫富差距仍然继续拉大。之所以如此，是因为整个世界已经超越了原有的北—南和东—西之分，迅速分裂成为四个繁荣程度和期望各不相同的阵营，称之为"四速世界"。第一阵营是富国，包括美国和欧洲，在过去50年里，这个阵营掌握了全球收入的80%，人口却只占全球的20%；第二阵营是新兴经济体，包括了大约30个中等收入国家，它们已经掌握了影响全球经济的手段，印度和中国等国的年经济增长率保持在7%以上，很快将成为在全球举足轻重的国家；第三阵营包括大约50个经济体，它们经历了快速增长，但也经历了阶段性的衰退或停滞，在达到中等收入国家的水平之后尤其如此，它们分布在从拉丁美洲到中东的广大地区，被八国集团领导人淡忘，全球有1/5以上的人口生活在这些国家；第四阵营有10亿人，他们生活在那些继续停滞或衰落的最贫穷国家，多半在撒哈拉沙漠以南的非洲地区，没有享受到全球化的好处，却成为最易受到全球化负面影响——如气候变化、自然资源价格上涨——的国家，这一群体所遭受的人间悲剧是对我们的政治挑战。今后50年里，地球上的人口将比现有的60亿多30亿，达到90亿，其中仅有5000万人加入第一阵营，多数加入第二、第三和第四阵营，这种不平衡将增加人们对全球化的反感。

3.2.6　全球化的无稽之谈

每一代人都有自己的幻觉，"全球化"是我们这代人的幻觉，即贸易、服务业和投资的国际化以及因特网催生的信息共享，打破了国家的界线，使人类朝着更好的方向发展。尽管全球化本身十分真实，但理想主义者和骗子之流强加给它的幻想，却让人更加难以理解正在发生的和尚未发生的一切。

全球化的无稽之谈之一，就是全球化是一个史无前例的奇迹。亚历山大大帝时期，希腊文化影响了印度佛像的形式；凯撒大帝时期，罗马的市面上就有东方的丝绸出售；东非发掘出拥有上千年历史的中国瓷器和钱币；中世纪的欧洲不惜重金从遥远的印度购买胡椒；伊斯兰世界充当掮客促进西方和远东之间的贸易，而此时还没有发现美洲大陆。全球化的今天同过去的相似之处多于不同之处。16 世纪初，葡萄牙的战舰从奥斯曼土耳其帝国手中夺过印度洋的控制权，从而提供了一种直到今天仍然适用的战略霸权模式：里斯本的武装商船控制了香料生意。今天，美国海军的航空母舰在为石油资源保驾护航。虽然商品发生了改变，但战略模式却丝毫未变。今天全球化的脚步可能更快，创造的财富可能更多，影响的人群也更多，但其实质却至少有 2500 年的历史。几千年来，这一进程大大改变了国际关系，但却始终没有改变人性。

全球化的无稽之谈之二，就是全球化会带来和平。人类相信尘世间存在极乐世界的想法与生俱来，而它到头来总是空梦一场，因人类的顽劣习性、致命爱好和根深蒂固的自私本性而幻灭。正如嬉皮士群居村因为总得有人清洗餐具而溃散一样，之所以有战争将变得"不可思议"的预言，是因为预言者相信幻想而忽视了人性。历史上相对和平的时代，没有哪次是因为相互竞争的文明同意合作而出现，而是因为交战双方都已精疲力竭，或是因为霸权国制定了一定之规。和平不会长久，在世界各种宗教中，坚信自己的神不容异说并带有报复性的势力日益壮大。如果说信息是力量，那么狂热就是核动力。全球化非但没有将人们团结起来，反而让数十亿人意识到经济差距的存在。全球化对承袭的价值观和传统社会构成了威胁，而因特网尽管很适用，但却是自发明活字印刷以来传播仇恨的最佳工具。伊斯兰狂热分子、新纳粹主义分子和恋童癖者现在可以不费吹灰之力地找到彼此，过去躲在阴暗角落里的那些人今天结成了同盟，因特网时代真正志同道合的全球性组织是因仇恨而结成的阴谋集团。这是一个能人才子前途无量的时代，然而这也是一个偏执死而复生的时代，数字化的宣传手段充当了它的助产士。

全球化的无稽之谈之三，就是全球化推动自由贸易，而自由贸易推动经济发展和增加就业。自由贸易一直是人们追求的美好目标。但自由贸易是否真正的"自由"却值得怀疑。自由贸易鸦片对英国商人有厚利，但对中国和亚洲其他国家的人民则是灾难；老板自由地开除怀孕的女工对老板的利润增加有好处，但对怀孕员工来说则意味着失去生活的依靠。全球化使跨国公司和资本、知识等强势要素占有者能够自由贸易，自由赚取利润，但对于只依靠出卖劳动力这种弱势要素为生的工人和农民来说，就只能意味着"自由受剥削"。全球化的推动者认为全球化能够为全世界带来经济增长的佳音，能够增加就业机会。但是根据世界银行和国际劳工组织的报告，在国际贸易大幅度增长的同时，世界人均国民生产总值增长却十分缓慢，失业率则拾级而上。2005年，全球农业贸易总值达到6740亿美元，但发展中国家的份额只占1/3，非洲国家更少，只占4%。在全球化为发达国家带来经济增长、促进国民生产总值提高的同时，也为全球化的"弱极"——发展中国家带来贫困的增加、艾滋病的蔓延和痛苦指数的上升。更何况全球化只是发展中国家市场的全球化、资源的全球化，而绝非发展中国家产品的全球化。事实上，发达国家持双重标准，一方面高喊自由贸易的口号，通过世界贸易组织的机制迫使发展中国家开放市场，而当发展中国家最有竞争力的农产品（诸如大米、棉花、食糖肉类等）需要发达国家的市场时，发达国家则利用自身拥有的话语优势，利用世界贸易协议内的豁免条款将其国内的农业补贴政策合理化，对国内农产品实行补贴，例如，美国每年就对本国棉农每人补贴1.2万美元，对从发展中国家进口的农产品则采取技术性贸易壁垒、反倾销税、特殊保障条款和舆论壁垒等方式加以抵制，发展中国家为此付出了沉重的经济、环境和社会代价。

3.2.7 全球化被夸大

当《纽约时报》专栏作家托马斯·弗里德曼（Thomas Friedman）在其撰写的《世界是平的》一书中将世界描绘成"扁平化"的，认为每个人在每件事上都与其他人越来越多地展开竞争，似乎世界已经被整合了，国界似乎瓦解了。然而事实上世界并没有"扁平化"。美国专栏作家罗伯特·塞缪尔森在题为《地球仍是圆的》的文章中认为，国界虽然被冲击了，却依然存在并且有着经济上的意义，国籍在这个全球化随处可见的时代中依然是决定大多数人经济状况的最重要的因素之一，国内政策、文化和商业等因素的影响使全球化的影响相形见绌。

全球化作用被夸大的重要依据是：一些电脑、软件和工程方面的工作已经转移到了印度、中国和其他价格低廉的国家，更多的工作随之转移。而事实上，在美国全部的1.4亿份工作中只有占9%的75万份服务性工作流向海外，且这些工作在未来 30 年内不太可能全部流向海外,因为存在语言障碍、管理阻力、电脑不兼容等这些实际的障碍。人们很容易高估全球化贸易对工厂工作的冲击,而实际上据经济学家的研究估计,制造业中 90% 的失业归咎于国内的竞争压力。

真正的全球化应当给所有的人带来相同的机遇和威胁,然而事实表现出来的是本地化胜于全球化。1995 年以来,美国的平均经济增长率为 3.3%,欧洲(欧元区 12 个国家)为 2%,日本只有 1.3%。1990 年欧洲内部的爱尔兰人均收入比德国低 28 个百分点,然而到了 2004 年爱尔兰则高出德国 26 个百分点。2009~2018 年爱尔兰的平均经济增长率为 7.9%,德国还不到 1.3%。爱尔兰增长更快的原因是它热切地欢迎外来投资,有一半的制造业工作岗位来自国外的跨国公司,而德国只有 6%。

市场与一个国家的政治及人的心理有很大关系,全球化很容易受到经济和政治倒退的冲击。如果众多的国家国内经济疲软,那么全球经济也将会疲软。如果太多的国家试图为了自己的利益对全球化体系进行操纵,那么全球经济就可能不稳定或者导致彼此不信任。因此,全球化的命运在很大程度上取决于单一民族国家的行为。

3.2.8 "跨国资本家阶级"论

英国学者莱斯利·斯克莱尔(Leslie Sklair)在《跨国资本家阶层》一书中,运用阶级分析的方法,揭示全球化时代阶级关系的新变化,提出了全球化时代的阶级理论。他认为,全球化时代最重要的特点和标志是,全球资产阶级或者说跨国资本家阶级形成。所谓全球资产阶级或跨国资本家,主要是由四类全球化的既得利益者组成:全球化的官僚与政客;拥有和控制重要跨国公司的人,即跨国公司的首席执行官及其老板;全球化的专业技术人员;全球化的商人和媒体。所有这些人一起组成一个跨国资本家阶级。鉴于他们与生产资料、分配和消费的关系,把他们界定为一个阶级。鉴于他们单独地或集体地占有或控制主要的资本种类,把他们界定为一个资本家阶级。鉴于他们的活动超越国界追求全球资本的利益,而没有任何真实的或想象的民族国家观念,把他们界定为一个跨国资本家阶级。在斯克莱尔看来,全球化在创造了一个全球资本家阶级的同时,也造就了一个与之对立的全球工人阶级。

另外一些学者从当今金融资本霸权地位的角度出发,认为新自由主义的全球化实际上是为金融资本服务的工具,新金融资产阶级不仅是新自由主义全球化的产物,而且是这种全球化的忠实拥护者。这些新兴的全球资本家阶级形成以后，就对全球国家的人民进行全球性的经济剥削。这种剥削主要通过以下三种形式进行：一是延续传统帝国主义时代的殖民主义的贸易关系，通过建立合资企业、控制殖民地国家的宏观经济管理机构，安排殖民地国家向殖民主义列强提供工业原料等方式，操纵殖民地国家的经济命脉。二是通过使用殖民地国家的廉价劳动力，实现对殖民地国家的人民的直接经济剥削。三是利用贷款和债务负担，对殖民地国家施加压力，从而干预和控制其经济生活。

3.2.9 萨米尔·阿明的"全球化是新帝国主义的代名词"

著名学者萨米尔·阿明针对主导全球化的两大原则进行了严厉的批判。他认为，新自由主义的全球化并不是什么新东西，实质上不过是否定意义上的资本主义乌托邦，它建立在两个相互联系的原则之上：一是金融的逻辑控制社会的一切；二是给市场以最大的自由。它们表现出来的是资本要控制一切的倾向，这就是今天的全球化。阿明还进一步得出"全球化成为帝国主义的同义词"的论断。按照阿明的说法，当代资本主义全球体系是由三个边远地区和三个中心地区构成的，前者对后者具有依附性，北美贸易协定已经把墨西哥（将来还有整个拉丁美洲）挂在美国大车后面，欧洲联盟内部的非洲、加勒比海和太平洋国家联盟能够在南亚和东亚促进由日本主导的地区建设。欧洲的统一本身受到这种与新自由主义乌托邦相联系的新帝国主义重组的动荡的影响。新帝国主义的本质特点与传统帝国主义一样仍然是垄断，不过垄断的方式有了变化，表现为对新的科学技术的垄断，对全球范围内金融流动的垄断，对获取地球自然资源的垄断，对现代通信工具和媒体手段的垄断，对大规模杀伤性武器的垄断。这些垄断确保了新帝国主义国家对于全球化利益的独享地位。

3.3 政治家的"反全球化"思想和言论

随着"反全球化"运动的发展和深入，一些代表发展中国家利益的政治家们，也以不同的方式，在各种场合表达了强烈的"反全球化"思想和言论。其中一些思想和见解对"反全球化"运动产生了很大的影响和积极的推动作用。

3.3.1　久加诺夫的"反全球化"思想

根纳季·安德列耶维奇·久加诺夫，1944 年 6 月 26 日出生于奥尔洛夫州，俄罗斯联邦共产党中央执行委员会主席、俄罗斯国家杜马共产党党团领导人。20 世纪 90 年代以来，随着冷战格局的终结以及全球化的迅猛推进，俄罗斯、东欧国家开始全面融入全球化浪潮之中。但是，苏联解体后俄罗斯融入全球化遭遇到的种种教训，使亲眼目睹全球化的"双刃剑"效应的久加诺夫感触非常深刻，尤其是全球化消极后果给俄罗斯带来的变化，造成俄罗斯社会对全球化质疑或批评的声音不断高涨。在俄罗斯、东欧国家涌现出的形形色色的反全球化思潮中，较为系统深入、影响较大的，当属俄罗斯联邦共产党中央委员会主席根纳季·久加诺夫的反全球化思想。

作为俄罗斯制度转轨的亲身经历者，久加诺夫亲眼目睹了全球化在俄罗斯迅猛推进的现实，也看到了全球化给俄罗斯民族带来的威胁与灾难。因此，久加诺夫在不同场合，多次发表有关全球化与反全球化问题的言论或著述，并成为俄罗斯政界一位很有影响力的反全球化人士。在经过深入思考以后，2002 年久加诺夫出版了《全球化与人类命运》一书。在书中，久加诺夫以"是死胡同还是出路"为题，深入阐述了其反全球化思想，并为全球化世界的未来指明了方向。

3.3.1.1　全球化的阶段及特征

尽管"全球化"已经成为 21 世纪国际学术界最为热门的研究课题，但即便在"全球化"概念的基本认识这样一个最为根本的问题上，学术界目前也没有形成一致的认同。对于"全球化"是否是一种客观存在以及什么是全球化，学术界众说纷纭，争论激烈。英国学者戴维·赫尔德等把形形色色的全球化理论划分为三个宽泛的流派：怀疑论者、变革论者、极端全球主义者。怀疑论者认为，全球化是一个神话，当今"全球经济"是虚构的，"自近代而降的、以民族国家为主体的国际政治体系并没有因所谓的全球化而发生本质的变化，迄今为止也根本没有出现什么全球文明或全球文化"；变革论者大多来自社会学领域，他们把全球化看作是一个社会变革的过程，认为全球化是推动社会政治以及经济快速变革的中心力量，这些变革正在重新塑造着现代世界和世界秩序；极端全球主义者则充分肯定全球化已经成为一种客观事实，但在对目前全球化及其未来方面，内部又有着不同看法。在赫尔德等看来，极端全球主义者实际上又可分为两类：一类是在西方社会居主导地位的新自由主义者，如福朗西斯·福山、大前研一等，他们为全球化大唱赞歌，认为这是自由市场理念在全球的全面胜利，是各个民族日益服从于全球市场约束的新时代的开始；另一类是西方马克思主义者，如沃勒斯坦、萨米尔·阿明等，他们既承认全球化的客观事实，认为当今全球化是"资本主义世界体系"在全球的胜利，但同时又强调当今的全球化引发了新的经济、政治和社会的不平等，因此在世界范围内"足以引起不可避免的两极化"。西方马克思主义者关于全球化的观点在不少发展中国家以及转型国家的政治精英中颇有市场，一定意义上，久加诺夫对全球化的认识就可以归入这一派别。

在久加诺夫看来，全球化本身是一个政治和经济上的中性概念，全球化进程并非社会生活中的全新性质的现象，这一进程随着人类历史的开始就产生了。具体而言，全球化进程大致可以分为四个阶段：全球化的第一个阶段是原始部落分别在全球定居阶段，它开始于人类文明之初，以后经历一次次侵略战争、各种文化的融合、奴隶制帝国的形成和覆亡。全球化的第二个阶段是世界市场在资本主义生产方式的基础上和自由竞争条件下的发展，这一阶段的地理大发现以及殖民主义的扩张，大大加深了全球各地之间的联系。全球化的第三个阶段是在列宁称之为帝国主义的垄断资本主义的基础上进行的，其基本特征是：竞争发展成为垄断，工业和银行垄断组织的结合以及金融资本的形成，资本输出与国际垄断资本的形成，列强为重新瓜分领土开始斗争。全球化的第四个阶段就是当前阶段，即"全球主义"阶段，这一阶段全球化的特点突出体现为发展的高度不平衡性及矛盾斗争的尖锐化，迄今，粗放的全球化形式正趋向于结束，即"横向"发展的阶段已经结束，"纵向"发展的时代正在到来，全球化正转向其集约时期。

在对全球化的几个阶段进行粗略划分之后，久加诺夫还进一步依据列宁的"帝国主义论"，对当代全球资本主义的帝国主义特征加以剖析，他指出，当今全球化时代是资本主义横行的时代，资本主义并没有变得更善良，因为帝国主义的五大特征在今天不仅没有消失，反而表现得更为突出。第一个特征是生产集中和垄断加剧，主要体现为发达国家的跨国公司权势的极度扩张，它们正在侵蚀传统的国家主权、民族独立、文化独特性和历史继承性价值。第二个特征是资本集中且银行资本和工业资本相结合而形成金融资本，金融资本，尤其是投机资本在人类活动的一切领域中实际上已牢牢占据统治地位。第三个特征是资本大规模输出，资本输出随着经济全球化程度的加深而不断翻倍，但绝大部分跨国资本用于金融投机，当代资本输出者的主要利益在于"缓慢地"夺取对世界经济的控制权和在此基础上确立国际分工的全球新模式。第四个特征是瓜分世界和为重新瓜分已瓜分的世界而斗争。冷战的结束以及社会主义阵营的剧变，推动了新阶段的重新瓜分世界，其主要内容是以美国为首的世界帝国主义的全球扩张以及这种扩张的必然后果，政权从合法结构手中落入集结在世界经济的非正式领袖手中。第五个特征是帝国主义的寄生性与腐朽性，即它对科技进步和生产力发展的障碍，今天资本的集中和劳动的社会化客观上破坏了大生产领域的市场关系，它在维护西方"金十亿"特权与利益的同时，却把世界其他国家变成满足他们需求的工具。在久加诺夫看来，列宁关于帝国主义腐朽性的论点在今天得到新的证实。按照列宁的逻辑，可以把全球化最终目标的"世界新秩序"称为帝国主义的最高阶段。在这一阶段，资本主义矛盾没有缓和，而是全球化了，它正在不断地把人类的生产力赶进显而易见的死胡同。这就是久加诺夫对全球化历史进程以及当代全球化特征的认识。他眼中的全球化，可分为历史进程中的全球化与当代帝国主义全球化两个层次。历史进程中的全球化，"是一个伴随人类全部历史的客观的、必然的进程"，这个层次上的全球化"具有客观的性质，是不由我们的意愿和意图进行的"，是不可逆转的；而当今帝国主义的全球化，或者说全球主义，"除了其依据的一些客观原因外，在很大程度上带有人为性质。也就是说，目前'世界新秩序'的吹鼓手们要我们接受的世界体制方案并非完全是历史进程客观发展的结果"。

3.3.1.2　当今全球化是"美国式全球化"

久加诺夫作为一位长期活跃在俄罗斯政坛、关心俄罗斯未来命运的政治家，认为美国是当代全球化进程的主要推动者，全球化因此被深深地打上美国的烙印。有人把当代全球化称作"美国制造的 90 年代的古怪产品"，久加诺夫对此深表赞同，并由此而把当代全球化称为"美国式全球化"。在久加诺夫看来，"美国式全球化"突出表现为全球化时代的地缘政治上。近 20 年来，随着冷战的终结，美国借助自己的霸权地位，不仅对世界其他国家进行威胁和压榨，而且还利用国际机构作为自己扩张政策的工具，甚至还试图把联合国变成"美国式全球化"的工具。"美国式全球化"是践踏别国主权、民族特性、历史文化的全球化，是以美国为主导的西方意识形态的全球化，是美国四处插手、谋求世界霸权的全球化，其目标非常清楚，就是用压路机压平一切民族差异，使一切都归于统一标准和归为一类。概括来说，"美国式全球化是依靠各国人民生活的非现代化和原始化来实现的特权全球主义。"这种全球化造成的恶果是，必然"使地球上 80% 的居民变成只为'上等人'服务、为保证所谓'金十亿'生活最高标准的劣等人和'次等人'"。

事实上，对美国式全球化的揭露与批判在西方左翼学者中早已是大有人在，法国著名学者布迪厄、美国学者乔姆斯基就是突出代表。布迪厄强调新自由主义的"全球化"是一个伪概念，其实质是美国化。"'全球化'这个词体现了最完整形式的普世性之帝国主义。"乔姆斯基指出，新自由主义鼓吹市场民主原则，但在实际执行过程中，新自由主义的所谓民主不过是"实施头脚倒置的控制，以保护富裕的少数人的利益不受贫穷的多数人的侵犯"。他还运用大量实证材料，对美国违反《世界人权宣言》、控制国内媒体和滥施侵略的强权行径作出有力批判，从而揭示出全球化实际上是"美国霸权的一种全球扩张"。值得一提的是，久加诺夫除一般性地批判美国式全球化及其实际危害外，还从民族主义的特定立场出发，对美国在全球化进程中的主导地位及其所推行的霸权主义进行了批判与谴责。他强调指出，"今天，在美国式的全球化条件下，民族主权的所有概念都被摧毁了。"而由于美国式全球化的大行其道，"俄罗斯今天变成了原料半殖民地"。在这种全球化之下，"俄罗斯被指定称为'政治上的残疾者'，为'新的世界秩序'补给'原料'"。他因此不无愤慨地质问道："国家的这种前景能使什么样的爱国者感到满意呢？"其爱国主义的忧患意识与深刻的民族主义取向由此可见一斑。

当今全球化时代一个令人忧虑的现象，就是国际恐怖主义的蔓延。对于国际恐怖主义的根源，学者们从不同视角进行了考察，而久加诺夫却独辟蹊径，从全球化的视角对国际恐怖主义的产生进行了考察。俄罗斯联邦共产党第七次代表大会的决议指出：全球化不曾使当代世界更安全、更公平，资本主义表现出完全失去保证人类和平与安全的能力，"世界新秩序"的内部矛盾不断加剧，于是它迅速转化为新的"世界大战"。

不过，这场新的"世界大战"并非国与国之间的战争，而是弱势群体用特殊方式反对霸权与强权的战争，其根源在于"美国式全球化"所造成的恶果。"美国式全球化"的推行采用的暴力方法和暴力手段，必然会招致暴力的反对，因此，当代形式的恐怖主义，在久加诺夫看来，"是不得不以极端方式进行反抗的被压迫群众极度贫困和彻底绝望的结果"。不过，久加诺夫强调指出，如果据此"把国际恐怖主义算作反全球化的力量，那就犯了一个政治大错误"，因为这只是帝国主义对世界上日益高涨的反全球化运动的诋毁而已。为避免落入圈套，人们必须认识到，"现在被称作'国际恐怖主义'的现象，正是帝国主义全球化给人类带来的新的可怕危险之一，这是帝国主义全球化的伴生物，也是全球化政策正在实施的世界性种族灭绝的方法之一。"因此，只要存在帝国主义，就会存在恐怖主义；要想从根本上根除国际恐怖主义，就必须根除帝国主义以及带来的各种恶果。

在全球化迅猛推进的过程中，其消极后果日益突出，这突出体现为各种经济与社会问题的产生。在久加诺夫看来,这些全球性问题的产生,在很大程度上与资本主义国家有关。"全球问题是全人类的共同问题,但这些问题不是作为整体的全人类提出的,而是由具体的社会经济形态——资本主义和一批最发达资本主义国家提出的。"这样一来,为解决这些全球性问题,就面临一个两难选择:或是全人类代资本主义受过,靠自己的力量来解决资本主义的问题;或是资本主义本身变成威胁人类幸福及生存的大问题。

几百年来的历史发展表明,资本主义在发展过程中带来的问题越来越多,这些问题已威胁到人类自身的幸福与安全,人们已经在不断尝试全球问题的解决方式,但直到目前为止依然收效甚微。于是,越来越多的人开始思考这样的问题,即全球化除了可以通过资本主义的方式推进以外,是否还存在其他方式?换言之,西方资本主义的生产和消费模式是否是唯一的、必然的?对于这一问题,久加诺夫也进行了深入思考,并进而提出了自己的看法。

3.3.1.3 资本主义全球化的替代方案

对于 20 世纪 80 年代以来的全球化,西方一些新自由主义学者与政治家认为是"人类的福音,是历史的必然"。弗朗西斯·福山大力吹捧新自由主义,宣称"我们找不出比自由民主理念更好的意识形态";英国前首相撒切尔夫人也吹嘘新自由主义全球化的优点,宣称"没有替代方案"。久加诺夫显然不赞同这一点,他对当前"美国式全球化"的批判,在西方学术界也得到不少学者的认同。英国学者约翰·格雷也认为:"我们站在了一个时代的边缘,这个时代不是自由市场的鼓吹者们憧憬的时代,而是悲剧的时代",而将新自由主义推广到全世界的"华盛顿共识不会永远存在下去"。美国学者迈克杰尼斯在为乔姆斯基《新自由主义和全球秩序》一书所写的导言中,更是严厉驳斥了撒切尔夫人的观点,他认为:"不是没有更好的状态代替目前的状态,而是根本没有尝试去寻找更好的状态。"

事实上,除了新自由主义信奉者之外,绝大多数人都认可全球化的推进方式有多种,久加诺夫就是其中之一。在他看来,"人类在其整个历史上走向统一,走向一体化,这是正常的和不可抗拒的进程;同样正常的是,在不同的历史发展阶段,一体化有着各种不同的、可供选择的形式。"具体到 20 世纪后半期的全球化,久加诺夫认为可通过两种不同形式来推进——资本主义全球化和社会主义国际化。

资本主义全球化有其进步的一面,它消除了一切隔绝状态和壁垒,进而创造发展各民族间全面联系和关系的客观前提,创造世界历史、全球历史的前提。事实也正是这样,资本主义兴起以后,扩张的本性促使其迅速走向全球化,最终使得当前全球化打上了资本主义的烙印。客观而言,资本主义全球化对于整个世界经济的发展与科技的进步功不可没,但它造成的负面后果也不容忽视:资本主义全球化成为破坏世界历史、破坏作为各种独立和独特文化相互作用成果的国际主义世界文化的因素。久加诺夫将资本主义全球化称作"全球主义",在他看来,"全球主义否定民族,因为民族是某种彻底过时的和阻碍全球主义胜利的东西。跨国公司是全球主义的化身,是跨国的、超国家的、国家之外的和非国家的机构。"这种全球化,正在给人类社会带来越来越严重的灾难,它是注定持续不下去的。

与之相反,社会主义国际化恰恰是以各民族文化的相互作用和相互充实为前提的,它应该并且必将成为资本主义全球化的替代方式。久加诺夫认为,国际主义与全球主义相反……国际就是族际,也就是说,它决不会取消和抹杀民族的。国际主义是在各民族相互影响和合作、文化和语言的相互充实、各国经济合作的基础上产生的。俄共第七次代表大会为此指出:"社会主义国际主义学说,无论如何不反对世界一体化进程。但社会主义是能取代资本主义条件下世界一体化所采取的那些反常形式的一种现实选择。"

鉴于苏东剧变以及社会主义阵营的解体,很多人可能存在这样的疑问,社会主义还有前途吗? 社会主义国际化取代资本主义全球化的可行性到底有多大? 在详细分析论证的基础上,久加诺夫指出:20世纪末发生的不是社会主义的崩溃,而是社会主义一种具体历史形式的瓦解;新的、更加有效的社会主义形式现在已经成熟,尽管仍受到迫害者疯狂的反抗,但它终究会复兴,会取代当前的资本主义。不过,久加诺夫也提醒:在当前形势下,社会主义运动仅仅依靠自身力量,还难以完成对资本主义的替代,而加强与反全球化运动的联合,显得十分必要,因为如果脱离当代反全球化运动,世界共产主义运动和工人运动就不可能真正复兴和重整旗鼓。

资本主义全球化的扩张,大大扩展了反抗资本无限权力的社会基础,反全球化运动由此兴盛起来。在对抗资本主义全球化的共同旗帜下,各种反全球化力量目前正在走向联合,反全球化运动也日益清晰地表现出国际主义性质。久加诺夫对蓬勃发展的反全球化运动给予了充分肯定。在他看来,反全球化运动提出的人民的"自下而上的"全球化,是对帝国主义"自上而下的"全球化的对抗,它在动员与组织反对资本主义全球化的各种力量方面正在发挥重大作用。尤为重要的是,久加诺夫对反全球化运动中各种左翼力量寄予厚望,并充满信心地指出:"只有反全球化运动中的社会主义和共产主义核心才能取代全球主义'世界新秩序'的现实的而不是反动空想的选择。"由此看来,久加诺夫不仅提出了当前资本主义全球化的替代方案，即社会主义的国际化，而且还特别谈到了社会主义国际化的实现途径，即世界性的反全球化运动。久加诺夫认为，全球主义的进攻大大扩展了反抗资本无限权力的社会基础，反全球化运动由此而蓬勃兴起。不过，反全球化运动的政治纲领目前仍然模糊不清，当务之急是建立反全球主义者的广泛联盟、建立所谓的反全球化国际。只有这样，才能真正实现替代当前资本主义全球化的使命。

3.3.1.4　反对帝国主义全球化

对于久加诺夫的反全球化思想，我们不妨借用他自己的一段话作为总结："我们完全不反对人类的团结一致，不反对人类的一体化。我们只反对我们称之为帝国主义全球主义的特殊形式的一体化。我们赞同另一种形式的一体化，并且将为之竭尽全力去争取。我们认为，我们的任务是把自身力量和世界上一切进步力量联合起来、团结起来去同'世界新秩序'的扩张做斗争。"

客观而言，久加诺夫的反全球化思想，在很多方面，其合理性与进步性不容否认。久加诺夫对全球化世界的认识及其反全球化思想，在俄罗斯乃至整个转型国家都具有代表性。不过，在批判资本主义全球化及其后果时，久加诺夫显然借鉴了西方左翼，尤其是西方马克思主义学者的思想，这在对当前全球化的"美国式"性质以及帝国主义性质的揭露上表现得特别明显。不过，由于立场的不同，久加诺夫在深入批判资本主义全球化的恶果后，并没有如西方左翼那样仅仅寻求对当前全球化的修修补补，而是提出彻底的替代方案——社会主义国际化，这可以看作是对西方左翼反全球化理论的超越，这尤其显得难能可贵。此外，与西方马克思主义者有所不同的是，久加诺夫的反全球化思想，是站在民族主义立场上对当前全球化的批判。在久加诺夫看来，美国所主导的全球化浪潮正在使不同民族的政治、经济、文化服从于一个中心，引发的结局是消灭民族、国家及其政权；俄罗斯民族正面临前所未有的挑战，俄罗斯人必须坚持自己的独立性，不听命于任何强权。显然，对于苏联解体后国力的衰落，对于俄罗斯面临的种种困境，久加诺夫感到不满与失望，他在全力号召俄罗斯人去抗争、去做出自己的选择。

作为转型国家反全球化思潮的代表性人物，久加诺夫对当前全球化世界及其本质的认识是独到而深刻的，任何人要想对当今全球化的美国化和帝国主义化的本质进行否认相当困难，因此，人们对于久加诺夫对全球化本质的批判认同不少；不过，对于久加诺夫提出的"社会主义国际化"对"资本主义全球化"的替代，许多人却深表疑虑。毕竟，当前由美国主导的新自由主义全球化在全球大行其道，推进势头迅猛，其所具备的潜力和优势似乎尚未发挥殆尽，不少人认为，此时谈论它的替代方案还为时尚早，也不现实。

此外，久加诺夫对当前蓬勃发展的反全球化运动寄予厚望，甚至将社会主义国际化的实现寄托在这场运动身上，在一些人看来，这还不太现实。从当前反全球化运动的力量构成及其基本目标来看，参与力量大致可分为改革派与替代派。尽管两者都对当前全球化的运作方式及其带来的消极后果深为不满，但改革派并不主张颠覆当前的资本主义全球化，而是希望通过改革方式来消除全球化弊端，推动全球化向合理的、人道的方向迈进。有的学者为此指出："改革派将自己视为全球化唯一的真正的捍卫者。在他们看来，无论是孤立主义者对逆转全球化进程的倡议，还是支持者们对过度自由化的全球资本主义的坚持，都必定会对全球化进程造成危害，并带来悲剧性后果。"与之相反，替代派主张彻底颠覆当前资本主义全球化，寻求一种新的替代方案，古巴领导人卡斯特罗提出的替代方案是"社会主义全球化"，久加诺夫提出的是"社会主义国际化"，两者都可归入替代派行列。就目前而言，在反全球化运动内部，改革派占据绝对主导地位，而替代派一直处于边缘化地位，这也就决定了未来的反全球化运动不大可能沿着久加诺夫所期待的方向发展。尽管如此，现在看来，久加诺夫所提出的作为当前全球化替代方案的"社会主义国际化"，尽管其现实性和可行性还有待验证，尽管其真正实现还困难重重，但它毕竟极大地冲击了当前西方国家以及转型国家强调全球化道路唯一性的主流社会意识，挑战了西方新自由主义学者所提出的"历史终结论"，从而有利于人们客观、深入地认识当前全球化进程及其未来走向。

3.3.2　卡斯特罗的"反全球化"思想

菲德尔·卡斯特罗 1926 年 8 月 13 日出生在古巴一个富有的庄园主家庭。卡斯特罗自幼胸怀大志，富有反抗精神，少年时代就对劳苦农民怀有深切的同情。卡斯特罗革命的第一个对象就是自己的家庭。他反对父亲虐待雇农，为此多次与父亲争吵，13 岁时曾组织蔗糖工人进行反抗自己父亲的罢工。1950 年毕业于哈瓦那大学，获法学博士学位。1953 年 7 月 26 日，卡斯特罗领导发动反对巴蒂斯塔独裁政权的武装起义，失败后被捕。1955 年，他流亡美国、墨西哥，在墨西哥期间筹划"七·二六运动"。卡斯特罗 1956 年回到古巴，在马埃斯特腊山区创建起义军和根据地。1959 年革命成功后，他出任政府总理（后改称部长会议主席）和武装部队总司令，1962 年起担任古巴社会主义革命统一党第一书记。1965 年该党改名为古巴共产党后，他担任中央委员会第一书记至 2010 年，1976~2006 年任国务委员会主席。

由于独特的经历和古巴在国际社会中的地位，卡斯特罗对资本主义与其主导下的全球化有切肤之痛，非常关注全球化问题，是一位反全球化与现代资本主义的义士。他思想敏锐，早在 20 世纪 90 年代初就意识到了全球化这一经济发展趋势及其对世界的影响。1994 年 1 月，在第四届拉丁美洲和加勒比海地区会议闭幕式上，他专门论述了经济全球化对第三世界国家独立性的侵犯。他认为，"现在他们想开放一切经济边界，使经济全球化。在这一经济全球化中，我们第三世界国家要起的作用是什么呢"，"经济全球化"概念在当时世界各国领导人讲话中并不多见，作为发展中国家领导人，卡斯特罗能对世界经济发展的这一潮流觉察得那么早，对这一趋势给发展中国家带来的危害认识得那么深入，是难能可贵的。从一定意义上说，这也是他反全球化思想的发端，因为从第一次论述全球化问题开始，卡斯特罗就对全球化提出了质疑，他在相信全球化是一个客观的历史进程的同时，更相信这是资本主义剥削发展中国家的又一出新把戏，"我想我们正生活在一个比以往任何时候都更意识形态化的世界上，只是在这个世界上有人试图把资本主义思想、帝国主义思想、新自由主义思想强加于人，恰恰是试图把一切与这种思想不同的思想从地图上抹掉。"古巴独立后独特的处境和卡斯特罗多年的反帝反美经历，使卡斯特罗没有对资本主义抱任何幻想，这造就了他言辞犀利、不屈不挠的风格，他对资本主义及其主导下的全球化批判得尤为彻底。

3.3.2.1　关于全球化的看法

卡斯特罗认为，全球化不是一个新现象，它起始于地理大发现，葡萄牙和西班牙的航海家发现了地球不是平面的而是圆的，从那个时候起开始了全球化。全球化也不是一个新概念，马克思早就提出了全球化世界的观念。不过，按照马克思的设想，全球化的世界"要有对财富的公正的、社会主义的分配"。卡斯特罗没有专门给全球化以明确解释，但在他的语境里，全球化是指目前的资本主义全球化，他对全球化的批评也都是在这个指向上进行的。"到目前为止，我们是在朝着资本主义的新自由主义全球化迈进，但我个人认为，这是持续不下去的"。因为资本主义依赖市场解决问题，"但市场是一只发了疯的野蛮的畜生，谁也控制不了它"。任由这个盲目的规律支配，必将走向灾难。他明确提出了社会主义全球化的概念，认为"我想象不出除了社会主义全球化还会有另外一种全球化，不可能有另外一种"。他指出，只有用社会主义的全球化替代新自由主义的全球化，全球化才是平等的、公正的，才能解决第三世界的问题。

3.3.2.2　关于全球化的性质

人们一般更注意卡斯特罗对全球化的反对言论，很少注意到他对全球化客观性的清醒把握。在 1997 年古巴第四届全国人民政权代表大会第十次会议上，他曾指出，"世界在继续全球化，这是任何人都阻挡不了的。世界不可避免地要成为一个世界，一个人类大家庭。"在 1999 年庆祝古巴革命胜利 40 周年大会上，他再次指出，"由于自身的发展和历史演变，当今的世界迅速地、不可抗拒和不可逆转地全球化了。"卡斯特罗认为在全球化时代，任何国家和人民，都无法自己单独解决自己的问题。1999 年他在委内瑞拉中央大学演讲时，号召拉美国家要加入全球化进程中去，不要错失良机。"只要这个世界在前进，除了世界全球化，没有其他的办法。没有出路，没有选择……机会是会被错过的，但是如果你们放弃了机遇，那你们就得不到原谅"。从这个角度看，卡斯特罗是一位坚定的全球化支持者。他曾多次申明"我们不反对全球化，不可能反对，这是历史规律。我们反对新自由主义全球化，有人想把它强加给世界，它是持续不下去的，是必将垮台的""我并不反对全球主义，而是反对全球化的形式——把我们引向无底深渊"。

3.3.2.3　关于全球化的后果

卡斯特罗被认为是一位反全球化的斗士，但他反全球化不是凭血气之勇，盲目反对，而是建立在对全球化的深刻认识上。"人类从来没有像今天这样拥有如此巨大的科技潜力和创造财富与福利的如此非凡的能力，同时，世界也从来没有像今天这样不平等和存在如此严重的不公正。在通信和距离方面使世界变得更小的那些令人惊叹的技术成就，同贫富之间和发达与不发达之间的巨大和日益悬殊的差距同时存在。"资本主义和新自由主义的全球化带给了我们什么……此时此刻有几亿人口挨饿，几亿人口是文盲，几亿人口生活贫困，几亿儿童要做工，几亿儿童受不到任何教育，几亿孩子流落街头，每年有许多儿童死于营养不良、贫困和可以预防或可以治愈的疾病。金融投机加速发展，经济日益脆弱，大自然遭到破坏，前途捉摸不定，盲目的、不可驾驭的新自由主义和压倒性的、野蛮的全球化在历史上最强最自私的大国庇护下把我们引向无底深渊。卡斯特罗的结论是新自由主义的全球化是不可能持久的，几十年有可能，绝对不可能持续几个世纪，迟早会消失。他同时指出，将来的全球化，只能是互助性的、社会主义的、共产主义的。

3.3.2.4 反对资本主义全球化

卡斯特罗对全球化的反应主要是质疑、批判、揭露，因而人们很自然地把他当作"反全球化"的重要代表性人物。他对全球化的反对有鲜明的个人特色和较强的主观色彩，紧密结合古巴的国际处境，牢牢站在美洲和加勒比海地区等国家的立场上，直面以美国为首的帝国主义及其跨国公司。他的反对豪情万丈，铿锵有力，极富感染力，产生了极大的影响，故他被誉为反资本主义斗士。在他独特的话语体系里，反全球化与反新自由主义、反资本主义制度、反西方主导、反美国霸权是密切联系在一起的。

拉丁美洲是新自由主义最早的试验场，也是新自由主义的重灾区。卡斯特罗目睹了新自由主义打着全球化旗号在拉丁美洲进行多年所谓自由化结构调整带来的经济失败和社会灾难，他在多篇演讲中对新自由主义进行了鞭辟入里、淋漓尽致的批判。他一语中的地揭露新自由主义不是发展的理论，新自由主义是全面掠夺各国人民的学说。卡斯特罗认为，新自由主义不仅没有使世界经济迅速发展，相反，不稳定、投机买卖、外债、不平等交换、贫穷和不平等都成倍地增加。金融危机日益频繁地出现，富有的北方与贫穷的南方之间的鸿沟更深了，东南亚金融危机已证实了新自由主义所包藏的祸心。因此，卡斯特罗对以新自由主义为蓝本的全球化大加鞭挞，指出这种全球化是富国进行统治的工具，是加深各种不平等和使其永久化的因素，是发达国家为了控制现今和未来的市场而剧烈竞争的舞台，其趋向不是使发展全球化而是使贫穷全球化，不是尊重而是侵犯各国的主权，不是主张各国人民团结一致，而是主张在不平等的市场竞争中各寻活路。这样的全球化以人民为敌，是不可持续的。

卡斯特罗认为，资本主义制度是"一个掠夺和剥削的制度"，资本主义社会是特权社会，是堕落的社会。不管资本主义制度变多少花样，它都是罪恶的、不可维护的。卡斯特罗在联合国环境与发展会议上就曾郑重地向与会代表指出："由于其生存的自然条件迅速不断地消失，一个重要的生物物种——人——有灭绝的危险。"他认为，目前资本主义国家的经济在加速崩溃，制度的规律正在把它"引向没落和消亡"。资本主义"创造了殖民主义""制造了不发达"，而它要持续发展就得持续制造不发达，这是违背人类意愿和良知的。资本主义制度还是危机的孪生兄弟，它与经济危机、社会危机"是不可分割的"，它找不到克服危机的办法，危机必然要引起变革，唯一的解决办法来自它的外部——社会主义是消除资本主义弊病的伟大变革，只有社会主义能够摆脱"大危机""拯救人类"。"冷战"结束后，古巴遭受了一系列的困难，但卡斯特罗雄心未改，他严正指出，古巴决不放弃由古巴人民自己选择社会、经济和政治制度的权利，没有苏联和社会主义阵营的存在，古巴革命将继续下去。这显示了他政治上的远见和对社会主义必胜的信心。

3.3.2.5　反对贫富分化

卡斯特罗在南方首脑会议开幕式上生动地描述了全球化带来的不平等现象，"全球化是客观现实，它显示了在这个大家居住的星球上我们都是同一条船上的乘客。然而，乘客们旅行的条件是极其不平等的。一小撮乘客住在豪华的客舱，内有互联网、移动电话和可进入全球通信网的设备，他们有丰盛而营养均衡的食品，饮用干净水，享受先进的医疗，并能受教育。受苦的绝大多数乘客旅行的条件类似殖民时期横渡大军把非洲奴隶运往美洲时那骇人听闻的旅行条件。"在卡斯特罗眼里，经济全球化意味着"差别、社会不公全球化，贫困全球化"。随着当今全球化进程的不断加快，世界日益分裂化、全球化与贫富分化、第三世界贫困化在同步发展，最富的国家同最穷的国家之间的收入差距继续拉大，世界上3个最富的富翁所拥有的资产相当于48个最穷国家的国内生产总值。这样的全球化是不能持续的，它正面临灾难性崩溃的危险。"我们有权利更有义务去掌舵，去校正走向灾难的航向"。

3.3.2.6　反对西方霸权

西方强权对古巴的压制是全方位的。在政治制度上，卡斯特罗揭露西方国家演变古巴的企图，"他们对革命的最低要求是要我们放弃社会主义，要我们放弃我们的民主制度，采用美国生活方式、美国民主，反对我们党的领导"。卡斯特罗号召要和西方霸权斗争一百年。在思想文化上，"世界上没有任何一个像对古巴进行的那种宣传轰炸每周多小时电台广播，发出各种口号播种思想混乱，煽动颠覆、犯罪、破坏，用多小时电台广播反对古巴"，卡斯特罗痛斥跨国公司和帝国主义，"在文化方面对我们进行了无情的侵略，通过传播媒体侵略我们，让我们看的不是我们想看的东西，而是他们想让我们看的东西，目的是以广告为基础，以宣传为基础，用他的财富，用他们的消费社会把我们搞得眼花缭乱，他们通过跨国新闻公司控制几乎一切消息，就世界上的事发表符合他们利益的说法"。在科技问题上，卡斯特罗看到了南北之间的巨大差距，在科学研究及其成果日益私有化的情况下，南北之间的技术鸿沟进一步加深了。在军事上，卡斯特罗声称那些核大国正在挟持整个世界，把整个人类扣为"人质"。在庆祝古巴革命胜利30周年的庆典上，卡斯特罗发表慷慨激昂的演说，他再次语出惊人，"当今世界，数十亿生活在这个星球上的人们的生命却掌握在很少数的一些人手中，完全取决于他们的想法如何，取决于他们的信条，取决于他们所做的决定。手中握有这种武器的少数几个国家，以能够独家开发并生产这些武器而感到沾沾自喜。我们有权利对他们的行为进行谴责，向他们施加压力并要求对现状做出改变，以结束这一荒谬可笑的现状，因为在当前的现状之下，我们都是这些核大国的人质。"

对于美国在人权问题上的伪善，卡斯特罗一直以来都进行着猛烈的批判。他认为，美国充当世界警察的角色，对世界上其他国家的人权横加干涉，却对本国极糟糕的人权状况熟视无睹。美国在国际人权领域的纪录劣迹斑斑，在阿富汗和其他地区，美国的军事行动也给当地居民造成了巨大死伤；在反恐战争中不断爆出虐囚丑闻；严重侵犯古巴人民的生存权和发展权；美国拒绝参加一些重要的国际人权公约和履行国际义务。事实说明，美国自身的人权纪录十分糟糕，没有资格冒充世界"人权法官"，却年复一年地发表国别人权报告对其他国家和地区的人权状况进行评判和责难。美国无视自身存在的严重人权问题，却热衷于推行所谓"人权外交"，将人权作为丑化别国形象和谋取自己战略利益的政治工具，这充分暴露了其在人权问题上实行双重标准的伪善面目和借口人权推行霸权主义的不良图谋，美国应该检点自身在人权问题上的所作所为，停止利用人权问题干涉别国内政的霸道行径。卡斯特罗说："我们从 50 年前就开始批评这些伪善的行为。"2011 年，当中国发表每年一度的美国人权状况白皮书《2010 年美国的人权纪录——白皮书》后，卡斯特罗给予了高度评价，认为中国的报告展示了"美国极糟糕的人权状况，称赞中国对美国干涉别国、自身在伊拉克和阿富汗的战争以及对关押人员实施'水刑'和虐囚等糟糕的人权状况熟视无睹的批判"。

3.3.2.7　反对美国封锁

美国历届政府都对古巴采取封锁政策，一心要搞垮这个拉美唯一的社会主义国家，最终迫使卡斯特罗就范。但卡斯特罗不畏强暴，越压越硬，从艾森豪威尔到小布什，美国总统更换了七八个，中情局计划暗杀卡斯特罗达 300 多次，卡斯特罗却依旧傲然挺立。但古巴也为这份来之不易的独立付出了惨重的代价。据古巴官方估计，美国对古巴的封锁给古巴造成了数百亿美元的损失，美国对古巴经济和社会设施的破坏也给古巴造成了巨大的损失。古巴就是在这样的绝无仅有的国际背景下遭遇全球化的。在全球化加速的世纪年代，又适逢苏联解体，古巴的政治、经济遇到巨大困难。这决定了古巴在全球化进程中的不利地位和处境，使卡斯特罗对全球化这一飓风般的外来力量有一种本能的拒斥，他对全球化中美国化成分的体会要比任何人都深刻得多。"命运使我们在距美国九十海里的地方作为一个独立国家生活在这个世界上……我们在这一斗争中单枪匹马"，抵制了在世界历史上从没有过的最强大、最富有的帝国主义强国发动的侵略、封锁，以及经济、政治和思想战争。卡斯特罗几乎在每次演讲中都会提到那个强大而自私的邻居带给古巴的伤害。卡斯特罗深谙美国的障碍不消除，古巴参与的全球化就远非真正意义上的全球化。因此，卡斯特罗也采取了一些灵活态度。他在严厉抨击美国政府的同时，注意将美国人民同美国区别开来，称美国人民是伟大的人民，希望美国人民在维护世界和平稳定方面发挥更大的作用。这些年来，卡斯特罗接见了无数美国参众议员、企业家、艺术家、大学生代表团，与他们进行了很好的沟通和交流。与此同时，美国国内要求政府结束对古巴封锁的呼声日益高涨，支持结束这项政策的参众议员也越来越多。

3.3.2.8 改革全球化的措施

卡斯特罗认为，现行世界经济秩序是不公正的，"因为它建立在盲目、混乱、摇摇欲坠和破坏社会与自然界的法则上""需要有一个纽伦堡法庭来审判强加给我们的经济秩序"。它使世界上绝大多数人处于贫困状态。卡斯特罗呼吁要对国际秩序进行深刻的改革，"如不进行重大而深刻的变革是不可能有出路的……频繁出现的局部危机、地区性危机和半球性危机的事例已经表明了这一点。无论是穷国还是富国都摆脱不了这些危机。很多政党已名誉扫地。人民变得越来越不顺从。国际金融组织或相关机构甚至已经找不到开会的地点""世界需要秩序，需要一种世界性的、全球性的、公正的、民主的秩序""如果我们能以同一种声音、以勇气、决心、果敢和必要的政治意志采取行动，以从根本上改变国际经济体制，我们的声音是能够发挥作用的""只有联合起来我们才能拒绝那个企图强加给我们各国人民的不公正的世界政治经济秩序"。

卡斯特罗深知古巴的命运是与广大发展中国家的利益紧紧联系在一起的，古巴是"七十七国集团"、不结盟运动等组织的重要成员国。作为不结盟运动的创始国之一，古巴承办过不结盟运动第六次首脑会议，还将成为第十四次首脑会议的东道国。东欧剧变和苏联解体后，许多人认为不结盟运动没有必要存在了。卡斯特罗在许多国际场合为不结盟运动奔走呼号，为在新的国际形势下不结盟运动的继续发展、加强第三世界国家的团结发挥着重要的作用。

3.3.3　马哈蒂尔的"反全球化"思想

　　马哈蒂尔·穆罕默德（Datuk Seri Mahathir Bin Mohamad），1925 年 12 月 20 日生于马来西亚吉打州首府亚罗士打，1981 年起任马来西亚总理。担任马来西亚总理 22 年，成为马来西亚历史上在位时间最长的政府首脑，被称为马来西亚的"现代化之父"，在国际上也有良好的口碑，是一位杰出的政治家。2003 年 10 月 30 日辞去总理职务并正式退休，2018 年 5 月 10 日，92 岁的马哈蒂尔再次赢得马来西亚总理大选，成为该国第七任总理，也成为世界上年龄最大的赢得选举胜利的政府领导人。

　　马哈蒂尔作为一名坚定的民族主义者和亚洲价值观的信守者，一向以言辞激烈著称。其反全球化的思想主要表现在以下几个方面：

　　首先，反对西方文化价值观。马哈蒂尔从小接受严格的伊斯兰教教育，是一位忠实的严守伊斯兰教义的信徒，年青时留学新加坡。民族背景和教育经历，伊斯兰教义和儒家文化熏陶，使他骨子里留下的是地地道道的东亚价值观。因此，在行动上他也是东亚价值观的坚定捍卫者。在担任马来西亚总理的治国过程中，他推行中庸务实的治国理念，推崇儒家思想。当以美国为代表的西方大国在推行全球化过程中，将自己本国的"人权""民主"价值观念凌驾于亚洲国家之上到处兜售时，马哈蒂尔站起来进行回击。他认为，任何民主的建立必须以符合每个社会的实际需要和愿望为前提，西方不加区别地宣传的所谓民主是别有用心的，解决发展中国家民主问题的最佳途径是给予协助，而不是惩罚。1994 年，马哈蒂尔与人合作出版了一本叫作《亚洲能够说"不"》的书，在书中对西方尤其是美国的政治经济制度和价值观进行了有力的抨击，同时大声呼吁重建亚洲意识，不必追随美国，走亚洲自己的现代化道路，更不能唯美国马首是瞻。

　　其次，反对西方主导的经济全球化。亚洲金融危机的爆发，彻底暴露了西方所鼓吹的全球自由市场的严重弊害，马来西亚深受其苦，吃尽了新自由主义全球化带来的苦果。马哈蒂尔现身说法，旗帜鲜明地站在反全球化的前列，激愤地指责说："现在我们被告知，唯一允许的体制是全球一体化市场的资本主义，每个国家必须接受这个体制，否则就会被认为是异端分子，并相应地被惩处。一个细微的修正都不允许，那个狂暴的、无约束的自由市场破坏了整个地区和许多国家的经济并不重要，重要的是这一体制必须被支撑。人们必须问一个问题：还要过多久，我们才会拒绝自由市场？"他坚定地表态说："马来西亚不能等待。马来西亚必须选择成为一个异端分子。如果国家组织不改变，马来西亚必须从事自己的改革。我们也许会失败，但是我们会尽我们最大的力量去取得成功，即使所有富者和有力量者都反对我们。"

对酿成这场巨大危机的原因，马哈蒂尔尖锐地指出，造成金融危机的根源不在于亚洲一些国家的政府，而应归咎于自由市场制度下疯狂追逐利润的国际投机家。他说："每个人都必须承认，在这次风暴之前，东南亚各国是世界上最有活力和最繁荣的地区。它们的进步和繁荣是真正的。人均收入稳定提高。它们从贫穷的农业国转变成高度工业化国家。它们在成长。自由市场可能回忆起这些国家并不是偶然的成长和发展起来的，环境有助于成长。因此政府必须起作用，所有的政府在一定程度上都是贪污腐化的，但可以确定的是，如果一个国家运行得好，政府不可能完全贪污腐化和无能。东南亚的政府并非完美，但没有人会说它们不能够为它的人民谋福利。正是这种进步和潜力，使国际资本市场的投资人蜂拥而至，亦从此繁荣中获得一份利益。""今天我们看到了什么？这些国家和它们的人民在挣扎。然而我们被告知，我们经济的崩溃从长期来讲对我们是有益的。我们怎么能告诉数百万失业者、破产的银行和被冲击的公司，它们的不幸对它们及它们的国家是有益的？我们怎么能告诉一个被老虎吃掉的人，说他真正帮助保护了一种珍稀的物种？事实是，如果不是投机者冲击货币和股票市场，这次危机并不会发生。如果没有他们的冲击，危机会发生的话，它早就发生了。同样的情况是，同样的政府统治这样的国家已有40年之久，但这次经济衰退以前，这些国家以跳跃式的方式增长，当然这些政府应为这个所谓的奇迹负责，并且很自然地，这些政府不能是它们经济崩溃的原因。然而当货币交易商、外国资本家和股票市场上的游资抢劫者努力去训练这些政府，使它们改变它们的道路去适应西方政府和商业的方法而被赞扬的同时，这些政府却受到了责备。"

再次，全球化的实质是一种"新经济殖民主义"。马哈蒂尔认为，当今的全球化实质上是一种"新经济殖民主义"，由新的、殖民主义的经济形式构成的威胁必须引起警觉。经济危机的要害是直接受到它影响的人民如何受苦，而不是那些华尔街的、国际机构的专家的信念与理论。如果经济殖民主义的威胁被真实地感觉到了，那么人民走上街头反击就只是个时间问题。如果外国对当地产业的控制被认为是过分了，人民将争取重新获得控制权。示威、大规模游行可能升级，也有可能转化为暴力和破坏。

最后，反对全球化带来的贫富分化。马哈蒂尔并不是反对一切全球化，他反对的只是全球化的霸权一统性以及随全球化而来的资本全面统治世界。他"赞成全球化，但反对霸权一统性；赞成大家共享丰足的物质财富，但反对金钱的全面世界统治"。在2001年上海APEC世纪峰会上，他明确指出"全球化是件好事"，但同时又强调指出："面前的全球化模式更多的是为富有的人们服务，忽视了穷苦的人们，忽视了共同发展的方向。""直至现在，我们没有看到任何发展中国家从正在进行的全球化中得到好处，我们看到的是西方的富国越来越富，发达国家和发展中国家之间拥有财富的差距越来越大。"全球化最终"使得发展中国家变得贫穷，富国更加富有"。由此，马哈蒂尔大声呼吁，"我们要对这种全球化说'不'。""绝对的市场体系对人类是一大严重威胁，不受理性和公正性支配的绝对全球化将可能成为全世界的最大危害。"

在上述分析的基础上，马哈蒂尔坚定地指出，必须改革发达国家和发展中国家的利益分享机制，建立起一种能够使所有人都能从全球化中受益的共同发展的"新型"全球化，这种全球化必须有助于建立更公正、更具同情心的世界新秩序。在全球化进程中，必须确保越来越多的人受益、越来越少的人受害。新全球化进程必须确保发展应是全球化的首要目标。他强调，他提倡的全球化，是既不反对市场体系也不反对全球化的全球化，是世界新秩序下的"新全球化"。因此，他大声呼吁，发展中国家必须摆脱全球化神学家的思想霸权，建立世界新秩序下的新的全球化概念。这种新的全球化概念，一是更加强调公正、爱心和道德良知，把对人的关注置于利润之上。必须有助于建立一种更加公正、更多关爱、宽容和更富于同情心的世界新秩序；必须有助于提高和增强道德伦理、自由独立、平等和相互尊重，以及促进民主和全面的人权。那些市场原教旨主义者和全球化神学家们，将适者生存、经济效益、利润的最大化和赚钱这些概念上升为他们宗教的最重要的道德基础。但情况往往是，适者生存只意味着生存下来的是那些最不顾忌道德良知的人，而不是最好的或最值得生存下来的人。现在是建立一个少点为富人服务多点为穷人服务的新的全球化的时候了，是确保将发展作为全球事务的核心目标的时候了，是让每个人都清楚贸易和投资自由化、市场化和竞争，以及世界贸易组织都只是促进人类发展这一根本目标的手段的时候了。确保全球化过程中有更多的胜利者和更少的落伍者。是世界新秩序下的全球化的一种新模式。二是不能允许绝对全球化横行，政府要担当好管理和制衡的责任。市场开放必须循序渐进。缺乏理性和正确引导的绝对全球化也许是 21 世纪初世界面临的最大危险。发展中国家绝对不能接受全球化极端主义者试图强加于我们的绝对市场原教旨主义，绝对不能允许全球化极端主义者妄图发动的绝对资本主义和绝对全球化横行于世。早期人们提出社会主义和共产主义就是为了对抗绝对资本主义的祸害，如今需要政府来担任这个角色。如果没有政府的管制和制衡，全球企业肆意兼并产生一些富可敌国的巨无霸企业后，控制这些超级企业的少数人就可能操纵或摧毁一个国家，乃至整个区域的经济。大企业财力雄厚，科技先进，信息灵通，即使确保"公平竞争"，发展中国家也不是他们的对手。真正的公平竞争，应是等待弱者强化后再开放市场进行公平竞争，而不是一开始就全面开放市场，任由强者欺压弱者，所以，对外开放必须按部就班，循序渐进，不能仓促行事，否则会带来严重后果。三是发展中国家必须在全球、区域和各国三个层次共同努力，保护自身利益。发展中国家要勇敢地提出自己的主张，掌握自己的命运，团结起来反对绝对全球化，保护发展中国家利益。要建立新的全球化，必须在全球、区域和各国三个不同层次共同努力。在全球范围，应加强南方国家间的合作，同时与北方国家中有共同理念的政府、非政府组织及个人加强协商。在区域范围，亚洲国家应加快落实设立亚洲货币基金，加强亚洲国家间的经济合作与联系。各国要提高自力更生和独立自主决策的能力，以维护本国利益。

3.3.4 查韦斯的"反全球化"思想

乌戈·查韦斯，全名乌戈·拉斐尔·查韦斯·弗里亚斯，1954 年 7 月 28 日出生，是第 53 任委内瑞拉总统。查韦斯出身于一个教师之家。少年时代的查韦斯家境贫寒，这使得他从小就对现状不满。中学毕业后，查韦斯穿上了军装，若干年后进委内瑞拉军事学院深造，并于 1975 年获得陆军工程军事科学和艺术硕士学位。他深受委内瑞拉民族英雄、南美洲独立运动领袖西蒙·玻利瓦尔思想的影响，年仅 28 岁的查韦斯于 1982 年在军队内组建了一个名叫"玻利瓦尔革命运动"的政治组织，主张建立玻利瓦尔倡导的"拉美国家联盟"。1989～1990 年，他就读于西蒙·玻利瓦尔大学，进修政治学专业。

委内瑞拉在经历了几十年的社会停滞和倒退之后，人民要求变革的呼声高涨。1992 年 2 月 4 日，查韦斯发动了一场政变，旨在推翻安德烈斯·佩雷斯政权。虽然政变部队控制了盛产石油的苏利亚州，但最终还是寡不敌众惨遭失败，查韦斯被关进监狱，两年后才获释。军事政变虽然失败，但查韦斯却因此赢得了人们的尊敬和爱戴。身为玻利瓦尔革命的领导人，查韦斯提倡民主社会主义的理想、拉丁美洲的整合及反帝国主义，大力批评新自由主义的全球化以及美国的外交政策。

3.3.4.1 反对美国的霸权主义及其主导的全球化

在经济全球化进程加速发展的大背景下，广大发展中国家越来越强烈地呼吁建立公正合理的世界政治和经济新秩序。长期受制于美国的广大拉美国家积极谋求加强合作，走一条独立自主的发展道路。委内瑞拉的查韦斯政府正是这一潮流的代表。查韦斯在当选总统后要求与美国在相互尊重主权和基本权利的基础上发展双边关系，坚决反对美国肆意干涉别国内政，在许多重大国际问题上敢于拒绝听从美国的指挥。美国一向对持不同政见或奉行不同发展模式的政府极力打压。在这种敌视情绪的驱使下，美国错误地把查韦斯政府的独立性视为对美国在西半球利益的挑战。尽管拉美地区并非布什政府对外政策的优先目标，委内瑞拉却成为美国的重点干预对象之一。查韦斯自 1999 年就任委内瑞拉总统以来，一系列惊人之语让他成为各大媒体的常客，而这些锋利言辞多是针对美国。他形容自己是在与魔鬼搏斗。他说："美国的霸权主义是全球最大的破坏者，也是世界面临的最严峻威胁。"他与足球明星马拉多纳肩并肩在第四届美洲国家峰会会场外高呼"埋葬美洲自由贸易区"。他在各种场合用蹩脚的英语讽刺前美国国务卿赖斯是一个"胡说八道的小妹妹"。

查韦斯强烈反对美国主导的"美洲自由贸易区（FTAA）"，宣称要"摆脱美国的经济帝国主义"，实现南美地区新的一体化。作为具体政策，查韦斯提出了"美洲玻利瓦尔替代方案（ALBA）"，通过石油国有化确保了财政收入，并得以采取独立于美国的政策。这种"资源民族主义"正在成为各国的样板。玻利维亚的莫拉莱斯政府已经实行了国家管理天然气的政策，厄瓜多尔总统科雷亚也把石油权益收归国有。查韦斯的这些措施得到了反美的左派国家古巴和玻利维亚的支持，并与中美洲加勒比海地区 13 个国家达成协议，将以优于国际价格的标准向这些国家供应原油，打算把这一方案进一步向各国推广。

查韦斯反对美国霸权主义及其主导的全球化思想主要表现为：

（1）在国际关系中反对霸权主义和强权政治，反对美国在国际社会中唯我独尊、干涉别国内政的做法。查韦斯主张在平等基础上推进南北对话，各国和平共处，尊重世界的多样性，提倡国际关系民主化和发展模式多样化。查韦斯敢于同古巴、伊朗和利比亚等国保持密切联系；海湾战争后，他成为首访伊拉克的外国元首；他认为伊朗有权发展核能项目，表示委内瑞拉将和伊朗一起坚定地反抗美国的"帝国主义政策"。

（2）查韦斯针对美国在全球推行新自由主义的政策在国内大刀阔斧地实行"玻利瓦尔革命"。查韦斯认为，美国倡导的新自由主义模式是拉美动乱与贫困的根源，自由贸易和市场开放无法解决拉美的社会问题。他在执政之后大胆推行一揽子激进的政治、经济改革：废除实施 40 年之久的旧宪法，代之以具有强烈民族主义倾向的《1999 年玻利瓦尔宪法》；依靠石油收入使国民经济逐步向现代经济模式转化；加强政府财经控制，削减公共开支；优先发展农业，推行土地改革；修建道路、学校、医院和面向贫困市民的低价住房；实施社会临时就业计划，通过创造工作岗位减少不稳定因素；开展"玻利瓦尔扫盲运动"，加强基础教育；仿效古巴实施全民免费医疗机制。查韦斯认为，他选择的道路既非"不现实"的共产主义，也不是"野蛮"的资本主义，而是一条有拉美和委内瑞拉特色的"第三条道路"。这场革命的目的是向占委内瑞拉总人口80%的穷苦民众重新分配财富和政治权力。"玻利瓦尔革命"无疑对美国推崇的新自由主义模式形成冲击，美国担心这场革命继续向周边国家扩散，危及美国在该地区的控制力。

（3）坚决反对美国主张的美洲自由贸易区，积极倡导拉美地区的一体化。查韦斯认为，美洲自由贸易区是美国以经济贸易方式控制拉美的阴谋，是新自由主义的集中表现，美国将通过这一模式完成对拉美的经济殖民化。他在各个场合不断对美洲自由贸易区进行抨击，在2004年断言它"已经死亡"，继而在2005年举行的美洲国家首脑会议上坚决反对重启相关谈判。查韦斯主张以植根于拉美地区一体化的"玻利瓦尔选择"取代美洲自由贸易区。委内瑞拉和古巴两国在2004年底发表联合声明，提出"玻利瓦尔美洲"替代方案，即在"团结合作的基础上实现拉美和加勒比地区一体化"。该方案主张各参与国应该实现经济互补和能源一体化，加强拉美国家的资本在本地区的投资，维护本国文化和民族性。查韦斯指出，新的一体化模式应建立在团结、互利、尊重差异和"按玻利瓦尔方式"实现完全一体化的原则基础上。

（4）大力加强与拉美地区各左翼政府的合作，公开支持拉美地区的左翼力量。自1999年初查韦斯就任委内瑞拉总统后，卢拉、基什内尔、巴斯克斯等左翼领导人先后在巴西、阿根廷、乌拉圭等国执政，左翼力量在拉美地区空前壮大。查韦斯与卢拉和基什内尔保持着极为密切的联系，相互协调立场，在地区事务中发挥着越来越重要的作用，对美国形成很大的牵制。与此同时，查韦斯向其他拉美国家的左翼力量伸出援手，其支持对象包括玻利维亚的古柯农组织领袖莫拉莱斯、尼加拉瓜桑地诺民族解放阵线的奥尔特加和萨尔瓦多法拉本多·马蒂民族解放阵线的韩达尔。美国认为，查韦斯正在通过支持这些左翼政党或政治组织，进一步在拉美煽动反美情绪，其结果是拉美民主进程遭到破坏，当地社会陷入动荡。

（5）反对美国借反恐为名封锁拉美左派力量。查韦斯在所谓的反恐问题上对美国十分不满。"9·11"事件以后，美国对拉美的安全形势极为关注，哥伦比亚的两支左翼游击队都被它定性为"恐怖组织"。美国认为，查韦斯在反恐战争中的正确立场是关闭本国与哥伦比亚的边界，公开谴责哥伦比亚左翼游击队，阻止其在委内瑞拉境内活动，停止向其提供任何资助。美国国务院2003年发布的《全球恐怖主义报告》批评委内瑞拉政府没有在反恐斗争中采取有效措施。20世纪随着拉美地区工业化进程的加快、工人阶级队伍的壮大以及政党政治的不断发展，拉美左派创建了在国家政治生活中发挥重要作用的政党、工会和知识分子团体，并于20世纪30～60年代取得了引人注目的发展。一些左派人士提出了包括"依附论"以及用武力手段夺取政权的"游击中心论"等理论。20世纪六七十年代，面对军政府的残酷迫害，左派力量仍不失为拉美政坛的重要角色。然而，随着冷战的结束以及世界社会主义运动的短暂挫折，拉美的左派力量陷入了低潮，除古巴外，拉美地区形成了右翼政权一统天下的局面。20世纪90年代后期，一系列内外因素为拉美左派力量的重新崛起提供了不可多得的契机。

3.3.4.2　反对全球化带来的贫富分化，主张建立公平正义的"社会主义"

古巴国务委员会前主席卡斯特罗常说"不要社会主义毋宁死"。查韦斯也提出要在委内瑞拉建立"21世纪社会主义"。他经常在各种场合高呼"不要社会主义毋宁死"，可见他带领委内瑞拉人民走社会主义道路的决心是非常强大的。

查韦斯的"21世纪社会主义"，有人解释是玻利瓦尔、基督教与马克思思想的混合体，其表现形式是：对内在政治上发展"人民权力和民主"，在经济上实行国有化，推行"人民经济"，追求社会公平化；对外则是坚决维护国家主权，反对美国的霸权主义。查韦斯多次重申，他不会使"21世纪社会主义"成为苏联式社会主义，他的社会主义思想来自马克思和耶稣。但是，如果以马克思主义的原理作为衡量标准，查韦斯的"21世纪社会主义"与科学社会主义相差甚远，他的一些口号缺乏扎实的理论基础，查韦斯的"智囊团"和"思想库"也未能给出详尽的诠释。国际社会对"玻利瓦尔革命"和"21世纪社会主义"的理解也仅仅依靠查韦斯的只言片语。

查韦斯提出"玻利瓦尔革命"和"21世纪社会主义"以后，对委内瑞拉的内政外交进行改革，在内政上，通过国有化等措施加强对能源部门的控制，通过实施一系列社会救济计划，改善边远地区和贫困地区缺医少药和教育事业落后的局面。在外交上，查韦斯坚定地捍卫国家主权，反抗美国的霸权主义政策。查韦斯还以石油美元为"后盾"，对古巴和其他一些拉美国家提供数十亿美元的援助。查韦斯大刀阔斧的改革措施和咄咄逼人的外交攻势引起国际社会各种各样的评论，有人认为查韦斯取消中央银行的独立性以及"能被国有化的，都要被国有化"等主张，与全球化时代的市场经济规律格格不入，国际投资者已开始犹豫观望。

诚然，社会主义制度从本质上优于资本主义制度，但社会主义制度是否适合委内瑞拉国情，则是一个有待探讨的问题。查韦斯在走向"21世纪社会主义"的道路上将面临异常艰巨的困难和挑战：在国内，政治上的反对派与大资产阶级利益集团联系紧密，对委内瑞拉的政治稳定构成巨大威胁；在国际上，美国将查韦斯视为"卡斯特罗第二"，决不会允许其"后院"中再出现一个社会主义国家。同时，国际共产主义运动的历史进程表明，社会主义事业必须由一个坚强的马列主义政党来领导。查韦斯希望建立的社会主义统一党能否发展成一个马列主义政党还是一个未知数。但是不管怎样，查韦斯的"21世纪社会主义"是发展中国家探索新的发展道路的一种可贵的尝试，是对新自由主义全球化的一种挑战。

3.3.4.3 反对资本主义主导的全球化

查韦斯指出，新自由主义是野蛮的、非人道的，不摆脱它，人类只有死路一条。"资本主义无法实现我们的发展目标，我们也无法寻求一条中间道路。我邀请所有委内瑞拉人民共同走上这条新世纪的社会主义道路。"在查韦斯看来，资本主义是万恶之源，只能造成"大多数人的贫穷"。查韦斯认为，集体所有制之下的人民经济改变了资本主义的野蛮和剥削，以人为本，崇尚团结、平等、公正、共同发展。

查韦斯声明"21世纪社会主义"决不是照搬曾经的社会主义模式，这是崭新的、委内瑞拉特色的社会主义："我们的社会主义是原生的社会主义，印第安人的、基督徒的和玻利瓦尔的社会主义。"对查韦斯的思想影响最大的人莫过于委内瑞拉国父、南美独立战争英雄玻利瓦尔。玻利瓦尔在教育、土地所有权、医疗等社会方面的想法被查韦斯上台后付诸实施，查韦斯认为玻利瓦尔是一位"社会主义者"。在定义"21世纪社会主义"的时候，查韦斯从玻利瓦尔的思想中汲取了大量营养，他说，建设社会主义就是为"实现玻利瓦尔的梦想"。

此外，查韦斯认为基督教带有社会主义色彩，说耶稣是"历史上最伟大的社会主义者"。用查韦斯自己的话说，他关于社会主义的部分理论就来自《圣经》。当然，古巴领导人卡斯特罗对于查韦斯的影响也不可小觑。

查韦斯的"21世纪社会主义"到目前还只是一个新生事物，没有完整的理论体系，不过，查韦斯新任期伊始宣布的改革措施为"21世纪社会主义"的蓝图勾画出了一个大致的轮廓。简而言之，在政治上，将发展"人民权力"，建立基层的权力机构"社区委员会"，实现"主人翁式的、革命的、社会主义的民主"；在经济上，国家对能源、电力、电信等行业实行国有化，压缩私人企业的利润空间，大力发展集体所有制和"人民经济"；在社会方面，缩小贫富差距，保护低收入阶层和边缘化的人群，促进社会公平。

查韦斯在就职演说中提出了五项建设"玻利瓦尔社会主义革命"的"助推器"：第一，要求议会授予总统"委任立法权"，使政府能够颁布具有法律效力的规章；第二，修改宪法，取消中央银行的独立性，取消总统任职届数的限制等；第三，开展全民教育，彻底消灭文盲，建立社会主义价值观；第四，进一步建设基层权力机构"社区委员会"，改革国家政治机构；第五，改革行政区划，重新分配地方权力。

经济学家认为，作为推动社会主义建设的第一步，实现战略性行业的强制国有化并没有什么新奇之处，甚至有可能让那些 20 世纪 90 年代刚刚私有化的公司回到过去那种效率低且腐败的状况中。工商界对此也表示了"担忧"，因为政府宣布的举措比查韦斯竞选期间的纲领走得还要远。委内瑞拉的工业家协会发表了一份公报说，该组织并不反对政府在法律允许的范围内进行社会改革，但是希望私有财产和公民的基本权利能够得到保障，提醒政府任何对私人企业活动的过多干预都会导致外来的和国内的投资减少。查韦斯的高级顾问罗哈斯表示，寻找一种完美的社会形式是不现实的，根据新的社会主义的思维，应该承认和尊重文化上的差异和多样性，资本主义也不可能通行全球，仅仅是考虑到资本主义无限制的工业化造成的环境危机就应该有充足的理由对新生的社会主义制度抱有希望。新社会主义的目的之一就是承认人与人之间的差异，通过立法来打破各种不平衡。他说，委内瑞拉不应该照抄照搬 20 世纪的社会主义模式，因为旧模式不利于根据新变化作出政策调整。

不过，委内瑞拉的市场经济学者埃梅特里奥·戈麦斯则大泼冷水。他肯定地说："除了市场经济方式，再无其他方式组织社会，除了绝对极权社会。"他认为，所有企业都应该符合三个基本要求：盈利、有竞争力和能够积累资本，否则只能依靠补贴度日或是走向破产。正因为这些市场经济理论，他并不看好查韦斯的"21 世纪社会主义"。尽管查韦斯的"21 世纪社会主义"刚刚推出就遭受争议，但根据委内瑞拉媒体最近公布的一份调查报告，委内瑞拉公民中超过 70% 的人能够接受"温和的社会主义"。

查韦斯早在总统竞选期间就承诺选民建设"21 世纪社会主义"，并在之后的大选中赢得超过六成的支持率，可见大多数委内瑞拉人接受查韦斯的社会改革设想。加之议会也百分之百地支持查韦斯，也许这最关键的两项就足以支持查韦斯在社会主义的方向上继续前行。查韦斯的各项改革措施都在迅速推进过程中，委托立法权的法案已经在全国代表大会通过了第一次审议，由全部 167 名支持查韦斯的议员组成的议会为提案通过开设一路绿灯。

3.3.5 俄罗斯外长拉夫罗夫对美国主导世界的批判

2008 年 9 月 27 日，俄罗斯外长拉夫罗夫就在联合国大会上指出，全球反恐战争已演变成美国单方面主导的战争，他呼吁全球反恐联盟脱离某一国家的单极主导重新集结。"国际社会在反恐战争中的团结现在已变成某种程度上的'私人所有'"。美国发动伊拉克战争是借着反恐战争的幌子来达到自己的目的，在阿富汗发动的所谓的"反恐"战争却造成大量平民伤亡。他呼吁重建国际社会的团结以及巩固加强联合国的作用，他表示，只有在后冷战时期，联合国才能"完全发挥"作为世界中心的潜力，各国才能在这里"开放而真诚地讨论和协商国际政治"而不受双重标准的限制，他说："如果世界要重回平衡状态，这是最基本的要求。"

2019 年 6 月，拉夫罗夫更是抨击美国正试图通过"谁更强，谁就对"的"丛林法则"来制定世界秩序的恶劣行为。他指出，"西方政客和宣传人士扭曲历史，想让公众质疑世界秩序的公正性，这种秩序是在'二战'结束后通过《联合国宪章》确立的""他们正朝着破坏现有国际法体系的方向前进，用'基于规则的秩序'取而代之"。而这一切正是与美国有关，美国通过两次世界大战在西欧和全球其他几个地区取得了军事主导地位、增强了自信、经历了经济繁荣并成为世界领袖，然后进行无休止的征战。美国建国以来，一直秉持"美国特殊论"，干涉主义成为华盛顿外交政策不可分割的一部分，美国政治精英认为使用武力是"胁迫外交"的一个自然因素，目的是解决一系列广泛的任务，包括美国国内政治问题。美国政界人士随时准备以任何理由诉诸武力，1983 年在格林纳达，1989 年在巴拿马，1999 年在南斯拉夫，2003 年在伊拉克，以后在阿富汗，在利比亚、叙利亚。在全世界建立起了一个为控制世界的庞大军事基地网络。

3.4 美国是新一轮"反全球化"的旗手

美国，这个在过去 500 年诸多西方列强当中最优秀的国家，一扫西方过去 500 年中曾领风骚的一个个霸主，包括开启了地理大发现的西班牙、葡萄牙，以及曾经在 3/4 的时间中垄断了大西洋贸易的荷兰，特别是因为工业革命而崛起的"日不落帝国"英国，还有法国、德国、苏联，成为自 20 世纪初就开始称雄世界、领导世界潮流的真正超级大国。在某种程度上可以说，是全球化的一个个运动，成就了过去整个世界史上的这些强国。地理大发现成就了西班牙、葡萄牙，世界市场的开拓、东印度公司的扩张，成就了英国、法国。而100多年从全球化中获益最大的，又非美国莫属。美国从两次世界大战中，不仅仅获得了海外市场，更重要的是通过较为宽松的政策吸引了大批世界上最优秀的人才，从而获得了保持经济增长的动力。毫无疑问，美国依靠强大的操作体制、操作制度能力，利用全球化，不仅成就了强大的军事、经济、资源硬力量，而且成就了强大的文化、金融、价值观等软力量，成为世界历史上罕有匹敌的强大帝国。

自第二次世界大战结束以来，以美国为首的西方世界先贤，为全世界构建了一个比较稳定的全球化体制，更是为美国自身构建了一个有利的发展模式。美国也一直走在全球贸易自由化最前沿，倡导自由贸易和经济开放成为民主、共和两党的共识，贸易政策很少成为美国总统大选热议焦点。然而，2017年成为了全球化的分水岭，以"美国化"作为全球化标准长期维系霸权地位、以自由贸易主义自诩的美国来了个大反转，成为了新一轮"反全球化"的旗手。

3.4.1 美国"反全球化"的理论依据

自 20 世纪 80 年代末冷战结束以后，苏联解体、东欧剧变，美国成为世界上唯一的超级大国。于是，美国霸权主义气焰嚣张，运用美国政治、经济、军事的强势地位，将"美国化"作为全球化的价值准则和标准，旁若无人地加速全球范围内的资本扩张和军事行动，轰炸南斯拉夫、科索沃、伊拉克、阿富汗、利比亚，然后又把中国作为假想敌，实施亚太再平衡战略，频频在亚太地区进行军事演习，与日本、澳大利亚、韩国、新加坡等国组团构建亚太版北约，同时怂恿菲律宾挑起南海仲裁案告中国，借此在中国南海密集部兵，造成南海局势剑拔弩张，在韩国紧锣密鼓部署萨德导弹防御系统，直接酿成阿拉伯之冬、欧洲难民危机、恐怖势力蔓延、南海危机等世界紧张局势。

然而，美国在世界各地发难和制造紧张局势时，中国、印度等新兴市场国家抓住机会发展自己，美国在全球布局渐渐有点力不从心，各种债务已经超过20万亿美元，"美国化"的全球化犹如打出去的澳大利亚梭镖，正在弹回伤害着美国自身。于是，美国在不反省自身作为时却将这种衰落归罪于中国和全球化，并祭起了种种理论依据，举起了"反全球化"的大旗。

首先，经济上的贸易保护主义和政治上的孤立主义。经济上的贸易保护主义在理论上源远流长，美国汉缪尔顿的关税保护论，在其发表的《美国制造业报告》中强调政府通过对外国商品征收高关税来保护本国国内产品和市场，德国李斯特的幼稚工业保护论，强调政府应保护那些国内新建、在国外拥有强有力竞争对手的幼稚工业进行扶持，使其发展壮大增强竞争力；凯恩斯的超保护贸易理论，强调国家对经济干预，不仅要保护幼稚工业，还要保护垄断行业和国内衰落的大企业，使其焕发竞争魅力，参与世界市场竞争。应该说，美国的产业无论是在技术、标准还是在效率上，在世界市场上都具有竞争力。但由于其过高的劳动力价格和产业向服务业聚集的发展趋势，一些传统的采矿业、制造业出现颓势，钢铁、煤炭、机械制造等行业在一些新兴市场经济国家的冲击下，在产品、工人的就业等各个方面已经丧失了绝对的竞争优势，从而导致美国的贸易保护主义现象愈发严重。

其次，修昔底德陷阱"铁律"。古希腊著名历史学家修昔底德认为，当一个崛起的大国与既有的统治霸主竞争时，一个新崛起的大国必然要挑战现存大国，而现存大国也必然回应这种威胁，这样战争变得不可避免，最终造成现存大国和新崛起的大国两败俱伤。公元前5世纪，雅典的急剧崛起震惊了陆地霸主斯巴达，双方之间的威胁和反威胁引发竞争，长达30年的战争结束后，两国均遭毁灭。1495~1975年，欧洲共发生了119次大国战争，其中崛起大国与霸权国同时参加对立双方作战的战争有64次，占全部大国战争的54%，19世纪末新崛起的德国与老牌大国英国和法国之间的冲突，最终也是以战争告终，结果两败俱伤。西方学者从历史考察中得出了"新兴崛起大国与现存霸权大国之间战略冲突不可避免"的结论。于是，一些西方人以这一旧逻辑来观察中美关系，认为中美之间也会陷入"修昔底德陷阱"。

美国信奉"修昔底德陷阱"，对新崛起的有挑战美国实力之嫌的国家总是采取打压的方式，先后以不同的方式，将有能力挑战美国的英国、德国、日本打压下去，削弱了它们挑战美国的能力。第二次世界大战结束以后，苏联崛起，成为世界上唯一与美国平起平坐的超级大国。于是美国便制造各种各样的噱头，威胁、恐吓、削弱苏联，通过冷战的方式瓦解苏联，解除了苏联的威胁。苏联解体以后，西方世界一片欢呼，欣喜若狂，将其视为"共产主义意识形态的终结"和"历史的终结"，并认为从此再无威胁美国的力量。这些鲜活的案例，使美国更加相信，"修昔底德陷阱"确实是"铁律"，具有普适性。于是在苏联解体以后，随着中国国力的增强，美国又将矛头对准中国，与日本、韩国、澳大利亚等国频频进行军事演习，在韩国布置萨德武器系统，企图建立起亚洲版的小北约。但是，中国的文化基因中缺少对抗，针对一些人对中国迅速崛起后必将与美国发生冲突的担忧，习近平主席指出，我们都应该努力避免陷入"修昔底德陷阱"，强国只能追求霸权的主张不适用于中国，中国没有实施这种行动的基因。2013年习近平主席访问美国时，与时任美国总统奥巴马就共同努力构建中美新型大国关系达成共识，明确指出这种新型大国关系为"不冲突不对抗、相互尊重、合作共赢"，并将其作为当今世界最重要的双边关系之一。世界上本无"修昔底德陷阱"，但大国之间一再发生战略误判，就可能自己给自己造成"修昔底德陷阱"。

3.4.2　美国"反全球化"的贸易保护主义思维由来已久

美国今天以"美国第一""美国优先"为口号的贸易保护主义思维由来已久。美国从建国开始，就对国内市场采取尽可能保护的具有贸易保护主义色彩的贸易政策。独立战争时期，美国的制造业由于战时英国制成品进口的困难而受到了意外的保护。战争后，政治家帕特里克·亨利在舆论上鼓吹"贸易应当像空气那样自由"的观点，但历史记载，1784 年宾夕法尼亚州政府就大约收到了 300 多件呼吁实行保护的信件或呼吁书。1782 年，马萨诸塞州首次为了保护本州内的国内生产者和抵制英国货而提高了关税税率，以后又再次把关税税率提高，其目的在于"对某些妨碍本州制造业的制造商征收附加关税以鼓励和保护本州的制造商"。美国宪法明文赋予了联邦政府排他性地掌握着外贸政策的关税决定权，国会和州都不得对出口货征税而只对进口货征收关税，这就使得政府推行的扩大对外贸易、实行贸易保护的政策成为基本国策。从 1789 年到 1820 年，美国政府的外贸政策基本贯彻着美国宪法所体现的贸易保护主义。在汉密尔顿的支持下，1789 年国会通过了具有提高联邦政府财政收入和保护美国工业双重目的的关税法。1791 年，汉密尔顿又向国会提交了著名的贸易保护主义文献《制造业报告》，建议政府通过保护性关税法令以保护新兴工业，限制重要原料出口，对美国急需的原料进口实行免税等。1801 年杰斐逊上台执政，但他并未改变前任的外贸政策，1807 年，国会通过了保护美国商业的中立权法案。1816 年，麦迪逊总统又使国会通过了进一步提高关税的法令。19 世纪 20 年代，美国中、西部掀起一次贸易保护主义浪潮，国会先后于 1824 年和 1828 年两次通过了提高关税法案，使得关税税率成为"可憎的关税"，后来不得不在强烈的抗议声中逐渐下降，1857 年国会通过的法案进一步降低了关税，并一直延续到 1861 年南北战争爆发。1861 年，国会根据莫里尔法令提高了关税税率。此后又于 1862 年、1864 年将关税从原来的平均税率 37% 提高到 47%。内战后，由于物价普遍上涨，社会广泛呼吁降低关税，关税税率在 1870 年和 1872 年暂时稍有降低。1889 年，共和党重新又上台执政，国会在 1890 年 10 月通过了麦金利关税法，全面提高了进口商品关税税率，使之达到平均 49% 的创纪录水平。1894 年，国会通过了威尔逊—戈尔曼关税法案，这个法案无力扭转外贸政策中的贸易保护主义倾向。1897 年，共和党人麦金莱当选总统，国会即于当年通过了丁力关税法，使关税税率恢复到 1890 年水平。1909 年国会通过的佩因—奥尔德里奇关税法，再次肯定了这一税率。

　　美国自建国到南北战争再到第一次世界大战结束，外贸政策历史可划分为三个阶段。在美国建国之初的 20 年中，外贸政策以贸易保护主义为基本宗旨；此后到南北战争的 50 年中，贸易政策在促进资本主义工业发展的贸易保护主义和满足南部奴隶种植园经济的自由贸易政策之间摇摆；从南北战争开始到第一次世界大战结束，美国的外贸政策的指导思想是贸易保护主义，全面恢复贸易保护主义措施。关税是这一时期贸易保护主义的最主要工具。

　　进入 20 世纪以后，美国以关税为主的贸易保护主义思维转变到以意识形态为主的贸易保护主义思维。1912 年，美国国会通过了安得伍德—西蒙斯关税法。这项关税法所规定的平均关税率比以前降低了 25%。但是，安得伍德关税法授权财政部长对外国在津贴下生产的、出口到美国的货物征收更多的关税，它成为以后日益重要的贸易保护主义措施——反倾销的法律依据。同时，它还赋予总统以谈判互惠协定的权力，虽然这种协定须经国会批准方能生效。这种权力在 30 年代末期发挥了有力的作用，成为美国政府干预和管理外贸的重要手段之一。

　　20 世纪 20 年代末，与特朗普有相同商人经历和核心价值观的胡佛，为了扭转当时低迷的经济，于 1930 年 6 月 17 日签署了《斯穆特—霍利法案》。该法案提高了 2 万多种进口商品关税，当时美国有 1028 名经济学家签署了一项请愿书抵制该法案。该法案通过后，美国最终也没有成为获利者，许多国家对美国采取了报复性关税措施，使美国的进口额和出口额都骤降 50%，1929~1934 年全球贸易总量缩水达 60% 以上。美国经济不但没有得到恢复，相反还因此下降了 2/3，一半的人失去了工作，人们称该法案是贸易保护主义最坏的法案。

　　经历了世界经济危机以后，罗斯福总统实施新政，改变了联邦政府在他执政前贯彻了 20 年的贸易保护主义方针。1932 年初，罗斯福明确表示，以高关税率为代表的对外经济政策中的经济民族主义，是造成全世界经济萧条旷日持久的原因之一。只有排除这一障碍，国际贸易才能恢复，美国的经济才可能从中获益。过去政府采取的重商主义贸易政策与美国的世界地位相悖。但罗斯福在新政中并未要求国会通过一项全面降低关税的法案。到 1937 年，美国已同 22 个国家签订了互惠贸易协定，关税税率平均降低了 13% 左右。美国开始了完全自由贸易的时期。第二次世界大战结束以后，美国一手创办了以关税及贸易总协定为代表的、以美国利益为中心的资本主义世界贸易体系，将对外贸易作为在全世界遏制共产主义的一种手段，与以反共为基调的对外政策相呼应，使美国外贸政策以及整个对外经济政策具有了浓厚的意识形态色彩。1948年7月，美国国会通过"欧洲复兴法案"（即"马歇尔计划"），在宣布给予欧洲经济援助的同时，要求受援国降低原有的关税并取消关税配额，规定受援国"必须接受自由贸易的原则"。1948年底，在美国的倡导下，西欧成立了"国际贸易组织"，参加国均在美国压力下签署了减让关税的协定。从1947年到1962年，美国分别同西欧、拉美、东南亚各国签署减让关税协定157项，并于1949年起在关税及贸易总协定的范围内开展了大规模的多边贸易谈判，以求多边互减关税。

1962年，美国国会通过了《1962年扩大贸易法》，该法除继续授予美国总统以谈判及签订国际关税减让协定的权力之外，重要的是明确规定扩大国际贸易，增加美国的进出口商品量，以符合政府力求达到的充分就业、稳定物价、促进经济发展之目的。自20世纪60年代中期起，美国从30年代末起奉行的以全面自由贸易为特点的对外贸易政策发生了改变。1967年，总统经济顾问委员会向国会关税委员提供的一份报告表明了政策的变化，完全以是否有利于美国的利益来决定美国的外贸政策。1971年，尼克松宣布美国将对进口物品一律征收10%的附加关税。1974年，美国国会对1962年的贸易法作了大幅度修订，明确规定"采取额外关税或配额等措施以维持美国国际收支平衡"，并在卫生、安全标准等一些非经济因素上做文章，以对美国"公平而有害"和"不公平"为由，实施在自由贸易旗号下的贸易保护主义政策。自1974年到1979年，美国国会共通过带有保护主义色彩的法案70多项，涉及钢铁、汽车、纺织品、机床、机械加工产品、多种农产品等。1979年，美国国会又通过了新的贸易法案，将反倾销的内容辟成专章并且加强了程序上的规定，声称美国坚持的是"自由而公正"的贸易原则。

可以看出，美国在不同的时期实行不同的贸易保护主义政策。从建国初期到19世纪20年代，作为一个新兴的发展中国家，为了保护民族工业和发展民族经济进行资本积累，数次提高关税税率，实行全面贸易保护主义。中间进行了一段自由贸易以后，自1860年3月12日国会通过莫里尔关税法开始，先后于1862年、1863年、1864年和1865年通过了提高关税税率的保护主义关税法，南北战争后国会又于1866年、1867年、1869年、1870年、1872年、1874年、1875年、1879年通过了各种提高关税的法案，至第一次世界大战国会共通过各种关税法27项，美国又进入了全面贸易保护主义的时期。当美国从自由资本主义过渡到垄断资本主义以后，在人均劳动生产率、产品质量与品种、生产技术、设备先进程度等方面都超过英国而居世界首位后，贸易保护主义的政策前提和社会基础已经消失了，无法再以"婴儿工业"之类的理由通过关税实行贸易保护，于是自第二次世界大战结束以后，特别是进入 21 世纪以后，美国的贸易保护主义思维转向了环境、知识产权、产品质量和意识形态等非关税壁垒，更多的是美国举起自由贸易的旗帜，对其他国家施压。即使个别政治家为了某种目的，提出一些贸易保护主义的做法，但是就整个决策层来说，美国不大可能把贸易保护作为一种国家决策。

3.4.3 20 世纪 80 年代以来美国对全球化的焦虑及其 "反全球化"倾向

如果说以左派政治家和理论家为领导、弱势群体为主体掀起的"反全球化"运动，作为一种思潮，在一定意义上有益于促进反思，并推动全球治理机制建设，最终实现全球化的长期健康发展的话，那么以美国为代表的民粹主义右派掀起的"反全球化"，则是美国这些强势国家回归孤立、走向保守的宣言。

从 15 世纪地理大发现到 21 世纪信息技术革命，美国等西方发达国家对于世界经济技术的发展作出了重要贡献，也是全球治理的最早构建者，它们在推动全球一体化进程中，不仅通过其资本、技术优势确立经济优势，而且通过国际制度建设，把自身的经济优势转化成为制度优势，通过推销西方价值观确立自身的观念优势，目的是长久保持自己在全球化进程中的主导地位。但是，自冷战结束以后，特别是自 2008 年金融危机爆发以后，美国人一度认定"全球化"就是"美国化"，加速资本的扩张和军事的干预，可谓无坚不摧。在全世界建设了 700 多个军事基地，斥资 8 万亿美元搞得伊拉克、阿富汗等国战火肆虐、鸡飞狗跳，运用美式价值观做武器干涉别国内政，唯恐天下不乱，直接策划颜色革命酿成"阿拉伯之冬"和当前的难民危机，助长恐怖势力蔓延，生灵涂炭，从而也大大削弱了自身的实力。

另外，中国于 20 世纪 70 年代末 80 年代初实施市场经济导向的改革开放，将计划经济体制逐渐转变为市场经济体制，并于 2001 年加入了 WTO 这个市场经济俱乐部，成为了名副其实的市场经济体系中的一员，按照市场经济的要求，全面融入了全球化体系中，依靠丰富的人力资源和勤劳聪明的美德，通过贸易迅速地将自身融入全球分工产业体系之中，2016 年服务贸易和货物贸易进出口额之和达到 44934.1 亿美元，成为全球第一大进出口贸易国，全体中国民众也因此享受到了日渐繁荣富庶的生活。

中国的崛起，新兴市场经济国家的发展，使得美国的主导地位发生动摇。根据联合国贸发会议的统计数据，从 1990 年到 2015 年，发达国家占全球 GDP 的比重，从 78.7% 降至 56.8%，而新兴市场国家占比则由 19.0% 上升至 39.2%。尽管美国在相当长的一段时期内仍然是世界上具有最强大实力和国际影响力的唯一全球性力量中心，美国前总统奥巴马在其国情咨文演讲中多次宣称不接受美国成为第二、不接受中国来制定规则的霸气表态，然而其相对实力遭到削弱却是不争的事实。面对力量的倒转和巨大变化，美国并不反省自身手伸得太长、遍布全球的存在已经超出其国力的承受能力的所作所为是其实力消减的原因，反而将自身相对实力削弱和霸权衰落怪罪于原来自身强力推动的全球化，认为是中国这些市场经济的后来者抢夺了它们的市场。使美国等西方国家不惜开历史倒车，采取一系列"反全球化"政策，维护自己的既得利益。

一是实施贸易保护主义。美国的"反全球化"首先从贸易保护入手。美国作为世界最大、最发达的经济体，在国际贸易中拥有比其他国家更多的优势和利益，因此长期以来一直是自由贸易的主要倡导国之一。自由贸易是美国用来自我标榜、打压他国的武器，但如今的美国因国内政治考虑，屈服于国内个别行业或利益集团的压力，背弃自己在国际自由贸易中的义务和承诺，堕入保护主义的窠臼，彻底撕下了自由贸易这件外衣，贸易保护主义明显抬头，为此世界各国所共享的全球化理念面临极为严重的回潮压力。美国不仅对中国等发展中国家实施贸易保护主义，即使其友好的同盟国也不放过。2002 年 3 月，美国以欧盟、日本等 8 国出口的钢铁产品损害了美国钢铁业为由，动用"201 条款"，宣布对多种钢材加征为期 3 年的进口税，税率总水平达 30%。为报复美国提高进口钢材关税，6 月欧盟对美国部分商品征收 100% 的关税，墨西哥、日本、韩国等也纷纷提高关税或采取紧急保障措施。虽然世贸组织最终裁定美国违反 WTO 规则，但钢铁贸易战给双方都带来了巨大的损失，据估计，单是欧盟 2002 年就损失高达 2.4 亿美元。而美国在承受数亿元损失的同时，更导致了 7.4 万个钢铁消费者失业，弊大于利。2009 年初，在美国总统奥巴马提出的经济刺激方案中就特别写上了"买国货"的条款。这种变相的贸易保护主义，不仅引起国际社会对在全球引发贸易保护主义的担忧，还扭曲了世贸组织有关保护贸易的协议。英国《经济学家》周刊撰文认为，美国"买国货"条款是"赤裸裸的保护主义"。

2016 年是美国的大选年，两党总统候选人都大力抨击国际贸易，美国民众反对自由贸易的情绪也明显升温。特朗普以"'自由贸易''全球化'正在杀死我们，正在吸我们的血""买美国货，雇美国人""美国第一、美国优先"等耸人听闻的贸易保护主义口号荣登总统大位，并将美国的贸易保护主义提升到一个赤裸裸的新阶段。特朗普在就职典礼上，几乎全盘推翻几十年来美国几届总统苦心经营的全球化成果，将这一政治遗产定义为"以牺牲美国工业为代价，发展外国工业。以消耗美国军队为代表，援助外国军队。以破坏美国边境为代价，保护着外国边境"。按照特朗普的逻辑，所谓的全球化，所谓的美国责任，只是表面的风光，真正的美国中下层民众并没有获得感。2017 年 1 月 20 日特朗普就任新总统，第三天就履行竞选诺言，正式签署行政命令，宣布美国退出跨太平洋伙伴关系协定（TPP），并确定新的符合美国利益的贸易协定。重新协商北美自由贸易协定（NAFTA），若其他国家拒绝重新协商，则美国退出 NAFTA。特朗普将竞选时的"反全球化"的贸易保护主义口号付诸实施，转化为实际行动，开启了"反全球化"的孤立主义、民粹主义和贸易保护主义的新对抗。卡托研究所 Herbert A. Stiefel 贸易政策研究中心主任 Dan Ikenson 说，自 1934 年以来建立在两党合作基础上的美国贸易政策一直在走向开放、互让和国际主义，从来没有哪个总统像特朗普这样会启动贸易保护主义或是对于封闭国门如此直言不讳。

从 2008 年到 2016 年，美国对其他国家采取了 600 多项歧视性措施，仅 2015 年就采取了 90 项。WTO 跟踪记录的数据显示，从 2015 年 10 月中旬到 2016 年 5 月中旬，G20 国家采取了 145 项新保护主义措施——月均将近 21 项，达到 2009 年 WTO 开始监测 G20 经济体以来最严重的水平。2016 年 9 月的 G20 会议开幕式上，习近平在其开幕式讲话一开始就直指当前全球范围内贸易保护主义抬头现象日趋显著，已给全球经济可持续发展带来巨大冲击。在美国的"带领"下，根据全球贸易预警组织的资料库，2015 年各国实施的歧视性贸易措施，比 2014 年增加 50%，而中国是全球受贸易保护措施伤害最重的国家。美国政府未来会更加关注贸易执法而不是推动贸易自由化，这可能导致美国与其他国家的贸易摩擦增加。包括世界银行和国际货币基金组织在内的国际机构都警告，贸易保护主义抬头等风险将威胁全球经济增长。

二是实施规则修正主义。自 1648 年民族国家体系在欧洲开创以来，"国家利益至上"一直被西方国际关系奉为圭臬。在经贸领域，美国等西方发达国家开始推动建立世界贸易组织，目的是建立一个合乎自己利益的国际贸易体系，然后通过全球化推动不发达国家经济发展维系世界和平，以求得自身利益的最大化。但是随着中国等其他参与国迅速发展，在 WTO 体系话语权急剧上升，美国发现现有 WTO 贸易规则对其越来越不利，在现行的 WTO 规则下真正实现自由贸易的是制造产品，而这一领域并非美国竞争优势所在，而在美国具有巨大优势的现代服务业和农业领域，由于漫长而拖沓的谈判，各国仍旧壁垒重重，美国不能充分发挥优势，同时 WTO 属于多边贸易体系，集体谈判不利于美国有效主导谈判进程，只有抛弃多边谈判美国才可以在短时间得到最多利益。特别是世界贸易组织贸易争端程序冗长，既不利于美国惩罚违背世界贸易组织规则的贸易伙伴，也不利于美国根据自身意愿及时调整贸易政策。因此，美国维持该贸易体系的积极性日益缺失。为了保持自己在贸易领域的优势地位，美国政府多次强调要抛开世界贸易组织制定规则，为设定 21 世纪贸易协定立标准定规则，以此保障美国的经济繁荣。美国前总统奥巴马曾直言不讳，"美国不能让中国等国家书写全球贸易规则，美国应该制定这些规则"。特朗普上台后，明目张胆地从"美国至上"的利己主义出发，对已经为世界所接受的世贸规则进行修订，公然宣称将采取保护型经济政策，大力发展国内产业，对进口商品进行限制，明确提出反对太平洋伙伴关系协定，重新谈判现有的北美自由贸易协定，对所有进口商品征收 20% 的关税，判定中国为"汇率操纵国"并征收高达 45% 的关税。其实质是对世贸规则进行修订，放弃自由贸易主张，采取贸易保护主义措施，边缘化世界贸易组织。

美国不仅对世界贸易组织规则按照自己的意愿实施修订，对其他已经通过的国际规则也不放过。特朗普上台后就宣布放弃 TPP。为了保障美国能获得最大利益，对已签或待签的其他区域贸易协定，如北美贸易协定、大西洋条约，特朗普都采取重新谈判的措施。

国际规则本质上是为国家利益服务的。为了应对国际气候变化，1997 年 12 月联合国气候变化框架公约参加国通过了《京都议定书》。2001 年 3 月，布什政府以"减少温室气体排放将会影响美国经济发展"为借口，全然不顾国际责任，宣布退出《京都议定书》。气候变化是全人类面临的共同挑战，《巴黎协定》是全球气候治理进程的里程碑，凝聚了国际社会最广泛的共识，指明了绿色低碳发展的大方向，成果来之不易。2017 年 6 月，特朗普废除前总统奥巴马的气候计划，退出《巴黎协定》。包括著名物理学家霍金在内的 370 多名科学家，联名反对特朗普的这一举措。

三是实施政治孤立主义。作为西方世界的领头羊，"一战""二战"前后，美国都曾出现过强大的孤立主义思潮。孤立主义思潮近年在世界各地再度涌起，英国退出欧盟已成定局，希腊可能退出欧元区，意大利也传来可能退出欧元区的说法。全球范围内的右翼思潮回潮，遍布世界各地的"反全球化"浪潮之火已经烧到了美国。美国对外关系委员会主席理查德·哈斯在《外交政策始于国内：办好美国国内的事》一书中，完整阐述了美国应减少国际义务，放弃扮演"世界警察"所担负的责任，专注解决国内经济与社会发展等观点。更重要的是，"反全球化"的美国在全球留下的是一个烂摊子。一方面，美国抽身全球化，减少国际干预，为多极化世界秩序的构建提供更多可能性；另一方面，如同美国不负责任地干预一样，美国不负责任地收缩，也会导致中东的乱局更紊乱，宗教战争和恐怖主义将成为肆虐的病毒，向东延烧至整个亚洲，向西让欧洲的反恐局势更加糟糕，在其他地区也会形成短暂的地缘政治真空，造成区域均势失衡，同时引发国际金融市场动荡、地区冲突升级、恐怖主义蔓延等问题，给世界带来新的威胁。

美国政治孤立主义的"反全球化"的焦虑不仅反映在围堵中国、俄罗斯这些对手上，而且也延伸到传统的盟友上。特朗普的反全球化是全方位的，他要把美国散落在全球的地缘政治触角，全部收回到美国国土，然后过美国人自己的"幸福日子"。他的这些超越美国传统政治的言论，让世界感到震惊，也让盟国感到不安。因为美国战后一直在充当着全球领导者的角色，因而在全球布满了棋盘般的、涵盖政治、经济和军事的战略利益点。按照特朗普反全球化的全面回缩战略，奥巴马所谓美国要再领导世界一个世纪的说法就成了一句空话。这样的美国也就成为像阿根廷或墨西哥一样的普通美洲国家。因此，特朗普的一句"美国第一、美国优先""让美国再强大"的口号，暴露了美国政治孤立主义的目标仍然是剪盟友的"羊毛"。当欧盟通过欧元发行进一步加强了欧盟的一体化后，欧盟经济实力和欧元作为重要的储藏货币，使得美国如鲠在喉。为了保住美国利用美元的特殊地位通过金融全球化向全球转嫁危机的能力，美国不惜明里暗里对欧盟使绊子，在欧盟之间制造矛盾，特朗普更是对英国脱欧大加赞赏，并利用各种场合对德国进行抨击和鞭挞，公开要求欧洲各国承担更多的义务，出更多的军费，为美国在欧洲驻军买单。对日本、韩国这些铁哥们，美国也是公开宣称没有义务为他们撑起保护伞，甚至要日本发展核武器自我保护。美国在日本、韩国等国的驻军也需要日本、韩国负担费用。美国还故意在一些盟国制造悬念，目的是要剪这些伙伴国的"羊毛"。在美墨边界修墙，公然要求墨西哥出钱。2017年5月，特朗普上台以后，首次出访选择沙特阿拉伯，半拉半逼地迫使利雅得签署总值1100亿美元的军火交易协议与十年期的3500亿美元合同。然后又策划巴林、沙特、阿联酋、埃及、也门等国于6月5日分别宣布断绝与卡塔尔的外交关系，迫使卡塔尔于6月14日与美国签署了一份购买数十架波音F-15喷气式战斗机、总额达120亿美元的大单。接着特朗普又筹划剪中国台湾的"羊毛"，向中国台湾出售十几亿美元的滞销军火。

3.4.4 美国"反全球化"的实质是遏制中国等新兴国家的发展

美国是个典型的实用主义国家，在产业具有强大竞争力的时候，美国以意识形态、价值观为先锋，以自由贸易为口号，开疆辟土，攻城略地，所向披靡，尽享全球化红利。但当中国等新兴国家产业竞争力逐渐增强的时候，美国感受到了来自新兴国家的竞争威胁，马上撕下"自由贸易"的脸皮，举起贸易保护主义的大旗，对别的国家进行制裁。如果说传统的反全球化运动是弱势群体针对以美国价值观主导设计和美国强力推动的"扶强抑弱"的全球化的话，那么新一轮由美国作为旗手推动的反全球化，其实质是既有的世界霸主美国遏制中国等新兴崛起国家的一股逆流。

全球化本身维系了美国霸权地位，但以中国为首的新兴市场在 IMF 等全球经济治理机构中获得了更多的话语权，中国的经济增长在悄然解构美国领导地位，中国主导的亚洲基础设施投资银行成为和世界银行同样的全球金融治理机构，中国发起亚投行和"一带一路"倡议是另起炉灶，导致美国的盟国纷纷加入亚投行并参与"一带一路"建设，美国指责全球化损害和挑战美国领导的国际秩序，感受到了其全球领导权被中国挑战的威胁，自然而然地将中国作为其潜在的假想敌，毫不吝啬地指责中国搭美国便车成为全球化最大得益者，遏制中国发展成为美国的国策。于是弥漫美国的"反全球化"情绪，从打响对中国的贸易战开刀。

从贸易上遏制中国、惩罚中国，是美国历届总统上台以后首先采取的经典动作，在美国的反对党和选民面前树立新总统的"可置信威胁"形象。确实，从传统的贸易数据来看，中国对美国有较大的贸易顺差，也是美国制造业最大的竞争对手，而且这一趋势如美国无特别措施根本无法改变。据美国政府统计，2015 年，美国对中国货物贸易逆差为 3672 亿美元，其中高技术产品逆差达 1207 亿美元，对华逆差占美全球逆差总额的比例达到创纪录的 50%。中美相互依存度不同，中国对美市场依存度要高得多。2015 年，中国对美货物出口占货物出口总额的比重为 21%，而美国对华货物出口占比仅 7.7%，即使加上服务贸易，双边贸易不平衡也非常严重。因此，美国实施对中国的贸易制裁，宣布中国为"汇率操纵国"，迫使中国减少对美的贸易顺差，可以为特朗普树立"言出必行"的形象，有助于提高美国面对其他贸易伙伴的谈判能力，同时也能够为美国带来贸易好处。2009 年开始，美国频繁对中国产品发起"双反"贸易调查、反倾销调查和特保调查，仅奥巴马任期内就在世界贸易组织内对华发起 12 次贸易战，贸易保护主义越来越强烈。中国成为美国滥用贸易救济措施的最大受害者，中美之间的贸易摩擦呈升温趋势，涉及的领域包括钢铁、禽类产品、专利权以及好莱坞电影等，甚至对中国大陆产的礼品盒以及包装丝带，征收最高超过 231% 的反倾销税。

美国遏制中国战略还表现在组织结构的设置上。美国政府的机构设置是以

"小政府"为基本原则的，原来已经设置了商务部、国际贸易委员会、贸易代表办公室三个与贸易相关的机构。特朗普上台后，在原来已有贸易机构的基础上，在白宫新设立一个"国家贸易委员会"，相当于新成立一个特别领导小组，并特别任命著名的共和党右翼对华强硬派人士纳瓦罗出任主席。纳瓦罗作为加州大学欧文分校经济学教授，经常在电视上出头露面攻击中国，属于网红经济学家。他对中国一向态度强硬，构建了一套"中国威胁论"的完整逻辑。纳瓦罗大力呼吁抵制中国制造的商品，他提出的解决方案是：对所有中国进口商品征收43%的高额关税。纳瓦罗不仅与特朗普具有相同的孤立主义、贸易保护主义的理念，而且还为特朗普实施贸易保护主义提供了理论依据，是特朗普孤立主义、贸易保护主义的舆论吹鼓手。

美国是一个债务高悬的国家，内外债务已经超过20万亿美元。中国则是美国最大的债权国，在近4万亿外汇储备中，购买的美国国债就高达1万多亿美元。美国遏制中国发展的招数中，除了贸易上、军事上、价值观上等明的一套外，还利用美元的霸权地位，通过汇率和金融等暗的一套手段，或者说利用货币"权术"剪中国的"羊毛"。小布什时代的反恐任性在奥巴马时代变成了为了拯救经济而过度消费美元和实施贸易保护主义的任性，四轮量化宽松虽然让美国步入经济复苏的轨道，但也过度消费了美国的国家主权信用和美元信用。美联储加息预期也让全球市场焦虑不安。

美国除了在贸易、金融上遏制中国发展外，在军事上也对中国充满焦虑甚至恐惧感，千方百计给中国制造难题，围堵中国。奥巴马总统在每一次的国情咨文中都强调美国的全球领导者角色，针对中国实施地缘政治战略上的调整，从中东战略回撤到重返亚洲的亚太再平衡战略，集中主要力量布局亚太，建立亚太小北约连横合纵对付中国。利用日本挑动钓鱼岛，利用菲律宾挑动南海，利用韩国布置萨德窥视中国，航母、潜艇巡航南海，主导TPP排除中国。一系列西太平洋地区的中美博弈，目标都是针对中国，意味着美国对华前所未有的危机感。美国前总统奥巴马多次公开表示"绝不能让中国制订国际规则"；一些美国人甚至公开叫嚣"TPP+TTIP=EBC（Everyone But China）"，挤压中国的生存空间。中国却提出"人类命运共同体"的理念，建设亚洲投资银行，提出"一带一路"倡议，推动全球化的发展。

以美国为首的欧美国家民粹主义、反全球化逆流大肆蔓延的原因，主要有下列几个方面：

一是出于欧美这些发达国家的时代焦虑、人心矛盾的心态。全球化的发展使得一些发展中国家迅速成长，而欧美这些发达国家由于本身老大傲慢心理，福利主义、休闲主义盛行，发展失去朝气，对世界上大多数发展中国家进行所谓的技术封锁、贸易歧视，反而失去了竞争优势，获得的红利份额减少，于是欧美国家的人开始对全球化实行抵制心态，一部分人甚至希望回到从前。

二是以中国为代表的发展中国家逐步强大起来，使欧美国家心理出现不平衡。中国通过改革开放，经济发展上取得了世界瞩目的成就，连续超过意大利、法国、英国、德国，于 2011 年超过日本成为仅次于美国的第二大经济体。尤其是中国高新技术的发展，以人民币结算的石油期货交易所、钢铁期货交易所的正式运行，让美国感到霸权地位受到威胁的危机感如鲠在喉。印度、巴西、南非等国家也是如此。而欧洲国家的经济出现大范围的停滞不前，这就使欧美国家的人觉得十分别扭，难以接受这种现实，从而产生强烈的焦虑感。

三是欧美国家以民主、自由的价值观和特有的狭隘文化优越感，对世界上别的国家的事务指手画脚，政治干预过度，轻者制裁，重者战争，引起世界各国的反感，触发了恐怖主义和难民问题。过度干预的失败，导致恐怖主义不但没有消失，反而向全世界蔓延，危及欧美国家自身的安全，导致欧美国家的人们忧心忡忡，将其归结为全球化的后果，从而为民粹主义思潮的流行和泛滥提供了土壤。

四是特朗普贸易保护主义、民粹主义和"美国第一"的执政理念，为民粹主义的泛滥火上浇油、推波助澜。欧美国家的民粹主义、"反全球化"并不只是个别现象，而是一种普遍现象。"英国脱欧"、特朗普上台、法国右翼政党崛起，欧洲 9 大右翼民粹政党聚首德国科布伦茨，勒庞以及德国选择党联合主席佩特里、荷兰自由党主席威尔德斯等右翼代表人物悉数出场，高调喊出反全球化、反欧盟、反移民、反建制的口号，表明"反全球化"在欧美国家成为一种竞选口号和政治选择。

五是美国自由贸易战略已经达到临界点。美国政治的一个特点是，政党轮替后的新政府容易将前一届政府的政策妖魔化，而如果是同一个政党则不会这样。因此，如果民主党总统候选人希拉里当选美国总统，她不会完全抛弃奥巴马政府的做法而另起炉灶；但共和党总统候选人特朗普及其身边的政策顾问，全盘否定了奥巴马政府的贸易政策遗产，成为特朗普政权的一大特色。美国贸易自由化战略已达到一个临界点：一方面，过去 50 年美国经济和贸易开放程度大幅提升，进口贸易给美国工人薪资带来下行压力；另一方面，美国政府和国会不愿意为遭受国际贸易冲击的失业工人提供援助，也未能采取措施解决工人薪资停滞不前的问题，导致社会公众和产业工人对国际贸易的不满情绪日益高涨。由于美国贸易保护主义的头羊效应，"贸易摩擦"使得各国政策倾向保护主义，全球经济形势恶化在所难免。

但是，从长远来看，美国在运用贸易保护主义的"逆全球化"方式薅掉一些国家的"羊毛"，获得一定的利益满足后，仍将会缓慢地回到贸易自由主义的全球化老路上来。这是因为：

第一，美国是自由贸易规则的主要鼓吹者和制定者。自由贸易政策，是在与贸易保护主义反复较量中确立和被接受的，美国在其中扮演了实际的主导者角色。过去几十年的经历表明，美国遵守世界贸易组织自由贸易规则的记录不错，尽管美国的规矩是"国内法"高于"国际法"，但是，美国尊重并遵守了世界贸易组织对它与其他国家贸易纠纷的有关裁决。美国人也深知，贸易保护主义是一柄"双刃剑"，"以邻为壑"必然招致他人报复。美国恐怕也不想毁了他的"一世英名"，不想失去作为世界自由贸易领导者的地位。

第二，美国是自由贸易的最大受益者。正是基于自由贸易的分工，美国放弃了从纺织品、机电产品到计算机制造等传统产业，转而把资源投入到金融业、服务业和高新技术产业，在这些领域，美国才具有新的、更突出的比较优势。如果没有这种转移和新产业的开发，美国就不会一直领先世界。同样，美国也将是贸易保护主义的最大受害国。如果美国身体力行，力推贸易保护，其他国家就会仿效，最受不了的还是美国。因为美国对世界的依赖程度，不但远远高于中国等发展中国家，也高于欧洲。美国的人力资源成本太贵，如果美国生产电视，美国人是不是还能看得起电视，恐怕就是个问题了。美国的老百姓，有一部分可能会支持贸易保护，如某些制造业的工人。但是，一旦真的要"美国制造"，就像那本畅销书《离开中国制造的一年》所描述的那样，他们会发现，离开中国制造，他们的日子没法过，最后还得回到自由贸易。美国人早已习惯了买中国货、日本货等外国货。

第三，美国决策层的大部分人是由自由贸易者主导的。奥巴马政府的决策层，比如美联储主席伯南克、财政部长盖特纳等，受到的教育，都是主张自由贸易的主流经济学。特朗普政府里的一批右派角色是不得人心的，他们为了各种目的提出一些贸易保护主义的做法，最终会使美国的统治基础伤筋动骨，失去民心。从美国整个决策层来说，似乎不大可能把贸易保护作为一种长期的国家决策。比如最具有美国特色和竞争力的金融业，如果采取保护政策，反而会更危险，甚至危及到美国的美元霸权地位。

第四，所谓"买美国货"的条款，不过是为了安抚某些受金融危机冲击的行业的"政治秀"，是一种姿态而已。比如美国汽车业，面临巨大困难，处于破产边缘，外国车进入美国没有任何障碍，经济学家克鲁格曼等甚至主张放弃汽车产业，社会上也没有听到限制进口外国车、鼓励买美国车的政策。因为美国制造的汽车没有比较优势，放弃是迟早的事。实际上，在全球化时代，根本没有纯粹的"国货"，例如芭比娃娃和波音飞机，被认为是美国货，可是芭比娃娃在十几个国家合作生产，波音飞机由几十个国家共同制造，它们都不完全是美国货。

　　因此，从某种角度上来看，美国特朗普政府奉行贸易保护主义的"反全球化""逆全球化"政策，只是逞一时之气，待到美国尝到"反全球化""逆全球化"的苦果以后，特别是美国选民用手投票、企业和富人用脚投票以后，必然会回到全球化的正道上来。人们可以拭目以待。

"反全球化"运动产生的根源

随着 20 世纪 80 年代兴起的全球化浪潮和"冷战"的终结,"反全球化"运动也迅速兴起。全球化为什么会催生"反全球化"运动?"反全球化"运动的根源在哪里?对这个问题,世界各国学者们站在不同立场、从不同的角度进行了考察和分析,可谓众说纷纭。总的来说,作为全球化运动的反动的"反全球化"运动,其产生的根源确实涉及诸多方面,纷繁复杂。有内因也有外因,有主观原因也有客观因素,有现实根源也有思想根源。为了深入探讨"反全球化"运动的产生原因,以便寻求解决问题之道,本章从不同角度来探析"反全球化"产生的原因。

4.1 社会现实根源

4.1.1 全球化带来的两极分化加剧

全球化是一柄双刃剑,在为整个世界带来社会红利的同时,也给世界带来了风险。在全球化过程中,利益的分享与风险的分担是不均等的,由此而造成或加剧种种社会不平等。诺贝尔奖获得者阿马蒂亚·森指出:"尽管全球化经济毋庸置疑地对推进世界繁荣做出了巨大贡献,但我们仍然不得不面对……国际层面和国内层面日益扩大的不平等现象。与全球化相关的最实在的争论,最终并不在于市场的效率,也不在于现代技术的重要性,而恰恰在于权力的不平等。"联合国前秘书长安南 2000 年 4 月发表《千年报告》,认为:"很少有人、团体或政府反对全球化本身。他们反对的是全球化的悬殊差异。第一,全球化的好处和机会仍然高度集中于少数国家,在这些国家内的分布也很不平衡。第二，最近几十年出现了一种不平衡现象：成功地制定了促进全球市场扩展的有力规则并予以良好实施，而对同样正确的社会目标，无论是劳工标准，还是环境、人权或者减少贫穷的支持却落在后面。更广义地说，全球化对许多人已经意味着容易受到不熟悉和无法预测的力量的伤害，这些力量有时以迅雷不及掩耳的速度造成经济不稳和社会失调。人们日益焦虑的是，文化完整性和国家主权可能处于危险之中。甚至在最强大的国家，人们不知道谁是主宰，为自己的工作而担忧，并担心他们的呼声会被全球化的声浪淹没。"联合国《人类发展报告》中也指出："迄今为止的全球化是不平衡的，它加深了富国和穷国、富人和穷人的鸿沟。"事实确实如此，全球化在带来巨大利益的同时却在不断产生或加剧社会不平等，这种社会不平等，最为突出地表现在贫富差距的日益扩大上。世界粮农组织在最近发表的一项报告中强调：世界上有 8 亿 5 千万人正承受着饥饿的折磨。许多人认为第一次和第二次世界大战时期是人类历史上最血腥、最黑暗的日子，但是，联合国教科文组织总干事"马特苏拉"正值世界贫困日发表讲话指出："1990~2004 年，全球有 2 亿 2 千万人死于贫困，是第一次和第二次世界大战死亡人数的四倍。"根据统计，世界 20% 的人口生活在贫困线以下，每人每天的收入不到 1 美元。此外，世界 50% 的人口每天的收入不到 2 美元，他们过着极其艰难的日子。尽管当今科技得到飞速发展，但我们同类中的大部分人还在与饥饿做斗争，即使科学再发展、时代再进步，如果资源分配不公，那么永远也解决不了贫困问题。经济学家们对国际货币基金组织提供的数据进行推算得出以下结论：世界 10% 富人的收入是世界 10% 穷人收入的 117 倍，而这一数字在 1979 年是 79 倍。这一统计数字不但表明了穷人与富人之间的财富鸿沟，而且说明：随着时间的推移，这一鸿沟和差距越拉越大。根据另一统计：美国、日本、德国和法国国内人均收入是埃塞俄比亚、马拉韦和阿富汗国内人均收入的 100 多倍。

当今世界进入了一个全球化时代，同时也是一个贫富差距迅速扩大的时代。整个世界形成了富裕的北方和贫穷的南方。这种不断拉大的贫富差距和全球化有紧密的联系。他们认为全球经济正在向一个赢家通吃的经济模式转变，也就是说少数富者享受了全球的多数财富，而大多数贫困者拥有的更少，整个世界被分为两个对立的阵营。哥伦比亚共和国前总统内斯托·桑佩尔曾经指出，并非所有的人都能从当今的全球化进程中得到同样的好处。在西方发达国家主导的全球化进程中，经济蛋糕做大了，但是在分配经济蛋糕时，"大蛋糕分给富人，其他人只得到面包屑"。古巴国务委员会首任主席菲德尔·卡斯特罗也一针见血地指出，当今西方发达国家主导的全球化"其趋向不是使发展全球化而是使贫穷全球化，不是尊重而是侵犯我们各国的主权，不是主张各国人民之间团结一致，而是主张在不平等的市场竞争中各寻活路"。马来西亚前总理马哈蒂尔曾说，全球化使发展中国家变得越来越穷、富国越来越富有。

　　全球化造成的贫富差距的扩大首先体现在国际层面上，即在全球化进程中，发达国家与发展中国家的差距（又称南北差距）越来越大，从而加剧不同类型国家之间本已存在的两极分化趋势。世界银行一份报告将全球化浪潮分为三个时段：1870~1914年的第一次全球化浪潮；1945~1980年的第二次全球化浪潮；1980年以来的第三次全球化浪潮。世界银行认为，在第一次全球化浪潮中，阿根廷、澳大利亚、新西兰、美国跨入世界富裕国家之列，所有这些国家都把世界其他国家甩在身后，此前出现的世界不平等开始加剧；在第二次全球化浪潮期间，富裕国家与贫困国家的差距拉大了，这一趋势已持续了一个世纪；在第三次全球化浪潮中，尽管新兴工业化国家开始追赶富裕国家，但工业化水平较低国家的落后差距却在与日俱增。

　　20世纪80年代是"被遗弃的十年"，同时也是国家之间贫富差距进一步扩大的十年。1960年，占世界人口20%的工业化发达国家中最富有者人均收入是占世界人口20%的最贫穷者收入的30倍；而到了1989年，这个差距竟扩大到60倍。在发展中国家，大约13亿人口无法得到清洁的饮用水，大约有5亿人口处于饥饿之中，而发达国家人口虽少，却占有了70%的能源消费量，75%的金属，80%的木材和70%的其他能源。作为富国典型的欧洲国家和北美国家人均能量消耗量分别为非洲的10倍和20倍。更令人触目惊心的是，只占世界人口20%的发达国家竟占有了世界60%的食物，而发展中国家的许多穷人因食不果腹而过早死亡，最不发达的贫困国家人口平均寿命与最发达的富裕国家的人口平均寿命竟相差30岁，这是一种多么惊人的不平等！根据联合国和世界银行的有关报告，全世界60多亿人口中，20%最富的人和20%最穷的人，1965年人均收入相差30倍，到20世纪末相差70多倍；全球最不发达国家从1971年的25个增加到进入21世纪的48个，它们的产值加起来不足全球的1%。根据联合国最新公布的数据，全球最不发达的48个国家（33个非洲国家、14个亚洲国家和海地）共有6.45亿人口生活在贫困线以下，人均年收入低于745美元。

　　20世纪90年代后，随着现代信息与通信技术的发展，全球化以不可阻挡之势迅猛推进。现代科技的发展以及跨国劳动分工的形成，使得全球财富呈几何级数增长。但是，技术进步带来的利益分配是极不公平的，国家之间的贫富差距空前扩大。美国《外交季刊》1995年冬季号载文指出：在全球化进程中，世界财富增加了7倍，到1994年世界总产值已达26万亿美元，但增加的财富主要集中在少数富国；世界上20多个富国与140多个发展中国家的差距在拉大；在过去的 30 年，最富的 20% 的人口的收入所占比重却从 2.3% 下降到 1.4%。联合国开发计划署的报告也忧心忡忡地指出："现在，全球收入与生活标准方面的不平等已经达到荒唐的程度：世界各国最富与最穷的标准方面的 1/5 人口之间的人均收入（GNP）差距从 1960 年的 30∶1 扩大到 60∶1，1995 年达到 74∶1，而且最不发达国家的边缘化仍在继续。"据 1999 年 9 月 15 日世界银行公布的发展报告，世界前十位经济大国排名，美国居第一，瑞士以 1998 年人均年收入 4 万美元保持世界首富之位。人均年收入最低的国家是埃塞俄比亚，只有 100 美元，与瑞士的差距是 400 倍。人均年收入 380 美元以下的国家有 59 个；被联合国列为最不发达的国家有 48 个，其中非洲 33 个，亚太地区 13 个，拉丁美洲 2 个。全世界 20% 的人口生活在高收入国家，占有全球 GDP 的 86%、出口市场份额的 82%、外国直接投资的 68%、电话线路的 74%；另有 20% 的人口生活在最贫困国家，只占有上述各项指标的 1% 左右。经济合作与发展组织最新发布的一份报告显示，技术使贫富差距扩大，在经合组织的 34 个成员中，占人口 10% 的最富裕阶层的平均收入是占人口 10% 的最贫困阶层的 9 倍左右，以色列和美国 10% 最富裕人口的收入约为 10% 最贫困人口收入的 14 倍，智利和墨西哥则达到 27 倍。从 20 世纪 80 年代中期到 2010 年，经合组织国家的平均基尼系数从 0.28 上升到 0.31。

实际上，全球化带来的贫富分化不仅体现在国际层面，而且也体现在不同类型国家的国内层面，即全球化在一国内部也造成严重的贫富分化。虽然西方发达国家从总体上而言是全球化的受益者，但在其国内也不乏一些全球化的受害者，由此而引发富饶社会中的贫富鸿沟。英、美两国是新自由主义全球化的积极推动者，但这两国在全球化进程中也出现了严重的社会不平等。英国的贫富差距扩大到最高点。美国作为世界上经济最发达的国家，贫富差距也十分严重，最上层 1/5 家庭与最下层 1/5 家庭的收入差距从 9 倍扩大到 15 倍，即使在收入差额较为均衡的犹他州，最富家庭与最穷家庭的收入之比也高达 7∶1；2000 年，美国最富裕的 20% 的人口获得全部收入的 49.7%；其中最富裕的 5% 人口获得的收入占总收入的比重从 21.5% 上升到 21.9%，而收入最低的 20% 的人口所得仅为总收入的 3.6%。2005 年美国的基尼系数上升到 0.469，创 1967 年以来的最高纪录。美国失业率居高不下。据美国劳工部 2010 年 12 月 3 日公布的数据，2010 年 11 月，美国失业率为 9.8%，有 1500 万人失业，其中 41.9% 的人失业 27 周或更长时间。贫困人口比例创新高，美国人口普查局 2010 年 9 月 16 日公布的数据显示，到 2009 年底，美国贫困人口达 4400 万人，贫困率达 14.3%，饥饿人口大幅增加，美国农业部 2010 年 11 月发表的报告显示，2009 年美国有 14.7% 的家庭面临食品短缺。

贫富差距的扩大以及由此引起的社会两极分化在发展中国家表现得更为明显。全球化在一些新兴工业化国家造成严重的两极分化：一方面造就一批超级大富翁，另一方面也产生数以万计的贫困大军。以积极投入全球化潮流的拉美国家巴西为例，世界银行一份资料显示，20 世纪 90 年代中期，巴西 1% 的最富有阶层拥有的总收入甚至超过了最贫困的 50% 人口的总收入；10% 的最富有阶层的平均收入相当于占总人口 40% 的最贫困阶层平均收入的 30 倍；10% 的最富有阶层的年平均收入达到 14000 美元，而 20% 的最贫困阶层的平均年收入达不到 1200 美元。另有材料表明，1995 年，巴西 1% 的最富有家庭拥有国内生产总值的 17% 和国内私人财富的 53%；相比之下美国的相应比重仅为 8% 和 26%。可见，巴西财富集中的程度远远超过美国。具体来看，巴西 1% 的最富有家庭的年均收入和财富总量分别为 40 万美元和 270 万美元，比余下的 99% 的家庭的平均收入和财富总量分别高出 25 倍和 110 倍。

　　这种严重的社会不平等，不仅出现在巴西，也出现在其他发展中国家，在墨西哥、泰国、印度、中国等新兴工业化国家，不平等程度随着全球化的来临而迅速加剧。值得注意的是，在苏联、东欧等所谓转型国家，随着计划经济向市场经济的转轨，一方面财富集中化趋势加强，另一方面贫困队伍急剧扩大，贫富差距由此骤然加剧，几乎所有经济转型国家中，社会的两极分化程度都进一步加剧了。以俄罗斯为例，在经济转轨过程中，一些从事商业、货币买卖、金融业务和不动产交易以及收受贿赂、盗窃国家财产的人迅猛崛起，成为俄罗斯的新富阶层。美国《福布斯》杂志公布的 2003 年度全球亿万富翁排行榜中，俄罗斯 17 个富翁榜上有名，入围数位居世界第四。然而，在富人疯狂聚敛财富之时，越来越多人陷入贫困之中。俄罗斯国家统计局的数据表明，1995 年，俄罗斯有 25% 的人口生活在政府最低生活标准以下；而按照世界银行 1996 年的统计，这一数据则为 43.1%，其中有 15% 的家庭生活处于赤贫状态；2002 年度政府统计数据表明，生活于最低生活标准以下的人口仍然有 27%。

　　全球化带来了巨大的贫富差距和社会不平等。进入 21 世纪时，作为全球化最大受益者美国，囊括了世界财富排行榜的前三位，他们拥有的财富共 1560 亿美元，超过 48 个最贫困国家的国民生产总值，大约相当于全球 6 亿居民的总收入；世界上 200 个最富有的人所拥有的财富在过去 4 年中增加了 1 倍，达到 10000 亿美元；世界 358 个亿万富翁拥有的财富，相当于全球 25 亿人的所有财产。可与此形成强烈反差的是，在全球 60 亿人口中，有 28 亿人口（约占总人口的 1/5）每天生活费用低于 1 美元，其中 44% 分布于南亚地区。尽管这种普遍存在的以贫富差距为标志的社会不平等本身并不是全球化的产物，但不可否认的是，全球化却进一步推进和加剧了这种不平等。原因在于：

首先，全球化并没有改变延续已久的国际经济旧秩序，这种以"比较优势"为理论基础、以不平等贸易为特征的国际经济旧秩序的延续，使得发展中国家只能处于发达国家产业链条的下端，成为发达国家单纯的原料产地和商品销售地。发达国家利用自身技术优势，人为压制原材料和农产品价格，抬高制成品与高科技产品价格，形成两者价格间的"剪刀差"，损害发展中国家的利益，增加西方发达国家的收益，并从中渔利，加大两者间的贫富差距。事实上也是如此，在全球化的进程中，发展中国家借助发达国家产业结构调整之机，运用自身资源丰富、劳动力低廉等优势，积极从事服装、电子等行业的出口加工，并成功地迈入新兴工业化国家之列，这虽然在一定程度上改变了旧秩序中发展中国家单纯出口原材料和农产品的格局，但其总体格局并没有多大的变化。就战后情况而言，在第三、第四次新技术革命中，发达国家充分把握住了种种机遇，实现了产业结构的升级换代，现在主要从事技术、知识、资本密集型等高附加值产品的生产与出口；发展中国家除了从事传统的原材料、农产品等生产和出口外，都是低附加值的；国际市场上长期延续的价格剪刀差会进一步扩大贫富国家之间的差距。据关税及贸易总协定统计，1979~1988 年的 10 年间，世界商品价格上涨了 28%，其中工业制成品价格上涨 33%，初级产品价格仅上涨 2.8%，还不及前者的 1/10。在 20 世纪 80 年代，穷国购买富国的一切东西几乎都涨了价，而农产品和原料的世界价格却下降了 40%，1986 年，乌干达出口 230 万袋咖啡豆可获得 4 亿美元，而 1989 年出口量增加到 320 万袋，才换回外汇 1.5 亿美元，损失可谓惊人。1989 年，不包括石油在内的初级产品价格比 1980 年下降了 33%，多种初级产品价格甚至降到了第二次世界大战以来的最低水平，由此而在许多发展中国家造成严重的经济危机。1990~1998 年，国际市场上工业制成品的出口数量增长了 71%，价格在 1997 年前一直小幅上扬；与此形成鲜明对照的是，初级产品的出口价值指数一直大幅下降，全部商品下降了 29%，其中非食用农产品下降了 19%，矿物下降了 40%，发展中国家由此损失惨重。

其次，发达国家作为全球化的主要受益者，却利用在全球化中的强势地位，大力实行贸易保护主义，大大损害发展中国家的利益，从而加剧了发展中国家的贫困。全球化并没有带来"大同世界"，恰恰相反，全球化使得市场和利益的争夺更为激烈。作为全球化主导者，西方发达国家一方面极力要求发展中国家推行自由市场经济，削减关税，开放市场；另一方面却以种种理由推行保护主义政策，这种双重标准的推行对发展中国家造成重大利益损失。

市场开放以及贸易自由化是全球化的一个重要方面，发达国家一方面在全球范围内为"自由贸易"而奔走呼号；另一方面为保护国内的某些产业，而对外推行贸易保护主义政策。对此，德国学者乌尔里希·杜赫罗（Urich Duchrow）一针见血地指出："随着世界市场的自由化，工业国没有竞争性的工业和地区受到威胁，（从而）要求实施新的保护主义措施。"一些发达国家对于农产品长期推行贸易保护政策——不但通过关税和配额保护，而且还通过出口补贴实时保护。世界银行的报告指出：高收入国家对发展中国家的农产品，尤其是对肉、糖、乳制品等这些大宗商品征收的关税，几乎是制成品的5倍；欧盟对于肉类制品的关税更是高达826%。对于奋力挤入全球市场的发展中国家来说，关税壁垒成为其发展的巨大障碍。据统计，高收入国家的农产品关税和其他扭曲性措施，如补贴等，每年给发展中国家造成198亿美元的损失——这相当于1998年发达国家向发展中国家提供的官方发展援助额的40%左右。据最为保守的估计，发达国家的各项贸易保护措施，给贫困国家每年带来总计1000亿美元的损失，这个数字大约是发达国家向贫困国家提供援助额的两倍。由此可见，在国际贸易中发达国家为发展中国家人为设置的各种壁垒，成为阻碍穷国发展的巨大障碍。世界银行首席经济学家约瑟夫·斯蒂格利茨（Joseph Stiglitz）为此指出："全球化的批评者们指控西方国家的伪善面具，这些批评家是对的。西方国家已经推动贫困国家消除贸易障碍，但是却要保持他们自己所设立的障碍，组织发展中国家出口他们的农产品，由此剥夺他们极为需要的出口收入。"

全球化的内涵不仅仅是市场的全球化，还应该包括劳动力在全球范围内的合理流动。发达国家为了维持国内的就业率和工资水准，采取种种移民限制措施，限制发展中国家非熟练劳动力的跨国流动。人口的过度增长是发展中国家持续贫困落后的根源之一，在全球化时代，如果发展中国家的剩余劳动力能够实现跨越边界流动，这样将极大缓解国内的贫困问题。正如世界银行的一份报告所指出的："移民可能十分有助于那些现在仍未从全球化中大量获益的地区。但是，尽管移民的经济压力很强并在不断增长，合法移民却被高度禁止。从劳动力流动角度看，世界的全球化程度要比100年前要低得多。"美国、欧盟、日本、澳大利亚等发达国家，对于发展中国家中的剩余劳动力进行了严格限制，另外，却在有计划地吸纳发展中国家受过良好教育的或者高技能的移民，这些人在本国往往是促进经济发展的人才，经济利益的驱动使得他们纷纷外流，从而造成发展中国家的"人才外流"现象十分普遍。有关数据显示，有3万名非洲的博士生活在国外，而每1万人中只有1名科学家和工程师依旧留在非洲大陆。这种现象强化了发达国家的人才优势，不利于发展中国家的经济社会发展，从而在一定程度上加剧了发展中国家的贫困落后场面。

再次，发达国家通过对信息技术的控制与使用，进一步拉大了富国与穷国之间的贫富差距。世界经济论坛发布的一份报告指出：使用与应用信息与通信技术，仍然是经济增长的最强大引擎。2000 年全球信息产业产值就已经超过 3 万亿美元。依据现代信息与通信技术在全球迅猛发展的现实，一些未来学家认为这给南北差距的缩小提供了可能性。但是这种状况并没有出现，而是出现了与之相反的现象。英国学者罗伯特·韦德（Robert Wade）论证说："在过去的 20 年中，信息技术的变革趋向于使高附加值活动（包括技术创新）向（高成本的）西方国家集中，而不是扩散到低成本的发展中国家中去，这就使两者之间的技术差距更为明显。"以计算机、网络、通信为标志的现代技术改革始发于欧、美西方发达国家，并且为其带来新的经济增长点。在美国，网络经济已经超过了电信、民航等传统产业的规模。不过，放眼整个世界，在信息技术的享用上，发达国家与发展中国家之间却存在着难以逾越的鸿沟。在西方发达国家，收音机、电视机、电话、个人电脑、互联网已基本普及，充分享用现代信息技术的成果已成为人们日常生活的一部分；然而在贫穷发展中国家，这一切仍然只是奢望。国际电信联盟发布报告称，到 2010 年底，全球手机用户数量达到 53 亿，网民数量达到 20.8 亿，其中发达国家基本上普及，而中东和非洲的覆盖率却只有 50% 左右。

最后，全球化带来的竞争的日益激烈以及民族国家经济社会职能的削弱，也是造成全球范围内贫富差距的重要原因。在全球化时代，竞争已经超出了民族国家的界限而上升到全球范围内，竞争的规模日益扩大，程度日益激烈。这种日益激烈的全球竞争，无疑会加剧社会不平等。正如弗兰克和库克（Frank and Cook）所指出的："随着竞争的全球化，本地竞争不复存在，一交手便是世界杯，赢家自是满钵满罐而归。这就仿佛每位地方网球俱乐部比赛的选手都得跟桑普拉斯竞争，全球化竞争必然导致赢家越来越少，奖金越来越重。这种形势非常不利于收入的平等，反而要加重不平等。"

实际上，全球竞争的日趋激烈所加剧的不平等不仅仅体现在国际层面，而且更为普遍地体现在民族国家内部。全球经济的日趋激烈最主要地体现在市场的争夺上。为强化比较优势，提高产品竞争力，一方面，发达国家 20 世纪 70 年代起开始实施产业结构调整，一些劳动密集型、资源耗费型以及环境污染型产业开始向发展中国家转移，从而造成这些产业的工人失业率急剧上升；另一方面，政府或者采取对大企业减税的政策，或者采取削减在岗工人工资和福利政策，这大大加剧了社会的两极分化。美国是全球化的最主要推动者，也是西方世界推行企业减税政策与削减社会福利政策的代表，这一政策的推行强化了"赢者通吃"的资本主义制度，加剧了两极分化。有材料显示，美国 80% 的普通劳动者的平均收入，加上通货膨胀的因素，普遍下降，而企业主管的工资大体是普通工人的 150 倍，日本是 16 倍，德国是 21 倍。

全球化导致市场和资本的兴起，大大削弱了民族国家的经济社会职能，民族国家在经济社会领域的权利已经大打折扣。为适应激烈的全球化竞争，欧美各国奉行新自由主义，大幅削减社会福利和公共开支以提高产品竞争力，缩减公共基础设施所需的经费。素有"工人阶级保护神"的工会组织萎缩、势力下降，处于越来越不利的地位，很难真正维护工人的权益。这样一来，在全球化时代，市场的力量横扫一切，作为传统的弱势群体保护者的政府、工会权力大大削弱，社会下层的贫困化在所难免。

2007 年 10 月 3~6 日，第五届国际马克思主义大会在法国巴黎召开。本次大会的主题是"替代全球主义、反资本主义——为了一种世界政治的选择"，其中两个议题是"替代方案、宣言与空想"。大会认为，"世界进入第三个千年以来，资本主义变本加厉地推行新的奴役和暴力政策。新自由主义把全世界的劳动者置于相互对抗和竞争之中，它吞噬了工人运动、民主运动、妇女运动、第三世界反对殖民主义斗争取得的成果，削弱了民族认同感和独立性，用商品化取代了文化的多样性，加速了世界陷入生态灾难的进程。但是新自由主义也遭遇到全球各种各样的反抗，由此产生了一种联合的力量。从替代全球主义运动演绎出世界团结的逻辑，这一逻辑赋予国际主义以新的内涵。替代全球主义运动具有普遍意义的口号是：'另一个世界是可能的'。"2005 年 4 月由伊曼纽尔·沃勒斯坦、萨米尔·阿明、贝纳德·卡森、沃尔森·贝洛等 19 名世界知名的进步学者共同起草的《阿雷格里港宣言》，也表达了寻求、改造这个世界的替代政策和主张。

4.1.2　全球化带来非经济的人类发展指数相对差距扩大

全球化导致经济发展差距扩大的同时，以预期寿命指数、识字率教育指数和人均 GDP 指数组成的人类发展指数（HDI）的相对差距也在全球化的进程中进一步扩大。据联合国开发计划署 2004 年 7 月 15 日在比利时首都布鲁塞尔公布的《2004 年人类发展报告》，以"千年首脑会议"提出的以削减贫困为主旨的"千年发展目标"为标准，列出了各国的人类发展指数，衡量了全人类的发展现状，对 177 个国家和地区的人类发展指数进行了对比分析。从报告中可以看出，人类发展还很不平衡，贫富国家之间的鸿沟差距相对扩大。和历年的结果一样，前 20 名的都是工业化发达国家，分别是挪威、瑞典、澳大利亚、加拿大、荷兰、比利时、冰岛、美国、日本、爱尔兰、瑞士、英国、芬兰、奥地利、卢森堡、法国、丹麦、新西兰、德国、西班牙，排名最后的仍然是非洲地区的最不发达国家，分别是布隆迪、马里、布基纳法索、尼日尔河塞拉利昂。尽管一些非洲发展中国家如贝宁、加纳、毛里求斯、塞内加尔、卢旺达和乌干达等的人类发展指数有了一些提高，中国、巴西、秘鲁、印度等国家也在不断发展，贫困人口有了较大的减少，但全球的人类发展状况仍然令人担忧，21 个发展中国家的人类发展指数在下降。

联合国发表的报告指出，在大部分贫困国家，平均每 10000 人只有一位医生。饥饿、早婚、早育、超生或人口爆炸、营养不良、炎症和性病等各种传染病，使得发展中国家人口的健康状况越来越差，且日益恶化，而发达国家中的心脏病、癌症和高血压、肥胖病等却在增多。世界只有 10% 的医疗卫生预算（约 550 亿美元）用于发展中国家需要的医疗卫生研究，其余的都用在发达国家。大部分发展中国家平均每人医疗费只有 10 美元，像乌干达这样的国家，患艾滋病的人很多，平均每人每年医疗费只有 3 美元，而平均每人需偿还的外债利息则达 15 美元。尽管近 30 年来，发展中国家人口的预期寿命增加了 30 岁，成年人受教育率提高到了 40%，营养水平提高了 20%，儿童死亡率下降了一半，但与发达国家比起来，仍然有很大的差距。改变发展中国家健康状况的最有效的手段是将信息革命和现代化的通信技术纳入这些国家的政治和社会结构。

南部非洲国家的人类发展状况长期处于最落后的地位，在全球人类发展指数排名最后的 34 个国家中，有 30 个国家是南部非洲国家；2004 年人类发展指数下降的 21 个国家中，其中有 13 个国家是撒哈拉沙漠以南的非洲国家。它们除了因为经济困难而人均收入绝对落后之外，还深受艾滋病之害。艾滋病的肆虐使大量的年轻人死亡，人均预期寿命大大减少，严重阻碍了非洲国家的人类发展，安哥拉共和国、中非共和国、莱索托王国、莫桑比克共和国、塞拉利昂共和国、斯威士兰王国、赞比亚共和国和津巴布韦共和国 8 个撒哈拉沙漠以南的非洲国家的人均寿命已经下降到 40 岁或以下。相比之下，发达国家如挪威的人口平均寿命却达到了 79 岁。在莱索托和津巴布韦等国家，1/5 以上 15~49 岁的人感染了艾滋病毒；在斯威士兰，1/3 以上这一年龄组的人受到感染。他们处于边缘化的不幸状态。《2004 年人类发展报告》列出了 59 个需要重点帮助的国家，这些国家如不采取行动，就无法实现"千年发展目标"，其中有 31 个最需要帮助的国家，人均收入极低，各项人类发展指标都停滞不前。这些国家落后的原因，有些是受内战和武装冲突的影响，有些是受沉重的外债影响，有些是受艾滋病的影响。和发达国家比较起来，其差距简直是天壤之别。

公共服务是关系到弱势和贫困人群生活质量的基本保障，理应由政府供给。但是，全球化的最重要形式世界贸易组织在条例中将公共服务作为商品，要求各国政府取消对公共服务的补贴及私营化，以制造商机，将赚取最大化利润原则凌驾于普通人的基本生活需要之上，更加加剧了贫富差距。

由于贫富差距的悬殊，同样的遭遇、同样的自然灾难却会产生完全不同后果的"贫富性"差距。2004年秋天发生在加勒比地区和美国东南部几乎同样严重的破坏性飓风，海地有大约2000人丧生，而美国只有几十人。世界范围内的艾滋病，64%的病例和74%的死亡发生在占世界人口仅11%的非洲撒哈拉以南地区的贫穷国家。苏丹达尔富尔和美国西南部长期都遭受同样严重的干旱，苏丹干旱导致饥饿、疾病和流血，而美国干旱则仅仅造成经济损失，没有人员伤亡。同样的遭遇，对发达的富裕国家来说，最多只能产生一点困难，而对贫穷国家来说，就会产生大规模死亡。2004年12月26日印度洋发生的地震和海啸，就明显地感受到了世界贫富差距的后果：大多数遇难者以及大多数挣扎求生的人都是穷人。如果海啸袭击的是富裕地区，造成的伤亡将会大大减少。原因何在？贫富差距使然。富人可以住得起远离海水或河水泛滥的平原、河堤和山坡的坚固建筑，而穷人则不行；富人拥有预警系统——地震监测、天气预报和疾病监测系统，而穷人则没有；富人在得到自然灾害将至的紧急信息后可以凭借轿车、卡车撤离，而穷人则只能依靠自己的双腿；富国可以在灾后迅速调集食品、饮用水、备用发电机、医生和医疗急救供应物资，而穷国只能等待别国援助；富国和富人可以利用本身的经济实力和技术优势，及时准确地预报灾难的发生，改进对付不可避免的灾难的建筑技巧和政治制度。例如，在太平洋西北部沿海断层可能发生地震和海啸的地区，美国、加拿大等富裕国家，就绘制出了地震引发的海啸来临时会发生何种情况、以便作好相应准备的"洪水图"，现在西海岸地区的建筑都采取了移动地基设计。然而，穷国却缺乏这种能力，伊斯坦布尔、德黑兰、新德里及其他人口日益稠密而建筑破烂不堪的城市遇上灾难就会变成一片废墟。2003年伊朗地震将古城巴姆夷为平地，并造成2.6万人死亡。德黑兰是一座与洛杉矶同等规模的城市，地壳断层也相似，如果发生一次7.5级的地震，在洛杉矶可能导致5万人死亡，而在德黑兰则有100万人死亡。尽管通过简便的预防措施（用蚊帐隔离蚊子）和治疗方法（抗疟疾药物）就可以挽救成千上万的儿童，但2004年世界死于疟疾的贫困儿童仍然多达300万。而美国等发达国家对穷国的援助却十分吝啬，美国军费开支与援助发展中国家的资金的比例只有30：1，只要美国将其对发展中国家的援助增加到从100美元GDP中拿出70美分，就可以挽救数以百万计的生命，并使更多的人摆脱贫困和面对自然灾害时的极端脆弱状态。

是什么原因导致人类发展指数相差如此悬殊？有"经济学良心的肩负者"

美誉之称的诺贝尔经济学奖获得者阿马蒂亚·森在他的最重要的著作《贫穷和饥荒》中告诉我们，原因不在于总量不足，而在于分配不公，是因为一部分人被剥夺了基本的权利。因此，他认为发展就是要消除贫困、各种歧视压迫、缺乏法治权利和社会保障的状况，主张要给每个人以"实质自由"，从而提高"人们按照自己的意愿来生活"的能力。阿玛蒂亚·森帮助设计了联合国自 1990 年以来每年发表的《人类发展报告》，以及其中的涵盖期望寿命、教育程度、生活标准以及其他指标的"人类发展指数"，用以全面反映人们的生活福利状况。联合国秘书长安南评价他说："全世界贫穷的、被剥夺的人们在经济学家中找不到任何人比阿马蒂亚·森更加言理明晰地、富有远见地捍卫他们的利益。通过阐明我们的生活质量应该不是根据我们的财富，而是根据我们的自由来衡量。"

全球化带来的人类发展指数相对差距的扩大，使得同一个地球上出现了两个完全不同的世界：一个富裕世界和另一个贫穷的世界。贫穷世界的人们呼吁富裕的发达国家为发展中国家减少关税壁垒，改善发展中国家的贸易条件，提供更多的官方援助，减轻它们的债务负担，为缩小两个世界之间人类发展指数的相对差距尽应尽的责任。联合国前秘书长安南在 2004 年的联合国大会上发言指出，全球化的利益分布不均，发展中国家有许多人被排除在全球化之外，并且受到全球化进程的威胁。这些被排除在全球化之外的人觉得自己是全球市场的仆人。他认为，国际社会需要建立一个更强大和更有效的多边体制来加强对全球化的管理，让广大发展中国家在全球化进程中拥有更大的发言权。为利用全球化的好处，各国需要加强法治，建立民主体制，尊重人权，加强对教育、健康和基础设施的投资，提高社会平等。法国前总统希拉克也在大会上发言指出，企业家精神、创新、承担风险和追求利润都是经济发展的动力，应该得到鼓励，但全球化也必须避免一些不公平的东西。如果全球化容忍掠夺行为，容许少数人囤积财富，那么这样的全球化是没有希望的。如果全球化破坏社会和环境的平衡，容忍欺凌弱者，那么这样的全球化是没有前途的。而全球化问题出现的原因并非全球化本身，而是全球化规则的失灵和对全球化管理的不善造成的。会议还发表了题为"公正的全球化为所有人创造机会"的报告，认为全球化带来的不平衡是不能接受的，公平的全球化对世界繁荣、和平和安全是至关重要的。

4.1.3 全球生态环境的恶化

随着全球化的发展，全球生态环境也从区域性、局部性开始向整体性、全球性恶化。特别是 20 世纪五六十年代以来，世界经济增长了 20 倍，工业生产增长了 50 倍。人类第一次获得了改变全球的力量，但是人类的几乎是无限的建设与创造能力是相等于同样巨大的破坏与毁灭力量的。现代工业在给人类带来物质文明的同时，也把水土流失、土地沙漠化、资源枯竭、温室效应、臭氧层破坏带给人类。

全球化是促使生态环境问题发生转变的一个重要动因，随着科技发展和生产力的提高，世界经济在 19 世纪、20 世纪突飞猛进，出现了全球一体化的景象。高速发展的一体化经济所带来的环境问题也随之跨越国境，发展成为全球性的问题。英国学者赫尔德指出："尽管环境问题——地方性的、区域性的、全球性的——有着很长的历史，但是，我们可以认为，当代环境退化形式比人类历史上任何其他时候都更具有全球性，而且他们对人类生命造成了一系列危害和威胁具有最重要的历史意义。"

随着全球化的推进，一些全球性环境问题油然而生，这主要体现在以下几个方面：由于温室气体排放引起的全球变暖，是当今世界人们最为关注的全球性环境问题之一。由于煤炭、石油、天然气等能源的大量消耗，二氧化碳、甲烷、氧化亚氮、氟利昂等，"温室气体"的排放量急剧增加，从而出现温室效应，引起地球平均气温上升。据估计，到 2030 年时，二氧化碳浓度加倍，其增高的温室效应可使全球平均温度上升 1℃~2℃。全球气候变暖使南极冰川受热融化，造成海平面温度升高，从而直接威胁着沿海城市以及世界 30 多个海岛国家的生存和发展；全球变暖还会导致厄尔尼亚、拉尼娜等现象频繁出现，并引发飓风、洪涝及干旱等灾害性天气，由此对人类的生产和生活造成重大的灾难和损失。全球变暖带来了降水模式的变化，干旱、洪涝及森林火灾等极端事件的发生日益频繁。海平面的上升将导致人口稠密的沿海地区以及岛屿国家的数百万计的人无家可归。非洲、亚洲和其他地区的贫困人口可能遭遇农作物严重歉收、农业生产力下降以及饥饿、营养不良和疾病增多等困境。人类活动正使全球变暖，在过去的 1000 年中，地球平均温度变动范围小于 0.7℃，然而，在过去 100 年里，人类所排放的温室气体已使全球温度急剧上升。由于温室气体排放量日益增长，预计今后 100 年内温度的升幅，可能会使全球温度比工业化前升高 5℃。

臭氧空洞是全球环境恶化的另一个征兆。地球上空 10~15 公里存在一个臭氧层，它能吸收或挡住 99% 以上有害人体和其他生物的紫外线，保护地球物种的生存。1984 年，科学家首次在南极上空发现臭氧层空洞，随后又在北极上空发现臭氧层空洞。青藏高原上空则可能出现第三个臭氧层空洞。进一步检测表明。近年来，南极上空臭氧已减少 40%，北极减少 15%，美国、加拿大、日本、中国等北半球各国上空臭氧已减少 3% 以上；臭氧层的破坏正从北半球向南半球扩散，这不能不引起人们的极大关注。臭氧层遭破坏，就意味着地球上的生物将受到强紫外线的直接威胁，一些生物将由此失去繁殖能力，农作物将急剧减产；紫外线还会对人类健康造成重大损害，将引发皮肤癌并加快人类的老化。

酸雨则是大气污染的另一个表现形式。目前，发达国家中酸雨浓度不断上升，如欧洲雨水的酸度每年上升 10%，而且酸雨污染的范围日益扩大，众多发展中国家也遭受到酸雨的侵袭。世界上已出现北美、欧洲和中国西南三大酸雨集中地区。酸雨会带来一系列严重危害，会造成湖泊酸化，直接侵蚀森林树木，使土壤成分逐渐改变并可严重侵蚀建筑物和金属材料等。如在欧洲、酸沉降已使 22 个国家 7.4% 的森林被毁坏。加拿大 80% 的人口生活在酸雨区，几乎全部湖泊都已受到酸沉降的危害，鱼类和其他生物大量死亡，并有 1500 万公顷森林受害衰败。可见，酸雨对森林、农作物、水体和土壤整个生态系统乃至人群健康等方面都有着长期的潜在危害。

物种多样性是一种全球性资源，对于维持地球生态系统的平衡以及人类的生存和发展都有举足轻重的作用，然而在当前，由于森林砍伐以及土地退化，各种生物以前所未有的势头从地球上消失，许多物种已经灭绝或正面临灭绝危险。有学者估计，世界上每年至少有 5 万种生物物种灭绝，现在全球物种灭绝的速度比自然灭绝快 50~100 倍，在未来 25 年中，将可能增加到 1000 倍以上，估计到 21 世纪初，全世界野生动物的损失可达其总数的 15%~30%。生物多样性的丧失，将严重破坏整个生态系统的平衡，影响农业和畜牧业优良品种的培育，减少人类所需的一些重要药物来源，并对工业和科学技术的发展造成相当大的损失。

森林直接关系整个生态系统的平衡，对降低温室效应、保护生物多样性、维持土壤等都具有重要意义。然而，进入 20 世纪后，森林，尤其是热带雨林的砍伐速度大大加快，从而造成曾覆盖地球一半以上的森林完全消失，这在很大程度上是"经济增长和经济自由化的结果"。据联合国统计，目前热带地区每年的森林砍伐率大约是 0.7%，并在不断加速，其中，热带森林砍伐率最高的几个国家依次为菲律宾（3.5%）、塞拉利昂（3%）、泰国（2.6%）。地球上热带雨林已减少一半，森林覆盖率降低，水土流失严重，土地沙漠化、生物多样性程度下降，温室气体排放净值上升等。

全球性生态环境问题的产生，表明人类正面临全球环境的恶化，这在很大程度上是全球化加速推进的结果。美国学者詹姆斯·米特尔曼将全球化恶化的根本原因总结为：超级竞争；社会不平等和贫困；资源的不可持续性开发；土地的占用和将其用于商业与工业规划；移民和过度拥挤，对流离失所的恐惧；债务结构，这反过来加剧了资源的开发；判定对资源的习惯性利用、负罪感和缺乏责任感。在以上罗列的八种因素中，至少有五种以上因素与全球化相关。正是在这样的基础上，米特尔曼指出："自20世纪70年代以来，世界范围内经济生产的大规模增长不仅加快了全球资源的枯竭，而且也搅乱了地球的再生系统，包括它在不同生命类型及其支撑结构之间的平衡。"

全球化使得毒害物质污染从西方发达国家转向发展中国家，由此而造成环境污染的另一种全球化趋势。随着环境意识的增强与环保标准的提高，一些能耗高、污染重的夕阳产业在发达国家难以生存下去，于是，发达国家利用发展中国家急切发展经济的心理和环保要求不严格或法规不健全的机会，打着建立跨国公司、在发展中国家投资办厂等旗号，进行污染产业的跨界转移，从而造成污染的全球化扩张。据统计，至20世纪90年代中期，美国已将有害生态环境工业的35%投向了发展中国家，日本则将65%~75%的有害工业放在东南亚和拉美地区。借中国大量吸引外资之机，许多污染密集型产业正在大举向中国转移。1991年外商在中国设立的生产企业为11515家，协议投资额为87.71亿美元，其中污染密集型企业高达3353家，占生产企业总数的29.12%，协议投资额32.27亿美元，占投资总额的36.80%。这样的情况不仅仅在中国，而且在其他发展中国家也极为常见。由于大量污染严重的产业跨界迁移，造成严重的跨国污染的产生。据联合国环境规划署统计，全世界每年发生国际污染物交易超过2万起，废弃物交易量在1000万吨以上。美国作为世界上最大的污染输出国，每年要向境外转移200多万吨生产生活垃圾；德国每年出口有害废弃物超过100万吨；一些发展中国家正成为世界垃圾场。

在赫尔德看来，跨国界污染的形成，并不是源于对共同资源的经济开采而造成的匮乏或过度使用，而是直接源于全球化时代的经济交换。对此，赫尔德从三个方面进行分析：第一就是有害废品的国际贸易；第二就是危害环境的产品跨国运输而导致的环境退化；第三就是生产的国家化具有环境外部性。由此看来，跨国污染的形成，确实与全球化本身有着千丝万缕的联系。不可否认的是，在贸易自由化的条件下，污染产业或污染物的跨国转移会容易得多，更何况全球化所倡导的自由贸易本身就与环境保护难以统一起来。正如德国学者所指出的："自由贸易越多，竞争越激烈，运输路程就越长，降低成本的压力就越大，也就是说，必须以破坏环境为代价进行生产。"

全球生产环境的恶化，从很大程度上而言，是全球化所带来的负面后果之一，也是人类为谋求经济增长而忽视自然与社会的和谐发展所付出的代价。如果说在 20 世纪中叶以前生态环境的恶化还不是很严重，难以引起人们的关注，那么 20 世纪 70 年代以后，生态环境的恶化所造成的后果逐渐显露出来，并促发人类生态环保意识的觉醒。1962 年，美国学者雷切尔·卡森（Rachel Carson）出版《寂寞的春天》一书，预测大量使用污染性强的农药滴滴涕（DDT）之后造成物种灭绝的情形，这引起人们的震惊。1972 年，罗马俱乐部发布第一份报告《增长的极限》，在当时西方世界陶醉于高增长、高消费的"黄金时代"，这份报告清醒地提出人类即将面临的"全球性问题"：人口问题；工业化资金问题；粮食问题；不可再生的资源问题；环境污染问题（生态平衡问题）。1977 年，美国世界观察研究所所长莱斯特·布朗（Leister Brown）发表《建设一个持续发展的社会》，认为"土壤侵蚀、地球基本生物系统的退化和石油储量的枯竭，目前正在威胁着每个国家的安全"。到 1987 年，世界环境与发展委员会发表正式报告《我们共同的未来》，正式提出"环境安全"概念，认为"对环境安全的威胁只能由共同的管理及多边的方式和机制来对付"。

随着人类环保意识的觉醒，不仅各民族国家加入到保护生态环境的队伍之中，国际社会也开始广泛合作。1972 年 6 月，联合国人类环境会议在斯德哥尔摩举行，会议发表的《人类环境宣言》明确指出："保护和改善人类环境是关系到全世界各国人民的幸福和经济发展的重要问题，也是全世界各国人民的迫切希望和各国政府的责任。"1992 年 6 月，联合国环境与发展会议通过的《21 世纪议程》，则提供了一个从当时起至 21 世纪的行动蓝图，它涉及与地球可持续发展有关的所有领域。在 2002 年联合国可持续发展世界首脑会议上，通过了《可持续发展宣言》，各国就全球化时代如何保护自然环境，如何维持生态平衡以及如何实现可持续发展达成初步协议，但对于具体的操作措施各国分歧仍然明显。从 20 世纪 70 年代起，随着生态环境的退化以及人类生态环保意识的觉醒，各类环境保护组织如雨后春笋般勃然兴起。比较重要的 247 个国际环境非政府组织中，76% 以上是 20 世纪 70 年代后成立的，如著名的地球之友（Friends of Earth）、绿色和平（Greenpeace）、世界观察研究所（Word Watch Institute）、国际环境与发展研究所（International Institute for Environment and development）、世界资源研究所（World Resource Institute）等。绿色和平组织成员在 1979 年时只有 5 个国外分支机构，到 2003 年时在 41 个国家设立了办事处，成员超过千万人。非洲非政府组织环境网络（African NGO Environment Network）在 1982 年成立时，参加者仅有 21 个非政府组织，到 1990 年其成员增加到 45 个国家的 530 个非政府组织。

在这些生态环境保护组织的周围，汇集成千上万的环保人士。这些人对于当前生态环境的恶化表示忧虑，并通过游说、倡议、游行示威等各种方式，向公众揭示触目惊心的环境问题，要求国际社会的各种力量都投入到对生态环境的保护之中。也正是在这些组织和个人的积极倡导下，从 20 世纪 70 年代起，一场声势浩大的生态保护运动在全球兴起，并久盛不衰。到 90 年代，生态运动的制度批判开始进入更深入的政治和文化层面，并从生态的角度提出了全球资本主义制度变革的主张。

随着反全球化运动的兴起，西方各式各样的社会运动突然间找到了一个共同的靶子——全球化，并一同投入到反全球化运动之中。全球生态环境的退化，全球化本身难辞其咎。因此，各类提倡生态环境保护的组织和个人，是反全球化运动中最为引人注目的力量之一，在反全球化运动中表现得非常活跃。如在"西雅图风暴"中，一些环保主义者专门找来 300 名儿童装扮成海龟的样子，并推着"海龟"前行，以呼吁人们关注国际贸易对野生动物的侵害。正因为如此，关注全球生态环境恶化，成为反全球化运动兴起的现实根源之一。

4.2 文化和意识形态根源

4.2.1 全球化剥夺了发展中国家的公民权

发达国家利用全球化和技术之间的联合，对贫富差距这种不平等进行合法化，同时利用全球化带来的世界矛盾和冲突，借反恐怖主义和人权之名，干涉弱国、小国的内政，合法地剥夺发展中国家中劳动者的公民权。

剥夺发展中国家公民权的形式主要有四种：

第一种形式是把人降低为"人力资源"，其生存权只能依赖于资本的效率。"人力资源"的权利被禁锢在全球化与技术之间。由于劳务市场的全球化，使得世界上存在着大量的更加廉价、更有效率的"人力资源"，就使得一部分人的劳动权利被剥夺。为尖端技术和"智能"技术提供的资金越多，人的发言权就越少。因此，资本在利益的重新分配中能够占有大比例的剩余价值，而"人力资源"则没有任何"自然"的权利，只有证明自己工作的义务。

第二种形式是全球化将所有货物和服务都商品化。一切都变成了商品，都被置于市场规律之下。在空运、电话、保险、银行、铁路和邮政等方面是如此，在医疗卫生、社会保障、退休金、就业、教育、电力、煤气甚至水等方面也是如此。"共有财富"越来越少，"私人财产"越来越多。调节"共同生活"的原则是而且越来越是个人的利益、金融效率、生产率、收入等。公民的权利是按比例分配的，只是以消费者的权利和股东的权利等形式存在的。如果一个人不是有支付能力的消费者，也不是较重要的股东，他就没有多大的发言权，更没有什么影响力。

第三种形式是利用反恐、人权等理由干涉别国内政，剥夺别国人民的生命。譬如，美国以反恐的名义发动的伊拉克战争和阿富汗战争，造成大量平民伤亡。维基揭密网站 2010 年 10 月 22 日公布的数据显示，2003 年 3 月至 2009 年底，在伊拉克战争中，有 28.5 万人伤亡，至少 10.9 万人丧生，其中 63% 为平民。在阿富汗和其他地区，美国的军事行动也给当地居民造成了巨大死伤。2011 年 3 月，美国等西方大国又出兵利比亚，对主权国家利比亚进行狂轰滥炸，大批平民的生命被剥夺。

第四种形式是以意识形态和价值观的不同为标准，对他国进行封锁、禁运，损害别国公民的生产、生活权利。如美国对古巴实行了 30 多年的经济、商业和金融封锁、禁运，严重侵犯古巴人民的生存权和发展权。

人类链条上最薄弱环节的人群的公民权，说得更直接一点就是他们生存权的被剥夺，实际上成为了一种新的"种族隔离"。这种新的"种族隔离"已经不是一种风险，而是一种现实并且被合法化了。信息社会中南北之间的不平等，通过全球化和技术之间的联姻而完完全全地被合法化，其表现在：发达国家对人类共同财富的合法化掠夺；整个社会对剥夺人类链条环节上薄弱人群各种公民权的认可；世界对世界技术社会产生的新的"种族隔离"的沉默。专利权使各种生物资源的私人占有更加合法化，当今社会唯一真正的"世界权利"是"知识产权"，它使私人资本变成了世界生物资源的主人。而富有生物资源 92% 的亚洲、非洲和拉丁美洲等贫困地区，却成为了"知识产权"合法掠夺的场所。

当然，新的"种族隔离"以一种新的形式表现出来。从理论上讲，各种信息和通信技术可以成为民主化以及发展个人创造力和文化多样性的一种强大而有效的工具。但实际上，我们却看到了世界范围的技术"种族隔离"，即善于和有条件获得新知识经济的人与不善于和没有条件的人之间的隔离。这种"种族隔离"是各种社会鸿沟越来越深的结果：受过教育的人与文盲、男人与女人、富人与穷人、老板与工人、年轻人与老年人、白人与有色人种、城里人与乡下人等。因特网、知识经济、信息技术首先是为受过教育的人、白人、领导、讲英语的人、年轻人和城里人建立的。新"种族隔离"的合法化就是建立于教育和知识不平等的基础之上的。

4.2.2 全球化导致“单边主义”恶性膨胀

所谓“单边主义”，就是指不与其他国家和地区进行多边协商，不屑于外交努力，一切按照自己的意志来解决问题的行为。“单边主义”是“冷战”结束以后随着美国的单极统治而出现的。美国认为，没有美国的力量，就不能制止地区冲突、防范恐怖主义和防止大规模杀伤性武器扩散。因此，美国我行我素，无视联合国，采取先发制人、外科手术式的空袭、占领他国、推翻他国政权等“单边主义”行动。由于世界力量的严重不平衡，美国“单边主义”倾向愈演愈烈，成为当今世界不安定因素的总根源。全球化使那些休戚与共的集体原则逐渐失效，而过度的个人主义和无节制的竞争却进一步得到强化。全球化建筑在自由放任的理论基础与个人主义的价值观念之上，团结一致、互依互存的价值观，已经被国家间鼓励竞争和极端主义的原则所广泛取代。尤其是世界上的那些经济大国，任意将自己的意志和命令强加给那些弱小的国家，运用政治、经济、军事优势，掠取发展中国家的资源和市场。即使是伙伴加兄弟，在经济利益面前仍然是互不相让，尔虞我诈，相互吹胡子瞪眼睛，频频过招，并有愈演愈烈之势。

1999 年 7 月 12 日，美国司法部向华盛顿联邦地方法院起诉日本丰田汽车公司，指控其在美国销售的 220 万辆汽车违反了美国的环保标准，要求该公司支付 585 亿美元的罚款。而日本丰田汽车公司不甘示弱，要在法庭上与美国司法部一较高低，决一雌雄。

1999 年 7 月 13 日，世界贸易组织作出裁决，认定欧盟实施了 10 年的禁止进口美国、加拿大激素牛肉的政策违反了有关规定，欧盟输了官司，表示愿意赔偿，呼吁不要制裁，但美国决意要采取果断措施。

1999 年 7 月，美国总统宣布，今后三年内对主要来自澳大利亚、新西兰两国的羊肉征收关税，澳、新两国表示要在世界贸易组织与美国对簿公堂。

2000 年，美国通过《伯德修正案》，以保护国内就业和美国工人利益为由，向本国公司进行补贴，直接损害包括欧盟在内的盟友国家的利益。

从乌拉圭回合多边贸易谈判中的农产品贸易争端、赫伯法、达马托法之争、《伯德修正案》，到欧美的“雏鸡战”“钢铁战”“香蕉战”“转基因农产品贸易战”，美国与日本围绕大米、胶卷、海运、航空运输等展开了一场又一场的较量，有时闹到不可开交的地步。当然，盟友们也不甘示弱，欧盟将美国的做法告上世界贸易组织，世界贸易组织于 2003 年 1 月最终裁定美国的《伯德修正案》违反国际贸易规则,要求美国废除该修正案,但美国没有执行世界贸易组织的裁决。2003 年 1 月在日内瓦举行的世界贸易组织会议上,关于"在公众健康受到威胁时,穷国可不顾及贵重药品的专利权,也可进口同类的便宜药品和富国减少对本国农业的补贴"的承诺,美国却随意地加以否定。

2004 年 8 月 31 日,世界贸易组织授权欧盟等 8 个成员对美国实施贸易制裁,欧盟、加拿大、韩国、日本、巴西、印度、墨西哥和智利可对美国的部分产品征收报复性关税。美国打着自由贸易的幌子,不时地挥舞起"超级 301 条款"的大棒,毫不留情,动辄将对方推上世界贸易组织的审判台,并施以种种制裁。对盟友尚且如此,对发展中国家来说,更有过之而无不及。美国凭借"一超"的地位,试图建立起"单极世界",在经济、贸易等问题上居高临下,强权欺压,一直奉行美国至上的原则,威胁、欺压和剥削广大发展中国家,使发展中国家成为美国的原料供应地和产品销售市场。美国朝着摧毁世界贸易组织的方向迈出了决定性的一步。

在政治上,美国打着输出自由、民主、人权的幌子,奉行"先发制人""单边主义"战略,充当世界警察、人权卫士。美国为了加强其先发制人的进攻能力,正计划建造新一代的核武器,率先威胁联合国框架下达成的保证全球安全的两个重要条约,即《全面禁止核试验条约》和《不扩散核武器条约》,在国际上使用武力推行独裁和霸权,向世界推行它的强权政治,沦落为新型的"帝国主义",孵化为一个充满野心的"时髦帝国",威胁目前在国际事务中发挥重要作用的两个国际组织——联合国和世界贸易组织,大有根本动摇《联合国宪章》宗旨和原则的危险,使世界上最大的组织的性质由政府间"多边组织"向为超级大国战略利益服务的"单边组织"蜕变。美国在全球化的幌子下,以"全球反恐"的名义,奉行"先发制人"的强权、霸道理念,在世界上的 130 多个国家拥有 757 个军事基地,在其国防部的 140 万军人和职员中,有 24.7 万人驻扎在海外。尽管美国向世界扩张不是以传统的获取领土和殖民地为目的,但它不但要改变他国的外交行为,而且要改变他国的内政行为。自第二次世界大战后,美国就以各种理由对外出兵,除朝鲜战争、越南战争以外,美国还以维持和平、实施人道主义援助、保护本国公民生命安全等为借口,先后出兵 40 多次,其中对他国实行强力军事干预、狂轰滥炸的就有 10 次

1983 年 10 月,美国以格林纳达发生"军事政变"、需要护侨为由,出动快速部队,闪电入侵格林纳达,8 天内达到目的;1989 年 12 月 20 日凌晨,美国政府以"保护美国侨民生命财产安全"为借口,出动海陆空三军组成的

精锐部队，对主权国家巴拿马实施代号为"正义事业"的突然袭击，48 小时完成作战行动，1990 年 1 月 3 日巴拿马军政府首脑诺列加向美军投降，1990年 1 月 12 日结束"正义事业"行动；1990 年 6 月 3 日，美国以利比里亚内战威胁美国侨民安全为由，派遣一支两栖作战部队，实施"利刃"行动，8月 4 日侵入利比里亚首都蒙罗维亚，控制了美国驻利比里亚使馆及周围地区；1992 年 12 月 4 日，美国打着"人道主义援助"的旗号，派遣一支 2.8 万人的部队，卷入索马里冲突；1994 年 9 月 3 日，海地发生军事政变，6~7 月，美国组建的多国部队进驻海地；1995 年 8 月 30 日，为削弱波黑塞族的军事实力，迫使波黑塞族接受美国提出的波黑和平方案，美国对波黑塞族进行了为期两周的空袭，摧毁了波黑塞族的 56 个重要目标和 60%~70% 的防空设施和作战指挥设施；1998 年 8 月 20 日，为了报复恐怖分子对美国肯尼亚和坦桑尼亚大使馆的炸弹袭击，美国从阿拉伯海上用战斧巡航导弹同时袭击苏丹和阿富汗；1999 年 3 月 24 日至 6 月 9 日，美国为了谋求对巴尔干地区的战略控制权，悍然对主权国家南联盟发动代号为"联盟力量"的大规模空袭，在战争中使用了除核武器之外的所有现代化武器，包括国际上禁用的集束炸弹、贫铀弹和石墨炸弹等；2001 年"9·11"事件发生后，美国对阿富汗发起了代号为"持久行动"的军事打击行动，截至 2001 年 12 月 31 日，美军出动作战飞机 5000 次以上，投射炸弹导弹 1.2 万多枚，推翻了塔利班政权；2003 年 3 月 20 日，美国以销毁大规模杀伤性武器为由，在没有联合国授权的情况下，绕开联合国，置全世界大多数国家的反对于不顾，对主权国家伊拉克发动了"先发制人"的战争，实施狂轰滥炸，推翻了萨达姆政权，达成了"速战速胜"。而后又对叙利亚、伊朗、朝鲜等主权国家实施威胁。伊拉克战争结束以后，美国进一步奉行"单边主义"政策，将战前反对对伊拉克动武的法、德、俄等国排除在伊拉克一些重建项目招标之外，并极力阻挠欧盟独立防务建设。在中东，美国极力推行"伊斯兰世界民主化"，力图将伊斯兰世界按照美国的价值观进行改造。

如果说 1990~1991 年的海湾战争美国率领的 28 个国家组成的多国部队具有解放科威特的正义性的话，那么未经联合国授权而发动的谋求单边主义的不对称的伊拉克战争，则是地地道道地违背了《联合国宪章》规定的"和平解决国际争端、尊重国家主权和领土完整"原则的霸权主义和单边主义实践，它开启了无视联合国权威的恶劣先例。

2010 年 10 月 26 日，第 65 届联合国大会以压倒性多数票第 19 次通过《必须终止美利坚合众国对古巴的经济、商业和金融封锁》决议，只有包括美国在内的2 个国家投反对票。可是美国仍然我行我素，拒不接受联合国大会通过的决议。

美国拒绝参加一些重要的国际人权公约，拒绝履行国际义务，至今仍未批准《经济、社会和文化权利国际公约》和《消除对妇女一切形式歧视公约》。2006 年，联合国大会通过了《残疾人权利公约》，目前已有 96 个国家批准该公约，美国尚未批准该公约。《儿童权利公约》迄今已有 193 个缔约国，美国是极少数未批准该公约的国家之一。

2010 年 8 月 20 日，美国政府首次就本国人权状况向联合国人权理事会递交报告。11 月 5 日，在接受联合国普遍定期审议时，近 60 个国家代表在会上向美国提出改善其人权的建议，达到创纪录的 228 项，主要涉及批准核心国际人权公约、少数族裔和土著人权利、种族歧视和关塔那摩监狱等，美国只接受其中 40 多项。2011 年 3 月 18 日，联合国人权理事会通过了对美国人权普遍定期审议最后文件，而美国却坚持拒绝审议中提出的大多数建议，受到许多国家的批评。一些国家代表在会上发言，对美国拒绝大量建议表示遗憾和失望，指出美国在人权问题上做得还远远不够，敦促美国正视自身的人权纪录，采取措施解决存在的人权问题。

2011 年 3 月，美国、法国、英国等西方大国，超出联合国决议授权的范围，肆意对主权国家利比亚实施轰炸，造成大量平民伤亡。4 月又开始对叙利亚进行制裁。

当今世界，美国社会已经发达到极点，再往上走的可能性很小。美国为了少数人和少数集团的短期利益，不惜打烂这些曾经为美国拓展国际政治和商业利益提供了舞台的多边体系，公开地承认它对世界其他地区的霸权主义干预。美国正在破坏全球的规则体系，如果这些游戏规则完全被破坏，人们就会发现，一个无序的世界要比一个不完善的规则所统治的世界更加可怕。尽管多边主义可能存在不公平，但它要求各国对其他国家作出某种让步。而单边主义意味着海盗行为，即富国对穷国的武装掠夺。多边主义的世界秩序与美国准备建立的单边主义世界秩序的不同之处在于：前者可以调停，而后者不可调停。它推行的霸权主义和单边主义，必将遭到越来越多国家的越来越强的抵制和反对。

因此，全球化的过程，实际上就是发达国家尽可能地运用自身优势去畅通无阻地剥削弱势发展中国家的过程。对发达国家来说，全球化实际上就是地地道道地受发达国家剥削和欺压的"自由化"。

4.2.3 助推文化帝国主义，危及人类文化多样性

以新自由市场思想和个人主义为理论基础的全球化，是与以美国为代表的

西方的文化侵略扩张相伴随的，尤其是个人主义价值观，对世界上发展中国家为数众多的青年人极具吸引力。如果说西欧的精英分子、宗教激进分子和美国的社会保守派能够在一个问题上达成一致的话，那就是美国的流行文化，它能够颠覆一切，甚至使人的信仰走向堕落。

随着资本全球流动而产生的、贴着"美国牌标签"的大众传播文化，以现代传播工具为媒体，以广大青少年为对象，以通俗和流行为特征。以美国为首的西方发达国家，将文化的生产和消费服从于市场机制和价值规律，以摹仿和复制的方式，在流水线上制造出千千万万"美国牌"文化商品的同时，把划一的具有"美国风味"的文化品，通过广播、卫星电视和地方电视台，推销到每一个角落的人群中去。好莱坞的虚幻世界差不多被带到了世界上的每一个地方。每年世界各地票房排行榜的前五名都是美国出品的电影。在世界主要市场上，销量排在前100位的唱片中，美国唱片所占比例高达50%~60%。"脸谱"、谷歌成为全球人权价值观推销和"颜色革命"的引擎和发动机。偏远非洲的村庄里，收录机里迈克尔·杰克逊的流行音乐和麦当娜的性感靡调，淹没了非洲传统的激扬鼓声。马来西亚的社会学家阿莉芬（J.Arifin）在谈到马来西亚的情景时说，马来西亚和其他许多国家的情形相仿，在那里，全球化的文化携带着自由、个人自主和挣脱传统家庭与血缘关系的镣铐的信息大踏步地走上门来。成千上万的青年人突然迎面撞上了一种带有"文化"影响力的环境，而这种文化与本地传统价值观和宗教所训导的价值观相悖，就连"马来西亚之声"电台在制作它的经文节目时，也用上了流行音乐，而这是与马来西亚传统社会规范相抵牾的。现在，在马来西亚，年青人熟悉英国的杜兰杜兰乐队和声称"我想使你性感"的美国"坏小子"乐队，比起本地从前那些"知名"的音乐团体来，要了解得更多。而今，全世界都变得更加"美国化"了，美国出产的电影、音乐、电视节目和流行艺术正在全球制造垃圾，破坏文化生态系统和使全球思想美国化，美国流行文化无孔不入，其影响力无处不在。

美国在大力推行"公共外交"、修补其本身千疮百孔的国际形象、推销自己文化的同时，却甘冒成为"孤家寡人"的危险，决意反对文化多样性公约。在联合国教科文组织的近200个成员国中，美国是唯一反对文化多样性公约的国家，如同美国对《京都议定书》和关于成立国际刑事法庭的条约投反对票和不签署这些条约一样，美国对文化多样性公约也进行否决，并以减少交纳联合国教科文组织的会费进行威胁。在美国看来，拟议中的"文化多样性公约"不仅赋予各国政府控制文化的权力，而且授权它们采取保护主义措施，这些措施可能会限制美国的音像制品，包括好莱坞电影和电视节目出口，其价值每年高达数百亿美元。而世界上的其他国家，甚至包括美国的盟友欧盟认为，文化多样性公约不仅不会对艺术自由或言论自由构成威胁，甚至还能推动理念和信息的自由流动。

美国竭力抵制文化多样性，不仅使发展中国家的社会变得更加脆弱，也使欧洲社会在保持它们本身的文化认同、社会价值观、语言和对信息传播的现有控制方面，面临巨大的困难。在私人或国家电视台的节目单上，从美国输入的廉价的"肥皂剧"日甚一日地取代了欧洲文化人自己创作的影片。连文化观念与美国基本相同的欧洲各国，都在惊呼美国的文化消灭了欧洲的文化，何况"免疫力"甚差的非洲、亚洲等地呢？社会的文化对该社会的认同和价值导向至关重要，全球化的媒体不仅对其他文化进行渗透，而且占主流的文化逐渐侵蚀着地方文化和宗教所规定的"规范"。法国原文化部长雅克·兰曾经公开谴责全球化实为"美国文化帝国主义"，认为美国作为大众文化的超级大国，不仅决定着娱乐活动，而且决定着面包的分配。2004 年 10 月，法国总统希拉克在出访河内期间尖锐地指责说，美国在全世界扩散一种毫无特色的文化垃圾。他说，如果不遏制这种粗制滥造的文化的势头，就会使各国原本的社会习俗和原汁原味的文化荡然无存。希拉克警告说，如果只有单一语言和单一文化，将会出现真正的文化生态灾难。甚至美国国内的一些学者对此都感到担忧和反感，学者本杰明·巴伯撰文说，全球经济推动下的"文化帝国主义将在世界各地用快餐式音乐、快餐式电脑和快餐式食品侵蚀人们的心灵"。因此，学者"全球化实际上就是美国化"的断言，在全球化过程中诞生的文化帝国主义这一点上，得到了更加完整的证明。

4.2.4　全球化促进了新民族主义和原教旨主义运动的兴起

全球化只是对少数的发达国家利大于弊，而对大多数尚未做好准备的发展中国家来说，全球化的机会并没有垂青它们，相反还给它们带来了各种矛盾，导致发展中国家中各种形式的敌对状态大量出现，贫富矛盾日益加剧。因此，有人说在这种全球化进程中，赢者寥寥而输家甚多。在这种氛围中，民粹主义、民族主义以及原教旨主义的一些领袖，抛出种种脱离社会发展进程的解决方案：失去工作并饱受挫折的青年人变得激进起来，并组成各种右翼的小圈子；新民族主义立场愈益被广泛接受，种族主义、排外主义日益猖獗；多文化、多种族的国家中，贫富之间的冲突常常与他们隶属的特定的种族、文化或宗教团体的身份有关，争取经济机会均等的斗争常常演变成种族集团之间的斗争。在全球化进程中进一步贫穷落后的发展中国家，成为被边缘化的弱势国家，它们缺乏有效的国家机构和组织。这些国家的人民，在贫困、饥饿、疾病、无助、无望中度日，憧憬的心灵变得空虚，于是贩卖毒品、偷渡、内战、恐怖袭击等极端主义的行为成为他们发泄心中怨气的常态性方式，使原教旨主义成为全球化时代的一个标志。原教旨主义团体发动革命、刺杀总统、实施恐怖主义暴行，在世俗色彩鲜明的国家成为了颇具影响力的政治力量。

这样，在全球化的进程中就出现了一个有趣的现象：一方面，国家的边界因自由贸易和资本流动而变得模糊不清；另一方面，世界正变得越来越富于国家主义色彩。这种“新国家主义”同样是美国沙文主义和极端爱国主义的新版本。“9·11”事件后，布什总统把“美国第一”提升为一种“单边主义”新方针，从而遭到全球主义者的指责。实际上，这个世界并不是一个平面，而是由山河与民族情绪组成的“搓板”，全球化并没有消除民族特性，在某种程度上，新国家主义是一种地缘政治基要主义，人们把坚守固有的民族特性作为应对全球化压力的方法。作为国家主义情绪上升的国家，法国总是同美国暗中较劲，看谁在维护本国国家利益方面更专横。法国人与英国人一样对准联邦欧洲及其公布的欧洲宪法持怀疑态度，希望捍卫自己的国家主权、民族文化、国家独有的权力和国家受到保护的劳动力市场。伊朗人想拥有自己的核弹，且这种核国家主义情绪越来越高涨。格鲁吉亚发生的“玫瑰革命”，乌克兰发生的“橙色革命”，都是在新国家主义情绪引导下发生的运动。

更有甚者，全球化遭遇经济民族主义的强烈抵抗。俄罗斯在天然气供应问题上炫耀实力，拉美国家左派主义势力蒸蒸日上，亚洲国家日益增长的工业实力，美国国会和欧洲大陆的保护主义声音，各种伪装下的经济民族主义在越来越多的国家中流行起来，以抗衡西方的政治和经济霸权，使得对全球化的抵制具有一种新的特色。

全球化带来的直接后果就是世界进入了新的不对称、非平衡时代，从而在一定程度上使国家与国家之间、民族与民族之间、宗教与宗教之间的冲突加大，人类之间的和谐与宽容消失了，整体的世界撕裂成为互相仇视的碎片，对称的、平衡的状态发生了改变，非对称、非平衡中的弱势一方只得采取“非常规”的方法来对付强势一方。

全球化设计者的初衷是想通过自由贸易和混合资本主义来推动世界繁荣，建立一个“美国式的世界和平”。但是，现实的全球化却偏离了美国等全球化设计者国家的初衷，它在一定程度上促进了一些国家的繁荣，但同时也促进了新民族主义的盛行。

4.3 经济根源

4.3.1 全球化放大了金融风险

全球化的一个重要方面是资本与金融的全球化,各国金融市场的开发为资本在全球范围内流动创造了可能,这一方面有利于资源在世界范围内的最优配置,为解决发展中国家现代化的资本瓶颈问题创造条件,但另一方面,金融资本的趋利性和投机性,也大大增强了世界经济的风险性,20 世纪 90 年代全球范围内三次重大金融危机的爆发就是一个证明。20 世纪 70 年代后,美国经济衰退、石油危机的来临以及美元在世界范围内的滥用,导致布雷顿森林体系的终结。1971 年 8 月,美国推行"新经济政策",宣布停止美元兑换黄金;随后,英国、日本、法国等其他西方发达国家也步步紧跟,相继推行浮动汇率制,金融市场逐步放开;80 年代中后期,许多发展中国家也相继放开金融市场;到 90 年代,绝大多数国家进入金融全球化潮流。

金融全球化政策的推行,是世界经济发展到一定阶段的必然结果。从发达国家的情况来看,随着经济的增长,资本的储蓄大大地提高,在国内投资市场日益枯竭、获益率日益缩小的情况下,资本家迫切希望开放金融市场,实现资本在国际间的自由流动,以实现利润最大化;从发展中国家以及转型国家的情况来看,工业化和现代化建设需要大量资本,在国内资本极其有限的情况下,吸收外来资本为己所用,以解决工业化资本的瓶颈问题,成为这些国家在新形势下的必然选择。此外,战后几十年来商品、服务、贸易以及科技全球化的迅猛推进,极大地冲击了仍处于管束状态的国际金融体系。由此看来,开放金融市场、实现资本的跨国界流动,在全球化时代已不可避免。

随着现代通信与信息技术的突飞猛进,各国开放的金融市场日益联结为一个整体,一体化的国际金融市场开始形成。全球性金融市场的形成促进了资本的跨国流动,从而形成规模巨大的国际资本。据统计,在全球资本市场上交易的总资本存量,1980 年还只有 5 万亿美元,1996 年则达到 35 万亿美元,2000 年则超过 80 万亿美元,相当于经合组织全部国家国内生产总值的 3 倍。到 2010 年,国际流动金融资本超过 100 万亿美元,成为一只巨大的笼中老虎,随时都有可能从笼中放出搅动世界经济。

根据风险程度及其目的的不同,国际资本基本上可以分为两大类:直接投资和投机资本。在全球金融市场形成之初，投机资本在整个国际资本中一度占据主导地位；但随着投机资本回报率的提高，越来越多的直接投资开始向投机资本转变，如今投机资本已在国际资本市场上占据绝对主导地位，世界经济的风险性由此而大大增强。

直接投资的主体一般是跨国公司，资本输出的目的，是利用被输入国丰富的资源、廉价的劳动力或其他有利条件来获取利润，它对相关国家或地区经济的稳定和繁荣起到很大作用。投机资本，有时又被称为国际游资，在国际资本市场上处于绝对主导地位。其特点是，利用一些国家或地区金融体制的缺陷以及经济形势的波动，通过投机性的金融交易而获取财富，因此风险性非常高。有的学者将投机资本分为两种类型："锦上添花型"与"趁火打劫型"。前者往往在一个国家或地区经济复苏或起飞时流入，去凑热闹，去分享经济发展的成果，资本主要流向证券、外汇或房地产市场，导致经济过热并出现泡沫；当所在国出现任何风吹草动时，这些资本便大量快速撤出，造成泡沫破灭，引发金融危机。后者是通过看衰一国的经济而进行投机，当一国经济陷入困境时，投机资本开始进入股市和汇市，去制造混乱甚至火上浇油，一旦行情达到谷底便迅速撤出，从而加剧所在国的经济危机。不过这两种分类只是人为的，在现代国际资本市场上，投机者成为越来越根据形势的变化而变化的角色，以期最大限度谋取利润。

国际游资在全球市场上从事大规模金融投机活动，首先得益于各国金融市场的开放。这是因为：一方面，在目前缺失有效的全球货币政策协调机制的情况下，金融全球化大大削弱了民族国家，尤其是经济基础较为薄弱的民族国家执行其货币政策的有效性。国际资本在短期内的自由流动很容易扰乱民族国家金融体系的稳定性，削弱其运用货币政策调节经济的可能性。另一方面，金融全球化为投机活动创造了宽松的环境，利率、汇率管制的放松，为各种形势的金融衍生物价格的大范围波动提供了条件，国际游资就可以在不同国家和地区以及不同市场上选择投资机会，通过低价买进、高价抛出的方式来套利，并造成相关国家或地区的金融动荡。

金融投机活动的通行，必须具备适合投机资本操作的金融载体或工具，这些金融载体或工具就是今天世界上五花八门的金融衍生物。金融衍生物是指一种双方之间订立的和约，用来交换拥有某项资产的风险与报酬。之所以会说是衍生物，就是因为衍生物和约的价值也会随着其原始资产价格的波动而有所不同。由于金融衍生物的高杠杆性、交易的表外性和期权交易的不对称性，使之成为一种具有高风险性的投资工具，这些风险包括市场风险、信用风险、流动风险、操作风险、结算风险和法律风险等。值得注意的是，金融衍生物的交易不需要交易金额，只需要 4%~10% 的保证金，这样一来，利用少量的资金就可以进行几十倍金额的金融衍生物交易了，这在产生资本规模放大效应的同时，也大大提高了获利倍率和损失倍率，换言之，其风险性与获利性大大增加了。

国际游资的特征就是投机性和趋利性，各种金融衍生物的诞生，为国际游资在世界金融市场上的投机活动提供了重要载体。据国际清算银行的估计，自1985 年以来，外汇和国际有价证券交易的营业额增加了 10 倍，全球每天的外汇交易额高达 2 万亿美元，国际资本流动的目的，纯粹在于套取利差、获取利润，而这些都是国际游资通过金融衍生物交易而实现的。全球资本市场上的国际游资已经超过 100 万亿美元，它们寻找各种机会兴风作浪，在疯狂获利的同时，给相关国家或地区带来了金融危机；在金融全球化时代，一国或一个地区的危机很快会像瘟疫一样传播开来，从而引发国际金融体系的动荡，大大增强世界经济的风险性。1997 年东亚金融危机、2008 年美国次贷危机引发的全球金融危机，都有国际金融游资兴风作浪的身影。

4.3.2 全球化导致经济危机的"蝴蝶效应"

现代资本主义经济中经济危机的发生是一种常态，全球化时代这种经济危机被"蝴蝶效应"放大，从而对整个世界经济产生巨大冲击。

（1）欧洲货币危机。20 世纪 90 年代两德统一后，为遏制通货膨胀压力，德国中央银行一直将马克的利率压在低位，而美元的利率却居高不下，马克与美元之间的利率差异，为国际游资套利提供了难得的机遇。以乔治·索罗斯（George Soros）为首的国际炒家们开始联合行动，他们首先向德国马克开刀，随后又对意大利里拉、英国英镑、西班牙比塞塔、葡萄牙埃斯库多和爱尔兰镑发起攻击。这些国家的中央银行立即做出反应，纷纷宣布提高利率，但仍然难以挽回局面。迫于沉重的政治与经济压力，各国被迫宣布降低利率：首先是芬兰宣布本国马克退出欧洲货币体系汇率机制，实行自由浮动；随后意大利宣布里拉贬值 7%，并退出欧洲货币体系汇率机制；在维持英镑与马克固定汇率的过程中，英国因敌不过投机资本的猛攻，也被迫宣布英镑贬值，同时退出欧洲货币体系汇率机制；与此同时，西班牙的比塞塔贬值 5%。其他没有宣布贬值的货币，也受到上述货币贬值浪潮的强烈冲击。两个月以后，瑞典克朗因无法维持与欧洲货币体系其他国家货币的固定汇率而宣布实行自由浮动；此后，西班牙和葡萄牙货币又分别贬值 6%。欧洲货币体系危机持续近两年，到 1993 年 8 月，欧洲各国财政部长和中央银行行长被迫做出艰难而痛苦的抉择，让各成员国的货币汇率浮动幅度由原来的4.5%增加到30%，这场危机才宣布平息。欧洲货币危机充分体现了国际游资的强大冲击力。

（2）墨西哥金融危机。当欧洲货币体系危机的阴影还未散去时，国际游资又拿墨西哥开刀，由此而触发墨西哥金融危机。危机之前的墨西哥，一直是个金融秩序较为稳定的国家。从1987年底开始，墨西哥政府一直保持其货币比索与美元之间的固定比价，只允许极小范围的浮动，汇率也成为政府反通货膨胀的工具。不过，由于通货膨胀速度上升，导致比索的币值被大大高估了，这对国家的外贸出口极为不利。与此同时，墨西哥推行贸易自由化、金融自由化政策，国际游资大举涌入。据统计，1990~1993年，墨西哥吸引外资达910亿美元，其中以流动性强的股票、证券投资居多；同期的外国证券投资从45亿美元增长到546亿美元，增幅达到10倍以上。与此同时，墨西哥经济的脆弱性逐渐表现出来，国内储蓄的大幅度下降，国内投资和生产的停滞不前以及突发政治事件的频发，引起市场信心的崩溃，出现资本出逃现象。为缓解困境，政府不得不放弃比索与美元的挂钩并实行比索贬值，人们纷纷抢购美元，抛售比索，金融市场动荡，外资出逃严重。尽管政府出台了一系列稳定政策干预，但仍未能恢复市场信心，比索对美元的比价跌幅达到60%，股市强烈震荡，出现了1995年1月10日的"黑色星期二"，社会经济陷入全面危机。由于经济全球化，墨西哥金融危机很快波及世界其他国家，造成一些国家股市的下滑，引起各国投资者的惶恐。

（3）亚洲金融危机。在墨西哥金融危机惊魂未定之际，一场更大的动荡开始在亚洲酝酿，并最终引发亚洲金融危机。这场危机持续时间之长，波及范围之广，可与20世纪30年代的"大萧条"相匹敌，堪称战后之最。这场危机不仅造成亚洲国家经济的长期衰退，而且还像瘟疫一样传染到世界各国，并几度引发全球性金融危机，世界经济增长由此受到严重影响。正如斯蒂格利茨所说，"亚洲国家过于迅速的金融和资本市场自由化也许是这场危机唯一最重要的原因"。

危机首先从泰国开始。20世纪90年代初，金融市场的开放使得大量国际游资进入泰国，泰国股市和房地产市场在90年代中期因过度膨胀而出现泡沫，而国内产业结构的内在缺陷、金融业风险的日益积聚和暴露、国际收支项目下的经常项目和资本项目逆差、出口增长受阻、外汇储备不足等问题，使得外界对泰国的金融业深表忧虑。在内忧外患之际，以索罗斯为首的国际炒家趁虚而入，利用国际对冲基金向泰铢发动攻击。泰国政府开始用强硬手段相抗衡，一方面在新加坡、马来西亚和中国香港的帮助下，耗资100多亿美元来吸纳泰铢，以维持泰铢与美元之间的比率；另一方面大幅提高利率，以吸引投资者购买泰铢。但在强大的国际游资面前，这一切都无济于事。1997 年 7 月 2 日，泰国中央银行被迫宣布放弃实行 13 年之久的与美元的联系汇率制，实行浮动汇率。当天泰铢与美元的汇率一路狂泻不止，数日之间泰铢贬值超过 50%，泰国经济陷入全面危机。

发生于泰国的金融危机迅速蔓延开来，菲律宾、马来西亚、印度尼西亚、中国香港也纷纷爆发危机，韩国和日本最终也被拖下水。为避免危机在世界范围内的扩散，国际货币基金组织和西方国家采取紧急救援行动：泰国获得170 亿美元贷款，印度尼西亚获得 420 亿美元贷款，韩国获得的贷款数目则高达 580 亿美元。这场危机在持续了一年多以后才渐渐平息下去，但亚洲金融危机对世界经济造成重大的消极影响，遭遇危机打击的国家，普遍出现了经济萧条，给整个世界经济蒙上了一层阴影。

（4）美国次贷危机引发的全球金融危机。2008 年，美国住房二级抵押贷款市场泡沫破灭，造成全球次贷相关损失高达 1.2 万亿美元，华尔街的损失占近四成。随着各大投行的次贷损失纷纷浮出水面，股价缩水、股东不满，不少投行 CEO 纷纷收到董事会下达的"逐客令"，包括雷曼兄弟、花旗和摩根士丹利在内的银行纷纷裁员，减少固定收益的交易、证券化、资产管理和投资银行部门的人手，一些行政和技术部门的员工也被遣散。美国楼市泡沫形同瘟疫，次贷危机引起连锁反应，迅速横越大西洋，席卷欧洲甚至全球。

次贷危机首先体现在房地产上。房地产价格下跌，进而引起美元贬值，直接冲击着实体经济，引发市场信心低迷。信贷紧缩和流动性紧缩反过来使金融机构的处境恶化，消费减少，就业疲弱，新屋开工量大幅下降，消费者信心不振；花旗、美林等金融机构爆出因次贷业务导致巨额亏损，加剧了人们的悲观情绪。受次贷危机及经济发展规律的支配，全球主要发达国家经济增长速度滑坡，将结束自 2002 年开始的经济上行周期。欧盟、英国和日本都购入了美国的次级债相关证券，许多银行遭受了直接损失，如瑞士银行、英国汇丰控股、法国巴黎银行、法国兴业银行、日本瑞穗集团等。同时，美国房价下跌也使这些国家的房屋价格面临下行风险。欧、英、日以及中国都与美国有频繁的国际贸易往来，美国需求的下降和美元的持续贬值给这些国家的出口带来了负面影响。

这场金融危机几乎波及世界的每一个角落，全球化使得整个世界无一幸免。各国政府为了应对这场全球性的金融危机，纷纷出台了一系列应对金融危机的措施，美国总统奥巴马上台的第一件事就是签署了 7800 多亿美元的刺激经济方案，声称这是"美国迈向经济复苏的一个重大里程碑"；中国政府出台了四万亿人民币的刺激经济计划；欧盟、日本、俄罗斯甚至非洲国家，也出台了不同的应对金融危机的方案。次贷危机引发的"蝴蝶效应"，将整个世界卷入经济危机之中，从而造成"一人得病、全球吃药"的后果。

（5）"全球化瘟疫"为人类带来灾难。从上述经济危机的考察中可以发现，金融危机、经济危机的爆发，在很大程度上是各国金融市场过度开放的结果，要想避免危机就只有加强金融管束；但是，在经济全球化时代，吸引外资发展经济已成时代潮流，金融市场的开放在所难免。因此，在金融市场的管束与开放之间如何找到一个平衡点，就成为一个新的难题。

全球经济危机的爆发在全球化时代，往往首先只在某国或某个地区爆发，但很快如同瘟疫一样，波及其他国家或地区，从而给整个世界经济造成灾难性影响。再加上国际游资的乘机兴风作浪，将这种危机迅速放大，引发"蝴蝶效应"。正如德国学者在墨西哥金融危机之后所做的评论："墨西哥危机极其清楚地显示出全球化时代新的世界秩序形象。在这一次危机中发生作用的各种因素以前从没有显示过全球经济一体化以何种力量改变了世界的权力结构。这些因素似乎被看不见的手操纵，超级大国美国政府，一度无所不能的国际货币基金组织和所有欧洲国家的货币发行银行都不得不服从于一个具有无可估量的摧毁力量更高的命令，这个更高的权利就是国际金融市场。"在金融全球化时代，庞大的国际游资的兴起及其疯狂的投机活动，大大增强了世界经济的风险性，这就是全球化的消极后果之一。

全球化对世界经济带来的消极后果，受损害最大的还是全球化体系中的弱势群体，即广大的发展中国家和广大普通的劳动者，因此，因经济危机而利益受损的弱势群体，成为各国尤其是发展中国家反全球化的重要力量。在墨西哥和亚洲金融危机中，越来越多的人生活水平下降，加入到贫困大军之中。这些人将其生活水平下降与地位恶化归咎于全球化，并通过各种方式表达对全球化的不满。如墨西哥抵制全球化的萨帕塔运动，东南亚反全球化游行示威的持续不断，特别是在泰国的曼谷和清迈举行重要国际会议时，场外反全球化示威浪潮风起云涌。韩国受经济危机冲击最严重的农民是反对全球化的中坚力量。甚至一些先前对全球化极力拥护的国家，在遭受金融危机打击后，也加入到反全球化的行列，马来西亚就是其中的典型代表。马哈蒂尔将这一切归咎为国际炒家们对于本国货币和股票市场的冲击，归咎为全球一体化市场的资本主义，并由此而举起反全球化的大旗。还有那些对世界经济风险性表示关注或对国际游资表示愤恨的组织和个人，也成为反全球化运动的力量构成之一。斯蒂格利茨属于全球化体制内的人物，熟悉金融全球化的规则，同时也深切了解其弊端。在其新著《全球化及其不满》中，他对国际货币基金组织以贷款和援助为条件,强迫发展中国家放开金融市场并进而干预发展中国家的货币金属政策表示不满。在斯蒂格利茨看来,目前发展中国家普遍存在金融市场开放过度的情况,而"资本账户自由化是导致危机的唯一最重要的因素"。

"反全球化"运动的实质

　　全球化带来了一个崭新的世界，人类社会进入了一个新的阶段。但是，全球化为什么没有达到人们预期的效果，没有给世界上大多数人们带来希望和幸福，为什么人们要反对全球化，"反全球化"运动的实质是什么。笔者认为，"反全球化"运动并不是要反对全球化本身，而是反对形式上平等实际上不平等的全球化的"扶强抑弱"规则，反对生物达尔文主义的"丛林法则"，反对全球化本身具有的强烈的"美国性"和强烈的实力主义特性，反对全球化中要素的趋利本性，反对那些唯利是图、利用全球化大获其利的跨国公司和为虎作伥的国际组织。正如联合国前秘书长安南在2000年4月发表的《千年报告》中指出："很少有个人、团体或者政府反对全球化本身，他们反对的是全球化所带来的悬殊差异。首先，全球化的好处和机会仍然高度集中在少数国家，即便在这些国家内部的分布也不均衡。最近几十年出现了一种不平衡的现象：（我们）成功地制定了促进全球市场扩展的有力规则并予以良好实施，而对同样正确的社会目标，无论是劳工标准还是环境、人权或者减少贫穷的支持却落在后面。更广义地说，全球化对许多人已经意味着更容易受到不熟悉和无法预测的力量的伤害，这些力量有时以迅雷不及掩耳的速度造成经济不稳和社会失调。"准确地说，反全球化运动的人士反对的是西方主要发达国家主导的全球化，是这种全球化进程中产生的种种问题尤其是社会问题。1998年度诺贝尔经济学奖得主阿马蒂亚·森也这样认为，这些反全球化人士其实并不是真正地反对全球化，他们是在反对某种同他们本身信念、价值观相背离的全球化，其中有对世界南北差距拉大、分配不均的忧虑，有对几个大国主宰世界的不平，当然也免不了为了维护自身的狭隘民族利益甚至是无政府主义。

5.1 反对全球化"扶强抑弱"的规则

5.1.1 全球化规则决定着全球化的发展方向

任何一种机制、组织、秩序的运行和竞争，规则是第一重要的。俗话说得好：无规矩不成方圆。一场足球比赛，如果没有一个统一的被大家所认可的规则，竞赛就无法进行。即使是一个坏的规则，也比没有规则要好。在当今这样一个复杂的世界中，如果没有规则来规范社会的运行，那将是不可想象的。因此，文明社会判断一件事情是否合理，首先看是否符合规则。要改变某种结局，必须要从改变规则入手。

规则是界定人们的选择空间，约束人们之间的相互关系，从而减少环境中的不确定性的公共品。规则具有博弈性，制度就是一种博弈规则。规则可以分成两大类：正式规则（如宪法、产权制度和契约）和非正式规则（如规范、习俗）。规则的形成是人们不断反复探寻的结果，它具有三个特征：一是公平性，它至少要符合大多数人的利益；二是效率性，没有效率的规则是不可能长期存在下去的；三是对人的行为约束是基于人有机会主义行为倾向。从本意上讲，规则的形成和产生就是为了克服人的弱点或不足，如人的有限理性、人的机会主义行为倾向、人并不总是善的。一个有效的规则，能够产生巨大的正激励。

全球化的推进过程，在很大程度上取决于全球化正式规则的变化。全球化向何种方向发展，采取一种什么样的路径，带来一些什么样的效果，在很大程度上取决于全球化的正式规则如何。美国等西方发达国家利用自身的政治、经济、军事优势，利用自身在世界舞台上的话语影响力，快速制定了一系列推动全球化进程的正式规则，并向全球扩展。很显然，全球化就会自然而然地按照美国选择的路径和方向发展，就会体现美国人的意愿。但是，由于这些适应于发达国家的正式规则与占世界人口和地域大部分的发展中国家的非正式规则不相容，致使全球化产生一系列的"现代性隐忧"。"现代性隐忧"的产生并不是全球化过程造成的，而是推动全球化的规则的先天不足造成的。因此，要解决全球化过程中产生的矛盾，首先必须解决指导全球化运行的规则，这样才能釜底抽薪，既治标又治本。

5.1.2 全球化需要一个公平正义的规则

全球化进程已经极大地改变了传统的国家主权，传统的国家间合作或国际合作应当向全球治理转变，因此就需要一种与全球化进程相适应的全球治理规则。所谓全球治理，指的是通过具有约束力的国际规制（Regimes）解决全球性的冲突、生态、人权、移民、毒品、走私、传染病等问题，以维持正常的国际政治经济秩序。全球治理不仅意味着正式的制度和组织——国家机构、政府间合作等——制定（或不制定）和维持管理世界秩序的规则和规范，而且意味着所有其他组织和压力团体——从多国公司、跨国社会运动到众多的非政府组织——都追求对跨国规则和权威体系产生影响的过程和目标。很显然，联合国体系、世界贸易组织以及各国政府的活动是全球治理的核心因素。

全球治理的要素主要有全球治理的价值、全球治理的规制、全球治理的主体或基本单元、全球治理的对象或客体，以及全球治理的结果。全球治理的价值就是全球治理的倡导者们在全球范围内所要达到的理想目标，这些价值应当是超越国家、种族、宗教、意识形态、经济发展水平的全人类都接受的核心价值——普世价值，包括对生命、自由、正义和公平的尊重，相互的尊重、爱心和正直。为了在全球范围内实现这些普世价值，全世界公民应该承担相应的权利和义务，包括安全的生活、公平的待遇、为自己谋生和谋取福利的机会、通过和平手段解决人们之间的争端、参与各级治理、为摆脱不公平而进行自由、公平申诉的权利、平等的知情权、平等地分享全球共同利益的权利等。

全球化规则就是维护国际社会正常的秩序，实现人类普世价值的规则体系，包括用以调节国际关系和规范国际秩序的所有跨国性的原则、规范、标准、政策、协议、程序。从某种意义上说，全球化规则在全球治理中处于核心的地位，因为没有一套能够为全人类共同遵守、确实对全球公民都具有约束力的普遍规范，全球化进程就缺少方向。正是由于全球化规则在维护当代世界秩序中的实际作用，全球化才能为人类带来福利和秩序。

公平正义的全球化规则的制定需要全球公民的参与，代表全球利益的正式国际组织，如联合国、世界银行、世界贸易组织、国际货币基金组织等，在全球化规则制定中发挥着重要的作用。全球化进程中需要通过全球治理机制加以关注和解决的问题包括影响全球安全的国家间或区域性的武装冲突、核武器的生产与扩散、大规模杀伤性武器的生产和交易、非防卫性军事力量的兴起等；全球生态环境的治理，包括资源的合理利用与开发、污染源的控制、珍稀濒危动植物的保护，例如国际石油资源的开采、向海洋倾倒废物、空气污染物的越境排放、有毒废料的国际运输、臭氧衰竭、生物多样性丧失、渔业捕捞、气候变化等；国际经济问题，包括全球金融市场、贫富两极分化、全球经济安全、公平竞争、债务危机、跨国交通、国际汇率等；跨国犯罪，例如走私、非法移民、毒品交易、贩卖人口、国际恐怖活动等；基本人权问题，例如种族灭绝、对平民的屠杀、疾病的传染、饥饿与贫困以及国际社会的不公正现象；等等。

全球化进程中需要解决的上述问题，需要一个好的、公平正义的全球化规则，这是全球化沿着正确轨道发展、实现全球和谐的前提。公平规则是权利公平、机会公平、分配公平的基础，是世界各国、各种种族、文化、宗教和价值观念的社会群体求同存异形成的共同公平观念的体现。制定公平规则必然受到不同的国家利益集团的影响。只有坚持以世界上最大多数国家、最大多数人的利益为出发点，减少和克服依靠强势、武力、金钱、发展程度等各种因素的影响，真正的公平规则才能得以建立。当然，仅仅建立公平规则是远远不够的，更重要的是建立起来的公平规则的贯彻和执行，而正义是执行公平规则的保证。没有正义，公平规则就是一纸空文，权利公平、机会公平、分配公平就是空话。因此，全球化的世界要贯彻公平的治理规则，首先需要在全球树立"正义"，反对以强凌弱、以大欺小、以富压贫的霸权主义和强权政治。

5.1.3 现实全球化规则的理论基础是社会达尔文主义的 "丛林法则"

社会达尔文主义是由达尔文的进化论演绎而来的。达尔文的进化论认为，地球的生物随着环境的变迁，有一个由低级生命形态向高级生命形态逐渐进化的必然趋势。在进化的过程中，根据自然界"食物链"的关系，弱肉强食，物竞天择，优胜劣汰，适者生存，自然选择，任何一种物种如果不能随着环境的变迁而发生相应的变化，则必然遭到灭绝。在达尔文的进化论问世之后，斯宾塞提出了"社会达尔文主义"，他将自然界的生存竞争规律搬到社会学的研究中，认为社会可以和生物有机体相比拟，社会与其成员的关系犹如生物个体与其细胞的关系，从而公开主张国家之间、民族之间以及人与人之间也是"弱肉强食，优胜劣汰"，公然将以强凌弱的强权主义宣称为普遍的"社会伦理"，从而将人类"兽性化"。

正是以社会达尔文主义"弱肉强食"的"伦理"作为"理论依据"，发达国家自命为"优等民族"，无节制地从大自然中掠夺资源积累起财富后，大力扩充军备，在全球范围内对其他国家和民族发动殖民战争，进行殖民统治，剥夺其他人、其他阶层、其他民族和其他国家，从而成为"强者"。

19 世纪中叶发源于欧洲的社会达尔文主义在今天的全球化进程中找到了

最适宜的土壤。当今全球化奉行的一条最基本的规则就是全球范围内的所谓市场经济的"公平竞争"。市场经济的所谓公平竞争确实在一定的条件下是具有效率的，能够带来资源的优化配置和节约，对于"物"来说，是一种有效率的方式。但是，在没有任何前提的情况下笼统地谈"竞争"，并且将"竞争"无遮无拦地移植到以人类为主体的社会中来，使之变成全球化社会的发展动力，显然是将动物界的"弱肉强食"规则照搬到人类社会，抽去了人的属性，把人类异化为和动物没有区别的"兽性化"，从而使人类变得更加疯狂，更加信奉"弱肉强食"的"丛林法则"。生物界的竞争和"弱肉强食"现象确实存在，但它们是发生在物种之间，而非在同一个物种之中，更何况动物之间共生现象也同样存在。把竞争无条件地抽象为自然界的"绝对真理"，只字不提共生现象，其目的无非是为强者掠夺他人提供一种美丽的外衣。人类与动物之间有着本质的区别，人类社会虽然有国家、民族、职业、阶层等差异，但统统属于人类这同一个"物种"，人类怎么能够自相残杀、自相吞食呢？更何况人类是有理性、有智慧的，人类不单讲"力"更讲"理"，一味盲目地、无休止地讲"竞争"，讲"优胜劣汰""弱肉强食"，对于人类社会而言实在是一种可怕的灾难，其结果必然激化人类局部利益和整体利益的矛盾、眼前利益和长远利益的矛盾，必将造成资源的快速枯竭，造成环境的急剧恶化，并将人类引向争斗、杀伐、阴谋、贪婪的歧途。当今强者动不动"先发制人"，弱者忍无可忍后的"垂死挣扎"，造成美国"9·11"事件、俄罗斯的别斯兰人质事件等无数惨绝人寰的恐怖事件。好端端的人间生活，变得如此高度紧张，以至于人们来不及好好地品味自己的生活。

拂去西方文明各式缤纷的装饰，西方价值的核心之一突出地表现为社会达尔文主义的弱肉强食的逻辑，并将其贯彻在政治、军事、经济、社会生活的各个方面。自1500年西方文明迅速崛起以来，新大陆的发现和东方航路的开辟，使得西方力量得以控制全世界，并经由屠杀、占领、殖民甚至种族灭绝来寻找其生存空间，两次世界大战的惨痛教训就是社会达尔文主义丛林法则的必然后果。一个基于全世界众多国家共同承认的联合国体制得以确立以后，人类社会中的弱小国家和民族终于可以通过某种尽管存在着实质上不平等的制度安排来表达其愿望和要求。但20世纪80年代以来的全球化，为社会达尔文主义的"丛林法则"提供了迅速蔓延的土壤。作为全球化的理论基础，"弱肉强食"的丛林法则成为被西方世界"强者"的赤裸裸的国际关系准则。美国这个"丛林中的强者"为何公然蔑视世界舆论，置国际法和国际准则而不顾，赤裸裸地利用先进的武器发动伊拉克战争？美其名曰维护"正义"惩罚"不听召唤"的专制统治，实则是维护美国在世界上的霸权地位，攫取中东地区石油资源。这说明弱肉强食、强者有理的丛林法则已经成为残酷的国际关系现实。

哈佛大学的罗尔斯在其《正义论》中提出过正义社会应有两原则：一是自由，二是差异。在保证每个人享受平等自由的前提下，强者有义务给予弱者以各种最基本的补偿，使弱者能够像强者一样有机会参与社会竞争。全球化应当为人类提供一种美好的生命形态，让人们尽情地享受和谐的生态环境、和睦的人际关系、和悦的内心世界、优良的生存质量和优良的生存状态。然而，以社会达尔文主义的"丛林法则"为理论基础的全球化规则，却带给人类什么呢？生态环境满目疮痍，人际关系剑拔弩张，内心世界充满自私、狭隘、紧张、压抑、浮华、烦躁、矛盾。

5.1.4　规则存在形式上的平等与实际上的不平等

全球化规则平等有两个层面，一个是起点平等，另一个是规则平等。起点平等是不可能实现的，而规则的平等也只是形式上的。全球化规则形式上是由多数国家举手通过制定出来的，且不论富国穷国，每个国家一票。特别是一致性规则即国际条约和公约的建立，形成了一套新的共同的跨国规则。联合国名下签订的条约在 3.4 万个以上，其中有 500 多个是重要的多边条约。这些规则必须得到各民族国家的同意才能生效，因此规则的形式上和程序上是平等的。

全球化规则的制定是一个系统工程，而系统又是由很多要素组成的，每个要素由于在系统中的位置、地位不同，在系统所起的作用也不尽相同。贝塔朗非认为，一般系统常有中心部分或主导因素，它们在整个系统中起闸柄的作用，决定着其他部分和整个系统的行为。协同学的创始人哈肯提出支配原理，断言在一个复杂的系统中，一个或几个序参量支配所有子系统的演化行为。在世界经济这个大系统中，发达国家和发展中国家都是这个系统的组成元素，每个国家的经济系统是这个大系统的子系统。由于发达国家和发展中国家经济实力不同，相互关系排列组合不同，所以在世界经济系统中的地位和作用不同，经济全球化进程中充满了不平衡、不平等。事实上，经济全球化是一种权利的优劣序列，甚至这种序列特征比任何时候都要更加突出——排序靠前的发达国家以其在资源配置和游戏规则制定方面的优势来推行，并使其向着有利于自己的方向发展。发达国家在全球经济体系中具有先发优势，这种优势是长期积累而成的。值得注意的是，发达国家的先发优势除了体现在物质力量上，更体现在对正在形成的全球规则的主导作用上。现有的主要国际规则和国际制度基本上都是在西方发达国家的主导下形成的，存在着严重的信息不对称，对发展中国家实行信息歧视，没有供发展中国家发表观点的有组织的论坛，更没有让发展中国家发表自己见解的机会，制定出来的规则缺乏透明度，在内容和动作上暗含着对西方国家的倾斜。现在这些规则正在向全球规则转化。

因此，全球化看似公正的自由化、市场公平竞争的形式掩盖着不平等的实质。这种不平等的根源来源于经济全球化游戏规则的亲西方属性。很显然，全球化的结果不平等也在情理之中。

5.2 "反全球化"实质上是反"美国化"

5.2.1 全球化实际上成了"美国化"

"全球化"生逢其时，恰逢苏联解体，冷战结束，人们对和平的新纪元寄予厚望。经受了两次世界大战洗劫的人们，期待着这个星球上的所有地方从此偃武修文。里根政府构想的世界唯一市场的新自由主义，正好适应这一需求，吸引着期待世界走向昌盛富足的人们而盛行起来。一些科学家、政治学家也趁机摇唇鼓舌，把苏联的解体说成是"资本主义的最后胜利"。诸如美国人弗朗西斯·福山就在其畅销书《历史的终结及最后之人》（The End of History And The Last Man）中将资本主义视作已经成为历史辩证过程最终产物的社会和经济制度的典范，其著作在美国、欧洲博得了极度热烈的赞扬。

所谓全球化就是"美国化"，是指美国将在本国行之有效的一种基于把民主主义价值观念和自由市场经济模式作为普遍真理，在全世界加以强制推广的使命感的做法。正如美国学者巴尼特所说的，现在的全球化显然是建立在美国的道德标准——民主、自由贸易和集体安全基础之上的。实际上，全球化是由美国构想的有关同质、均等的世界发展的新方案，美国将自己的价值观念、行为准则、经济模式、政治模式等一切规则、制度，视同为世界上唯一正确的模式，并将其推广到全世界。按照美国安排的全球化逻辑，所谓全球化，就是美国人制定规则，作出规定，其他人跟着做，美国就是通过全球化塑造一个酷似美国的中国、巴西和印度。

5.2.2 美国主导全球化规则的制定

美国凭借其在政治、经济和军事方面占压倒地位的优势，基本上按照自己的意志建立起了以《关税及贸易总协定》（GATT）、"国际货币基金组织"和"世界银行"为三大支柱的国际经济秩序。在战后的几十年中，美国正是利用这种国际经济秩序推动了经济全球化浪潮的来临。

《关税及贸易总协定》的制定与美国有密切关系。第二次世界大战结束后，美国倡议成立国际贸易组织，并于 1946 年向联合国提交了《联合国国际贸易组织章程协议草案》。参与筹备国际贸易组织的国家赞同上述"宪章草案"，并将其中关于贸易政策的条款摘出，汇编成为一个单独的协定，此即《关税及贸易总协定》。1947 年 10 月，联合国贸易与就业会议宣布在《宪章》正式生效前临时适用《关税及贸易总协定》。在随后的几十年中，《关税及贸易总协定》作为唯一的国际贸易组织，对稳定国际贸易秩序、减低关税、促进国际贸易的发展起了巨大的作用。由于《关税及贸易总协定》不可能对一切贸易问题作出详细的规定，需要不断通过多边谈判来进行补充和完善。从 1947 年到 1993 年，这种多边谈判共进行了 8 个回合，其中多个回合的谈判是在美国的倡议和主导下完成的。在第 8 回合即"乌拉圭回合"的谈判中，美国力主成立"世界贸易组织"以取代《关税及贸易总协定》。随着"乌拉圭回合"谈判的结束，《关税及贸易总协定》退出了历史舞台，新出现的"世界贸易组织"从形式到内容，甚至名称，都深深打上了美国的烙印。

"国际货币基金组织"是 1946 年按照《布雷顿森林协定》成立的，是以美国提出的"怀特计划"为基础的。该计划规定：各国缴纳资金以建立基金，各国在基金组织的发言权和投票权取决于该国向基金会缴纳份额的多少；基金的计算单位为"尤尼他"，规定其含金量为 10 美元，各国货币和"尤尼他"保持固定的比价。这样就形成了一个以美元为中心的国际货币体系。由于美国在基金中占有的份额多，约 20%，投票权也较大。根据基金会的规定，重大问题需 80% 的多数票通过。因此，美国实际上操纵了基金会重大问题的表决。20 世纪 70 年代初，以美元为中心的国际货币体系虽然崩溃了，但美元至今仍然是最主要的国际储备货币和结算货币。

"世界银行"和"国际货币基金组织"是孪生兄弟，共同被美国总统罗斯福称为"国际经济合作的基石"。世界银行的主要任务是向会员国提供中长期贷款，以促进战后经济的复兴，协助发展中国家开发资源。由于美国在世界银行中所占的股本多，所以行长一职长期被美国人霸占。在一些重大问题上，美国的态度往往可以左右世界银行的决定。

总之，美国利用第二次世界大战以后确立的全球性优势地位，使许多国际组织为美国所左右。有学者认为，国际货币基金组织、世界银行和联合国等国际组织已经成为美国的代言人。在经济政策、贸易政策、社会政策、金融政策和货币政策方面，最终是华盛顿的政治家及其顾问们在为全球一体化制定规则。这种规则被制定出来后，往往被视为全球性的规范，在维持全球经济秩序、促进世界贸易发展等方面起了相当大的作用。因此，美国经济在全球的优势地位，客观上对经济全球化起了推动作用。

5.2.3　美国引领世界经济发展新潮流

20 世纪 90 年代，在计算机、通信和其他形式的信息技术的推动下，美国经济经历了将近 10 年的持续增长，率先从传统的经济模式转向了“新经济”。“新经济”是“以知识与技术为本，以电子网络为平台的一种新的经济现象与形态”。“新经济”的主要特征可以归纳为：社会工作逐渐从体力型转为脑力型；资本的形态从传统的机器、厂房等有形资本转变为知识、信息和技术等无形资本；经济活动从传统的“物理世界”转向“数字世界”。当信息被数字化以后，信息传输速度大大加快。网络的兴起及其在全球的伸延，使信息传播的范围迅速扩大，知识显得比以往任何时候都更加没有国界，经济全球化就成为不可避免的趋势。由此可见，计算机、通信技术以及网络的发展，催生了“新经济”，为经济全球化提供了物质基础。美国政府最早预见到了信息革命的来临，并且因势利导地给予了大力扶持。20 世纪 70 年代后期，美国在全球率先开始了信息革命。到 90 年代初，美国政府开始接受并主导信息革命。1993 年 3 月 21 日，美国副总统戈尔在国际电信联盟（ITU）主办的世界开发会议上，发表了题为“高度发达的信息系统不是经济发展的结果，而是经济发展的原动力”的演说，在全球首倡“信息高速公路理论”。同年底提出了建立国内信息社会基础设施网的五项原则。1994 年 3 月，这五项原则为国际电信联盟采纳，成为全球通信基础设施网的基本原则，并据此制定了“全美信息高速公路计划”。1993 年，美国总统克林顿向国会提交报告，首次提出建立信息高速公路，并要求再增加 20 亿美元的经费，以确保美国在 1997 年建成信息高速公路。此外，美国政府还将戈尔的理论看作美国的新价值，多次提到国际会议上进行讨论，迅速将信息网络理论推向了全球。随后，欧盟和日本等发达国家相继发表了有关信息革命的政府宣言，并掀起了信息革命的浪潮。作为信息高速公路主干的因特网的最大特点就是超越了时空的限制，用数字化的语言，使人类的交流更加紧密。

美国政府还看到了信息革命的社会和政治意义。1993 年，克林顿在一份报告中谈到美国信息高速公路的情景时说：信息高速公路一经建成，由通信线路、计算机、数据库及日用电子产品所组成的网络，能使所有美国人享用信息，并在任何时间和地点，通过声音、图像、文表等传递信息。他同时还认识到，这种现代化的通信手段可以穿过"柏林墙"，传达政治思想。这样，信息革命就成为美国用来打破政治、经济和文化的藩篱，传播美国生活方式和价值观的工具。

5.2.4　美国将"自由市场经济模式"和游戏规则推广到全球

经济全球化和市场经济全球化进程，是以美国为首的西方发达国家在平等竞争的旗号下掩盖其经济霸权主义、金融霸权主义、技术霸权主义，实行有利于发达资本主义国家的对外经济贸易战略，给发展中国家带来新的经济霸权威胁，损害发展中国家的国家主权和经济的发展。例如，美国等西方发达国家极力推行贸易自由化，打破贸易壁垒，开辟国际贸易市场，发动了一场被经济学家称之为"取消全球经济管制的运动"，实际上是向全世界推销美国的"自由市场经济模式"。苏联前总统戈尔巴乔夫在批评美国用武力把自己的观点和模式强加于世界时说，全球化不应成为一台压路机，迫使我们大家都持同样的意见。从一定意义上说，经济全球化是美国霸权在世界经济领域的一种反映。1998 年初，《日本经济新闻》上刊登了一篇题为《"市场万能"主义可以休矣》的文章，认为现在世界上存在三大潮流，即"市场经济化""全球化""信息通信高度化"。美国不仅是这些潮流的始作俑者，而且通过灵活运用这些潮流使自己的经济保持了良好的发展势头。美国对信息化的投资不断增加，使得美国成为尖端信息通信领域的软件技术提供者。三大潮流的继续发展，成为美国保持其影响力的源泉。美国是当今经济全球化的最大受益者。

美国向全球强制推行美国等西方大国制定的游戏规则。第二次世界大战以后，美国为首的西方大国为适应经济全球化的需要，成立了国际经济组织，签订了国际经济协定，建立了国际信息网络，它们至今仍然在发挥作用，仍然是世界各国进行经济贸易往来的基本依据。现行的以美国为首的西方大国制定的国际经济法规和规则，是以西方发达资本主义国家的经济社会条件为依据的，执行这些游戏规则，对于经济文化落后的广大发展中国家的经济主权和民族经济必将造成冲击，使发展中国家的国家作用减弱，在全球竞争中处于不利的地位，甚至牺牲部分经济自主权和决策权。很显然，以美国为首的西方大国制定的世界经济游戏规则，有利于西方发达国家及其跨国公司的利益，而对广大发展中国家的民族经济将造成损害，甚至可能导致发展中国家无法行使政府职能。

5.2.5 美国以本国模式为原型推动政治和文化全球化

把美国的政治和文化模式传播到全世界的理想，来源于美国的基本信仰。这种信仰来源于北美殖民时期的新教神学。在北美殖民时期的新教教义中，美利坚民族被称为"上帝选民"，肩负着把上帝的福音传播到全世界的使命。传播的内容除了基督教教义之外，还包括英美式的议会民主制度、资本主义市场经济制度以及个人自由和天赋人权。苏联和东欧社会主义国家的崩溃，被西方国家的学者看作是"资本主义的最后胜利"。美国政府运用全球化的有利时机，把美国的政治、经济和文化模式推向全球。1992年9月布什政府颁布的《美国复兴计划》宣称，美国是自由思想的"最大胆、最明确的体现"，要把美国的价值观变成人类"共同的原则和价值观"，使美国成为各国人民追求自由和民主的"灯塔"。在冷战时代，利用经济手段来促进非市场经济国家政治和文化方面的转化是美国的重要国策。美国用经济援助推动苏联和东欧社会主义国家的和平演变，最终导致了苏联和东欧国家社会制度的转变，这是众所周知的。美国政府深知，经济全球化必然引起政治和文化方面的变化。美国联邦前储备局主席格林斯潘认为，如果美国打算为俄罗斯和其他国家提供帮助，那么它势必要求并鼓励这些国家改变政治体制和文化基础，因为市场经济的推行必然会改变原来的政治和文化结构。事实上，美国对其他国家的政治和文化的影响力都包装在各种各样的经济计划内，使人难以完全拒绝。

在政治方面，美国推动全球化的目的，就是要在全球范围内削弱民族国家主权，从而将美国的所谓"自由""民主""人权"的价值观的影响力扩展到最大限度。通过推动全球化，美国削弱了民族国家行使国家主权的能力和范围。一方面，以美国为首的西方国家把持的国际组织越来越多地取代了国家主权的某些职能，使国家能够行使主权的范围越来越小。这些国际组织为适应全球化而制定的规则，往往会被视为国际规范，进一步限制了国家主权的范围，这就形成了一种恶性循环。另一方面，西方跨国公司的经营模式，使其在经济方面削弱了民族国家主权。美国利用"自由""民主""人权"干涉弱小国家的内政，甚至提出了"人权高于主权"的论调。美国总统布什在2005年开始第二任期的短短20分钟的就职演说中，使用"自由"一词达27次，声称"美国的政策重心将是在全球范围内结束暴政、伸张自由民主"，要"把自由扩散到全世界各个角落",并称"推行这一理想是时代赋予美国的使命"。美国的新保守主义者们以一种"宗教狂热"般的亢奋之态,为布什的"自由""民主"演说高唱颂歌,说它"为政治确立了新的道德标准",是"改变世界的宣言"。可以看出,布什宣称的"伸张自由的使命",正是美国通过"全球化"向"世界每个角落"推行美国制度和价值观的理想和信念,以实现美国的新帝国主义逻辑和独霸世界的强烈欲望。正是在"伸张民主和自由"的大旗下,美国军队曾经突袭巴拿马,将其在任总统诺列加抓到美国审判;绕过联合国发动科索沃战争,肢解南斯拉夫,甚至用违禁武器贫铀弹轰炸平民百姓;用莫须有的情报出兵伊拉克,毁灭古老的巴比伦文明,滥杀成千上万的无辜生命;用所谓的"自由""民主""人权"为武器,凌驾于国际法和公认的国际准则,肆意宣布主权国家为"流氓国家""无赖国家""邪恶轴心""暴政前哨""暴政据点"①"恐怖主义国家"等,在国际舞台上搞"顺我者昌,逆我者亡"。

在文化方面,全球化使美国式的消费文化充斥了全球。联合国开发计划署最近发表的《人文发展报告》称:"当今的文化传播失去平衡,呈现从富国向穷国传播一边倒的趋势";美国的大众文化——电影、音乐和电视——主导了世界。例如,1997 年,好莱坞影片在全世界的票房收入达到 300 亿美元,仅《泰坦尼克号》一部影片就赚了 18 亿美元以上。如果考虑到在世界各地泛滥成灾的盗版情况,好莱坞影片带来的文化影响就更加令人震惊。在好莱坞电影的大举进攻之下,世界各地娱乐业大受影响。法国总理利昂内尔·若斯潘公开宣称,法国将奋起反抗美国文化的主导地位。但是,他的声讨是苍白无力的。据统计,70%以上到电影院看电影的法国人宁愿花钱看好莱坞的影片。1999 年,好莱坞大片《星球大战首部曲:幽灵的威胁》在法国公映,巴黎人排队买票通宵观看,法国 5 家全国性的日报中有 3 家用整个头版篇幅刊登了关于这部影片的报道。对于这种现象,全球化研究权威、伦敦经济学院教授安东尼·吉登斯说,全球化简直就是西方化,或者说美国化,因为美国现在是唯一的超级大国,在全球秩序中处于经济、文化和军事主导地位。许多最明显的文化全球化表现都是美国的东西,比如可口可乐、麦当劳。美国在全球化浪潮中进行的文化渗透,已经引起了各国的警惕。许多国家已经开始扶持本土文化,以抗衡美国的文化侵略。

---

① 2004 年底 2005 年初,美国总统布什、美国国务卿赖斯等,先后在不同的场合,将伊朗、朝鲜、缅甸、白俄罗斯、津巴布韦和古巴 6 个国家列为"暴政据点"。

5.2.6 美国推行全球化战略所追求的核心目标与其传统目标别无二致

作为当今世界唯一超级大国的美国，对全球化的发展具有举足轻重的影响。但是，美国要的并不是各国平等、相互尊重的全球化，而是要使全球化变成全球的"美国化"。美国极力推行的全球化战略所追求的核心目标与其传统目标没有什么区别，就是为了实现全球经济上的"自由化"和政治上的"民主化"，也即美国的价值观和美国制度的全球普及化，所强调的只是要充分利用全球化提供的绝佳条件和环境，进一步推动这一目标的实现而已。美国前国务卿奥尔布赖特 1997 年 9 月 30 日在美国"对外关系委员会"作的题为"在不断变化的时代的持续不变的原则"的讲话中，当谈到全球化问题时讲道，"全球化正在国际上以及国内使大政府时代走向终结，我们在每个大陆都有重要的利益，我们的利益是建立一个我们的价值观得到广泛认同，经济开放，军事冲突得到制止，那些残暴对待他人权利者受到惩罚的全球环境。"当然，在美国看来，尽管"从马尼拉到莫斯科，从合恩角（智利）到好望角，民主已取得支配地位""美国处在国际体系的中心地位"而且"对于美国而言，不存在任何最后的边疆"。尽管美国换了一届又一届政府，但它为了实现既定的全球化战略，在锲而不舍地耐心经营，利用全球化提供的机会，为最终实现全球"美国化"的目标作战略上的长期规划。

5.2.7 "全球美国化"的战略规划内容

一是确保经济优势，并利用这种优势将全球化纳入服务于美国利益的轨道。经济全球化作为全球化的中心内容，自然成为美国全球化战略规划中的核心内容，亦成为美国借机推动对外经济战略的强大助力。在美国看来，全球经济一体化已经是生活中的一个事实，无论对消费者、整个工业，还是对全面的经济增长，都是有利的。因此，最好的指导思想"不是去诅咒全球化，而是要去塑造全球化，使其为美国服务"。如何去塑造全球化，使其为美国的利益服务呢？按照美国的设计，主要包括四项内容：①进一步增强美国自身的竞争力。美国"虽有世界上竞争力最强的经济和生产率最高的工人队伍"，但仍然念念不忘"自强"。为确保长远的竞争优势，除了其他经济、科技领域，特别强调人力投资，即通过提高教育水平、加强培训进一步提高人力素质，以"在全球这个棋盘上，使我们越来越多的公民成为国际象棋中的象或马，而非小兵"。②坚持不懈地推动建立一个"越来越公开和公正的"全球投资与贸易体系，利用有限的援助帮助新兴自由国家创造更好的投资环境，遏制腐败，减少犯罪，以扩大"市场民主圈"。③主导国际金融体系的改革，确保国际经济领导地位。④积极将更多的国家纳入全球经济体系，进而促进这些国家进行认真的民主改革，"支持经济改革的国家更有可能推动民主化的政治改革"。

二是努力促进在国际上形成民主国家的大联合，将推动人权与民主纳入其共同的议事日程，利用全球化孤立并排斥"抵制民主的国家"。在美国看来，与非民主国家相比，民主国家相互之间很少发生战争，迫害公民，制造难民潮，造成环境灾难，及从事恐怖活动，而且民主国家更多是贸易和外交上可信赖的伙伴，无论在国内生活中还是国际生活中，民主都有助于安全与繁荣。所以，民主大联合有其理论的和实践的基础。

三是利用外交和军事手段互为补充，确保美国主导下的全球"和平与稳定"。既然全球化使美国在每个大陆都有重要的利益，全球化又使全球性问题更为突出，美国所受到的影响同其他国家一样都在增大。而全球化带来的问题和危险，不是任何国家独自能够解决或击退的，美国需要和其他国家的合作。阿富汗、伊拉克尽管被美国强大的军事实力征服了，由于缺乏盟国的支持，美国付出了沉重的代价。但是，美国在全球化中，"有许多场合，在许多地方，我们首先要依靠外交来保护我们的利益"，但"我们外交的强大，是因为有我们的军事力量提供的强有力支持"，也就是说，"军事力量，及使用军事力量的可信度，是保护我们关键利益的基本条件。"换言之，能够按照美国的意愿通过合作，即通过以强大军事力量为后盾的外交途径解决问题最好，否则，美国便会毫不犹豫地采取先发制人战略，对不"合作"的国家实行经济制裁，甚至运用高科技手段出兵占领，直至当事国按照美国的价值观念进行改造，"愿意"合作，实现"美国治下的和平"为止。小布什上台以后，美国的野心进一步膨胀，做法更加咄咄逼人。美国利用自己的优势，将全球化纳入美国利益的轨道，别国只能服从美国，听从美国摆布。"历史证明，没有我美国加入，新国际制度的建立就会失败；当由美国领导时就能成功"，所以，别国的合作应该是无条件的，必须服从美国的领导，否则便是"城下之盟"的结局。

四是将美国的生活方式推展到全球。"美国化"甚至还侵入了人们日常生活的各个方面，其中以拉美地区国家所受影响最为突出。有学者认为，拉美地区国家实际上已经大步开始了"美国化"的历程。哥斯达黎加儿童的梦想就是希望父母带他们去迪士尼乐园，如果因为太远或太贵而办不到，他们就希望父母星期天带他们去附近的麦当劳。兰博、超人和蝙蝠侠们几乎没有给当地的英雄留下发展的空间。美国的汉堡包代替了当地的油炸食品，一些美国的习惯已经逐渐渗入到拉美地区人民的骨子里，以至于随着时间的推移，拉丁美洲国家过感恩节也不奇怪了。美国这样一个强大的国家拥有广泛而现代化的工具，"美国化"的首选之地当然就是拉丁美洲这块沃土。而"美国化"最快、最彻底的自然就是离美国最近的墨西哥和哥斯达黎加，美国很容易对这两块土地进行文化扩张。尽管墨西哥等国家许多年来一直在筑铸一道民族主义的屏障，但在"美国化"的强大冲击下，这道屏障正在一步一步地倒退，以至于造成最近几年来，墨西哥和哥斯达黎加对美国的依赖性越来越大，而美国人的行为也越来越大胆。

美国统治者甚至图谋垄断对全球化含义的解释权。《美国国务院1999年人权报告导言》提出了"第三种全球化"，即编织"跨国人权网"。美国前总统克林顿在达沃斯就曾经说过，"由于全球化不仅限于经济领域，我们的相互依存要求我们想方设法迎接增强我们的价值观的挑战。"美国自封为"第三种全球化"的"全球领导者"。

美国从推动全球"美国化"战略中获得了极大的好处。通过推动经济全球化，美国确实获得了巨大利益：大量的国际投资流向了美国，美国持续多年成为全球接受国际投资最多的国家；美国可以较方便地获得大量廉价原料和商品，同时又把自己拥有高附加值的产品及相关的服务出口到国外；大批高素质的人才流向了美国，为美国"新经济"的发展提供了智力基础；在推动经济全球化的同时，美国把自己的政治和文化观念、模式推向了全球。进入21世纪以后，美国在国际竞争力排名表上总是位居前列，成为全球最具有竞争力的国家。美国竞争力委员会主席约克尔森说，"全球化也对美国非常有利""现在我们成为世界标准。"前美国国务卿基辛格也认为："全球化对美国是好事，对其他国家是坏事。"具有讽刺意味的是，美国政府在推行经济全球化的同时，美国自身经济的国际化程度并没有大幅度地增加。据统计，1980年商品和服务的国际贸易在美国国民生产总值中占19%，到1999年，这一比例只增加了24%，英国为54%，加拿大为81%，荷兰为104%，爱尔兰为157%，新加坡则为254%。

实际上，当全球性的金融危机爆发以后，那些体制不健全的发展中国家首先受到冲击，而美国则乘机从中渔利，其经济从金融危机中获得大的增长。例如，东南亚金融危机期间，美国从危机中获得的第一个好处是，大量外资流入美国有利于美国调低利率，第二个好处是，大量廉价的原材料和商品进入美国刺激了美国的消费市场而又不引发通货膨胀。在文化领域，世界产品也只是单向流动，美国的娱乐产品大量涌进世界上每一个国家，并超强度地排斥当地文化或者其他国家的电影、文学、艺术、光盘等产品。所以，经济全球化并不意味着所有人一起沉浮，美国是站在那些处于灭顶之灾者的肩膀上。正如马来西亚前总理马哈蒂尔所说的，美国的"目的是利用全球化和技术发展将世界变成殖民地"。正如英国学者斯特兰奇所说，全球化这个词只是全球"消费口味、文化实践持续美国化的斯文的委婉语而已"。时下流行的另一通用语"全球管理"，其结果也只能是最强国的管理，这正如全球体制的建立理论上应是各成员国合作协商的结果，但实际上它却是一个居支配地位国家，有时是居支配地位的国家小集团战略运作的产物一样。

5.2.8 全球化成为"美国化"基础

美国主导和将全球化变成"美国化"，是有着雄厚的经济、军事和文化基础的。以亨廷顿等为代表的一些美国学者提出了"20 世纪是美国的世纪，21 世纪仍然是美国的世纪"的命题，就是建筑在这种基础之上的。

20 世纪初，美国拥有 7600 万人口，经济正在发展，年增长率为 7.5％。在"二战"以前，与美国不相上下的国家还有大英帝国、强大的日本、德国和崭露头角的苏联。美式资本主义能否成功仍然受到普遍怀疑，连美国人自己也缺乏信心。当时的美国，孤立主义的势力非常强大。如果不是 1941 年日本不宣而战地攻击美国的领土，美国人根本不会主动地参与全球战事。"二战"改变了一切，1948 年成为美国在战后主宰全球地位上升的高潮时期，同时也是美国即将实现核垄断野心的 年。美国在全球各地越来越直接地施展它那不可抗拒的影响力。正是在这一时期，担任《时代周刊》编辑的亨利·卢斯最早提出了"美国世纪"这一概念，"美国世纪"开始露出曙光。整个 20 世纪，整个美国到处洋溢着一往无前的乐观主义精神。

20 世纪的美国之所以能够成为全球巨人，得益于其得天独厚的条件。第一，移民成为美国巨人形成的驱动力。正如当今美国经济增长的驱动力是亚洲和拉丁美洲工人的注入一样，一个世纪前的美国接纳了如潮水般涌来的外国人，其中包括爱尔兰、意大利和中国工人。人批优秀移民的到来，使得美国的交通运输迅速发达。铁路在这块大陆上纵横延伸，四通八达，美国空前丰富的自然资源的开发成为现实，西部偏远地区的农业也迅速繁荣。冷藏铁路车厢的发明，刺激了加利福尼亚州柑橘产业的急剧发展，其标志就是该州 1892 年举办的一次展示——在 14 天内将采摘的柑橘从里弗赛德运到了伦敦，然后由维多利亚女王品尝。

第二，新技术的发展，造成了美国经济和工业的大发展。今天，推动美国乃至全球经济发展的技术是因特网、高级电脑和无线通信，而 100 年前推动美国经济发展的则是运输技术、电话和汽车。1901 年，摩根创建了美国第一家身价十亿美元的企业——美国钢铁公司，从而造成所有人都在谈论着股市，日交易量增加了两倍，华尔街的预言家们讨论着一个新时代的到来，报纸描述着饭店侍者、企业书记员、看门人和裁缝在华尔街大发横财的故事。来自英国和德国的投资者为美国的工业、铁路和养牛场提供着充足的资金，美国的经济和工业前景出现了前所未有的兴旺局面。

第三，美国西部的开发，成为美国巨人成长的经济增长点。1900 年，美国政府似乎小得可笑，当时没有商务部、劳工部和联邦贸易委员会，没有联邦储备委员会。但这个小政府管理着一个似乎比今天还要广阔的国家。东海岸和西海岸的人口居住中心，通过最纤细的纽带联系在一起。1899 年，洛杉矶港破土动工，运河的开通，在东海岸和西海岸之间形成一条有利可图的轮船航道。到 20 世纪 20 年代，洛杉矶成为了西海岸的第四大港口。到 20 世纪 90 年代，它又成为世界第二大港口。

第四，重视高等教育为美国世纪奠定了坚实的基础。20 世纪的两次世界大战，将军事置于技术和经济发展的前沿，同时也使美国的高等教育提高到了世界知名的程度。1947 年，随着"二战"的结束，《士兵权利法案》向老兵提供长达四年的高等教育，此外还有生活费、失业救济金和经担保的住房贷款，还向老兵提供了 5000 亿美元的抵押贷款，250 万退伍老兵进入大学，帮助引发了前所未有的战后繁荣。尽管美国的中小学人员缺乏，经费不足，但美国对高等教育的重视是世界其他国家所不可比拟的。根据经济合作与发展组织收集的数字，到 1999 年底，美国拥有大学文凭的百分比为 25.8%，与英国的 12.8%、德国的 13.1% 和法国的 9.7% 形成了鲜明的对比。

而与当年形成鲜明对照的是，在 20 世纪结束、21 世纪来临的时候，人类生活在一个力量严重倾斜的世界里，美国作为冷战结束后世界上唯一的超级大国，在世界银行、国际货币基金组织和世界贸易组织等国际机构中起着主宰作用，享有世界其他许多国家和地区所没有的繁荣，对世界政治、经济、文化产生的影响无与伦比，具有主宰 21 世纪世界的强烈愿望。而在 21 世纪初，美国拥有 3.2 亿人口，是世界上最强大的经济体，增长速度仍然很快，美国国民的生活水平持续上升，低通胀、低失业，出现了美国历史上少有的繁荣；美国经济不断繁荣，使得拥有职业、家庭和住房的"美国梦"成为千百万人的现实；文化与经济的影响齐头并进，出口的好莱坞电影、摇滚乐和"肥皂剧"电视节目，成为全球共享的精神食粮；英语作为占主导地位的国际语言的传播，保证了广义上的美国文化在今后几十年占据上风；美国的法律和制度的完善，社会权力分配的平衡，是世界上任何一个国家不可比拟的；在全球老龄化趋势越来越明显的今天，人们发现相对年轻的移民人口使得美国未来的税收负担要比老年人口众多并实行高福利政策的欧洲和日本轻得多，即使是在现在，欧洲的债务负担依然沉重，而美国的财政盈余却在日益增加，1999 年美国财政盈余达1227 亿美元。如今，美国人生活在战时凭借武力、和平时期凭借帮助敌人重建而创造的世界当中。在这个世界上，美国关于代议政体、开放市场、私有财产和投资回报的理念已经普及开来，几乎所有的国家，基本上都接受了美国关于私有财产和投资重要性的原则。在这个时代最前沿的行业中，美国都处于顶峰，在设计和生产微处理器、电脑和软件方面，都居于领先地位。美国在世界任何地方都吸引了更多的投资。尽管美国在 21 世纪可能变得过于自大、傲慢和懒惰，以致不愿意为此继续努力，但美国仍然能够维持并激励一个繁荣稳定的世界。

更为重要的是，作为世界上唯一的超级大国，美国时时有一种统治世界的"使命感"。美国总统候选人制定自己的政纲时，都非常清晰地意识到直接面对未来世界的推动力——全球化。全球化是美国最根本的国家利益之所在。全球化对世界其他国家的影响甚至比促进美国的繁荣更为重要。尽管美国在过去的时间里繁荣发展，但其他国家和地区面临着危机、停滞和艰难的重组。世界上大多数最为蓬勃发展且成功的公司是美国公司，这就使得全球化有时看起来像是世界其他地区人民的"美国化"。越来越多的人对国际数字差距产生了忧虑，并担心美国这个巨人将会统治世界，从而在美国与世界其他国家中间产生一种反冲。这种担心是存在的。在未来的全球竞争中，这种差距确实会使其他国家远远落后于美国。但美国绝对不会忽视全球化巨大的潜在利益或潜在代价。美国领导人意识到，全球化是美国最根本的利益所在，美国和世界安全的最大威胁不是其他国家的强盛，而是它们的弱小；其他国家的经济灾难比任何军事威胁更具潜在危险。

正是因为这一切，曾经预言 21 世纪将是"亚洲世纪"的权威人士不得不承认，"美国世纪"远没有结束的意思，而且看来他还能再持续 100 年。20 世纪的最后一年，即 1999 年，美国在全球政治、经济、文化、技术和军事领域的主宰地位得到加强的幅度，远远地超过了 20 世纪的任何一年。法国称美国是"超级大国"，因为在现代史中，还没有一个国家强大得能够与美国相比，更明确地说，所有在战后成为美国竞争对手的国家，都已经被淘汰出局，或者在坐"冷板凳"。美国前国务卿基辛格甚至针对美国人没有意识到美国地位的状况说："今天的美国具有帝国的影响和实力。"

当今世界，人们生活在一个美国的影响比以往任何时候都强大的世界里。美国的国防开支超过所有欧洲国家国防开支的总和，从技术角度来讲，美国的军事力量足以震慑任何潜在的挑战者，而且是没有哪个国家比得上的；在文化领域，很难想象有哪个国家可能拥有像美国文化那样大的影响，欧洲电影业不是美国"好莱坞"的对手，东亚儒家文化尚不能扩展到世界基督教文明的地区，媒体的多样化意味着甚至美国最不怎么样的文化产品都能大举进入全球市场，在流行音乐方面，目前在全球市场只有英国还能与美国抗衡一下，在20世纪即将结束之际，美国唯一没有主宰全球的文化领域可能就是足球了，但随着美国拉丁文化的不断发展，足球世界也将发生有利于美国的变化；在思想领域，益格鲁——美国人的自由民主是现代世界最重要的意识形态主宰者。

5.2.9 21世纪美国仍然主导全球化的因素

21世纪的全球化会不会改变"美国化"的局面，主要取决于五种新型垄断方式：技术控制、全球性资金流动、地球自然资源的利用、数字化与电信、大规模摧毁性武器。美国在21世纪能够继续占据全球主宰地位、主导全球化的发展路径的关键因素在于：

第一，美国在以信息技术为代表的高新技术领域的突破性进展，使得美国经济跃上了超越竞争对手的全新的技术平台，同时也是决定美国能够在21世纪的国家竞争力的关键领域处于世界领先水平的主要因素。科技进步是支撑美国经济持续增长的内在原因。20世纪末开始，社会和技术之间，以及技术同财富之间的联系日益紧密。随着全球经济的重点逐渐从20世纪中期的大规模生产转向信息技术，越来越明显的趋势是，大多数具有创新精神和适应性强的企业将成为最有可能成功的企业。同样，这些企业的创新使得它们的国家得到经济发展的优势，而这些国家的开放性又使这些企业的不断创新成为可能。因此，从20世纪70年代开始，实行自由政策的国家获得的经济优势越来越多。这种趋势到90年代就表现为：封闭的社会不仅无法得到经济优势，而且在强大的开放社会面前表现得手足无措。谋求安全感的德国人，自恋的法国人和善于模仿的日本人突然发现自己正处于长期的劣势，而创造了惊人财富的这代美国人也突然发现没有人能够超过他们。与欧洲、日本及许多第三世界国家相比，过去十年中美国最重要的发明"因特网"，很快就成为发达国家互相沟通的必不可少的方式，同时也成为无可匹敌的联系生产者和消费者的一种手段，以及出类拔萃的信息来源，迫使其他国家迅速接受美国的这项发明。同时，美国的经济发展孤身独进，独领风骚，在以高新技术为主导的"新经济"领域把竞争对手远远地甩在后面。最近二三十年崛起的美国大公司，如微软、因特尔、沃尔玛、亚马逊等，无不建立在高新技术基础上。这就是在20世纪90年代，日本等其他国家饱受泡沫经济之苦，而高速发展的美国却不完全是泡沫经济的原因。全球大多数资金纷纷流入掌握着先进技术的一些美国人和跨国公司的腰包,小型的和传统的企业不是表现平平,就是日渐衰落。1999 年春天,道琼斯指数一直处于波动状态,但以技术股为主的"纳斯达克"的行情却正在暴涨。正如美国联邦储备委员会主席艾伦·格林斯潘所说,信息技术是美国生产率增长的动力。信息技术革命成为美国实现全球化网络化的手段,可以认为,能够最大限度地扩大势力范围是"美国式网络资本主义"的特征。美国利用信息技术掌握全球经济的霸权,并且把世界纳入美国市场的网络,结果形成了美国从世界吸收物质、资金和服务的格局。贸易逆差的格局已经在美国扎根,2000 年美国的贸易逆差将突破 4000 亿美元。经常性项目赤字成为美国网络霸主强大的副产品。美国利用流入的外资抵消了经常项目赤字。美国 1999 年的金融收支是 3780 亿美元,比上一年增长 44.4%。世界多达 7500 亿美元以上的剩余资金流入美国,其中 3700 亿美元经对冲基金和机构投资者之手再分配到世界。因此,这也是美国式网络资本主义的实力所在。贸易逆差扩大成为美国企业增强竞争力的代价。美国沉重的经济负担编织起了网络,而且正在膨胀。这一现实给世界经济带来了令人恐惧的课题。

第二,美国经济制胜的一个很重要的原因就是美国人特殊的民族性。美国科技教育界不像欧洲那样保守重传统,也不像日本那样仅满足于小打小闹的技术渐进主义。他们追求的是开天辟地的大突破。美国早在 1971 年就建立了为技术风险投资服务的纳斯达克市场,在该市场上上市的股票今天已经超过了5000 家。而欧洲直到 20 世纪 90 年代中期才搞起了同类市场,至今上市股票不过区区数十家。另外,作为"新经济"必要基础的网络终端器的数量和普及度、个人金融信用、配送服务设施、与电子商务相关的法律制度等方面,美国远远超过其竞争对手。美国得克萨斯大学最近完成的一份研究报告指出,1999年美国网络经济的年度总营业收入达 5000 亿美元,增长率整整是美国经济增长率的 15 倍,网络就业人口高达 250 万人,比 1998 年大幅增加 65 万人。到2000 年 6 月,美国经济保持高速增长 111 个月,改写了历史最高记录。这些优势,无疑成为美国经济"独美"天下的基础。

第三,支撑"美国世纪"的主要因素是因为美国具有一大批在世界上一流的企业和公司。21 世纪是跨国公司主宰的世纪。谁拥有一流的企业,创造出一流的名牌产品,谁就拥有世界。2000 年,《财富》杂志排名的世界企业 500强中,美国就达 179 家,其收入比上一年增加了 11%,为 1998 年增长速度的两倍多,利润也增加了 21%。全球 100 家大公司中,美国占有 36 家。其中第一、第二、第三、第四名分别为美国的通用汽车、沃尔玛特百货公司、埃克森美孚石油公司、福特公司。英国《银行家》杂志公布的全球 100 家大银行中,美国达到 199 家。这些大公司和大银行，每一个都是巨大的金融帝国，富可敌国。美国的跨国公司，在收获着国内经济 9 年持续增长及世界上大部分国家经济强劲增长的成果。它们是支撑 21 世纪美国经济的支柱。

第四，美国经济成功还要归功于 20 世纪 80 年代以来的企业重组和精简。应当说，是"技术英雄"比尔·盖茨们和"管理英雄"杰克·韦尔奇们共同创造了美国今天的繁荣。在自由派经济学家看来，美国 20 世纪 80 年代以来大规模的企业重组和精简，恢复和捍卫了企业追求利润、企业首先服务于出资人的传统宗旨，而不像欧洲（办企业为社会）、日本（办企业为员工）、中国（办企业为政府）的企业，陷于重重利益冲突而不能自拔。大量银行和公司的破产倒闭，大批裁员，其中美国电话电报公司一家就裁员 300 万，这在其他国家是不可想象的。正是美国公司这种以提高核心竞争力为目标的大刀阔斧的企业重组和精简，使得 1989 年日本"不先生"石原慎太郎"美国没有希望了"的预言终于落空。回想 80 年代以汽车和家用电器为代表的价廉物美的日本货充斥美国市场、日本投资者疯狂收购美国产业的情景，再看看今天美国通用电气、通用汽车、福特等老公司仍然巍然屹立，杰克·韦尔奇们真是功不可没。

第五，美国经济一枝独秀的原因还依赖于当今独特的国际经济结构。今天美国经济的高增长、高就业、低通胀和美元坚挺固然基于美国的竞争优势，但美国经济的出奇繁荣和美国以外地区的相对萧条，无论如何都是有悖经济学常理的。过去人们看到的不是美国经济出汗、其他国家发烧，就是美国经济打喷嚏、其他国家着凉感冒。但是，这次的情况是，美国经济在出汗，而其他国家的经济几乎都是在打喷嚏或感冒。其中的奥秘在于，最近几年来，世界经济中一些暂时的、不平衡的因素，使得美国的繁荣和美国以外地区的萧条互相依赖、互为因果。从表面上看，欧洲经济增长的缓慢、日本的停滞和第三世界许多地区的严重衰退，对美国应该是不利的环境。而实际上这却是支撑美国经济繁荣的条件。因为美国以外地区的萧条，导致了全球性传统产业生产能力的过剩，进而压低了价格，减少了美国进口成本。据统计，1996～1998 年，因进口成本降低，每年拉下了美国消费价格指数一个百分点。同时，美国以外地区的不景气又使得美国能以低利率而又不导致美元贬值的条件从国外融资，以弥补其贸易经常项目的赤字。这样，美国的高就业、高消费、高投资、低储蓄和巨大的贸易赤字所带来的通货膨胀压力得以抵消。

第六，世界经济全球化是美国经济得以持续增长并能在 21 世纪保持其霸主地位的外在原因。信息技术推动了全球化，迄今为止，世界上只有美国抓住了这次难得的机会。经济全球化使企业依靠粗放经营和简单降价的传统方式来增强自身竞争力的余地缩小，迫使它们在利用科技进步方面以及提高劳动生产率上下功夫。因此,科技进步和经济全球化互为因果,科技进步加快了经济全球化的进程,而经济全球化的加快和加深,又反过来使科技进步的竞争更加激烈。

第七,美国宏观经济调控政策的有效和得力是美国经济持续增长的保证。有人认为,美国"新经济"的基础是里根政府,克林顿政府只不过是享受了结果。这话有一定道理。但美国政府娴熟的宏观调控措施,特别是成熟的财政政策和货币政策,使得美国经济发展非常有效率。美国摆脱了战后经济长期萧条的局面,国民经济温和稳定增长,股市屡创新高。这样,美国经济一方面有物质基础,有科技进步、高技术产业和跨国公司的支撑;另一方面在经济全球化过程中有被它所控制的国际经济组织作保证;此外,又有得力的宏观经济组织调控政策,从而使经济持续增长。

第八,支撑美国霸权地位的另一个支柱性因素就是它的军事力量。美国军事力量已经覆盖全球,美国军队在世界上分地区建立起相关司令部,号称全球都是它的势力范围。美国的全球战略有五个目标:打压并征服三强中的另两强(欧洲和日本),削减其脱离美国轨道行事的能力;建立北约组织的军事控制权,同时对苏联的残余部分实行像当年建立其后院那样的"拉美化";对中东和中亚尤其对石油资源施加决定性影响;搞垮中国,保障其他大国(印度和巴西)对美国的顺从,防止建立有能力就全球化问题进行谈判的地区集团;把缺乏战略地位的南方地区置于次要地位。美国就是依靠这种强大的军事力量,在世界上推行其"美国主导、大国协商、小国服从"的单极化战略,它不会容忍其他任何计划,甚至北约盟国提出的计划,尤其不能容忍存在某种程度的自主权(如中国的做法)的计划,如有必要,它将凭借其强大的军事力量加以摧毁。

5.3 "反全球化"的重心是反对推动

全球化的国际组织

当今世界最主要的国际组织有国际货币基金组织、世界银行和世界贸易组织。它们分别管理着世界经济中的货币领域、投资领域和贸易领域,控制和影响着世界经济发展进程中的生产、流通和消费领域。在某种程度上说,世界经济全球化的发展状况直接是由这三大经济组织决定的,它们是全球化游戏规则的制定与实施者，"是全球性法律原则、规则和制度的创建者""是全球性规则的组织实施者与监督者""是全球化进程的管理者""是全球化进程中的争端解决者"。因此，很多人将这些国际组织看作是全球化的支柱或化身，正如美国学者罗伯特·吉尔平所说，"对所有那些出于自己的目的或为了世界问题而指责全球化的集团和个人来说，世界贸易组织、世界银行和国际货币基金组织已经成为全球化的标志。"因此，全球化带来的一系列消极后果，都与这三大国际组织密切相关，所以反全球化运动的组织者和发动者，将反全球化的重心对准国际组织也就不足为奇了。

5.3.1　全球化规则的制定者是富国的"代理人"

全球化的运行规则主要由国际组织施展，到目前为止，各国政府已经创建了 250 多个国际性政府组织，其中包括联合国、欧盟、世界贸易组织以及许多不知名的组织。国际货币基金组织、世界银行、世界贸易组织等这类重要的世界性经济组织，它们本身并不是贪得无厌的魔鬼，在过去 50 多年里，这些世界性组织对全球的发展，对消除地球上的贫困，做出过有目共睹的业绩和重要的贡献。但是，作为制造全球化规则的国际货币基金组织、世界银行、世界贸易组织等这类重要的组织，实际上被美国等大的富国所控制，成为富国在全球范围内的代理人和发言者。

众所周知，经济全球化的浪潮主要是由发达国家掀起的，是以发达国家在国内已经实行过且证明对他们有利的游戏规则来界定各项标准的。而为发达国家控制与主导的世界贸易组织、国际货币基金组织和世界银行，在制定全球化的游戏规则和制度时，只以那些发达的富国为模型，在这些国家已经实行的国内规则的基础上修修补补，然后推广到世界，并要求世界上所有的国家和政府向这些规则看齐。很显然，全球化的规则，适应富国而不适应穷国，在某种程度上只是富国国内规则在世界上的延伸。所以，在全球化的潮流中，许多发展中国家抱怨说，世界性的经济组织只是发达国家的御用工具，是富国推行富国价值观念、经济模式乃至政治模式的"代理人"，它们根本不考虑穷国的利益和要求，不考虑人的基本需要，而只考虑它们自身的利益和利润，毫无公平可言。最典型的例证是，东南亚、俄罗斯与拉丁美洲等地发生金融与经济危机过程中，发达国家所控制的这些国际金融机构与这些国家讨论实施援助计划时，往往提出极其苛刻的条件，胁迫各国服从。

在全球资本主义体系下，世界银行和国际货币基金组织几乎控制着全球的资本市场，而世界贸易组织则被认为是西方资本主义控制下的"贸易联盟"和

"世界贸易警察"。正是因为国际货币基金组织等国际性组织在全球化过程中的这种作用，所以它们成为人们抗议的主要对象和遭人讥讽较多的国际机构，不管是左翼人士还是右翼人士、基层人士还是高层人士，条件差的南部国家还是发达的北部国家，都几乎对这些国际组织不满。

以控制全球资本市场的国际货币基金组织为例，反对全球化的学者列出了它的七大罪状：第一，这个组织没有继续存在下去的理由。国际货币基金组织是在第二次世界大战以后建立的，其目的是向那些收支差额存在问题的国家提供帮助，从而使国际货币体系的稳定得到保证。但自各国市场利用浮动汇率来显示货币价值之后，国际货币基金组织就没有什么实在的用处了。国际货币基金组织仅仅是作为负责管理市场的自由运作，而在它考虑发展问题时，它发挥的是与世界银行同样的作用，因此，它应该与世界银行合并。第二，这个组织促使一些国家作出一些轻率的举动。国际货币基金组织向一些国家承诺，它起的作用与风险承保人是一样的，在一个国家需要它的时候，它可以通过干预避免该国出现破产。这样，就鼓励了一些国家采取一些冒险的举动。第三，这个组织奉行的始终是"单一思维"。主持这个组织工作的是一些"技术治国论者"，它们几乎都有一种"巴甫洛夫式的倾向"，就是当一些国家遇到难题要求国际货币基金组织帮助的时候，他们总是不加区别地在世界各地把同样的一些解决办法强加于人，并且提供的帮助始终是有"附加条件"的。第四，以强加于人的措施打击那些最贫穷的国家。私营部门的企业家或外国投资者，他们的投机行为刺激了投机经济的形成。而国际货币基金组织要求采取的紧缩疗法首先损害的却是那些最贫困的居民。因为对经济的整顿往往意味着将不再对生活必需品给予补贴，而且总会在一段时期内导致物价的大幅度上涨。第五，干预发展中国家的内部事物。国际货币基金组织的作用就像一个超国家的政府，不加协商地任意对发展中国家的内部事物进行干涉，使得受干预的发展中国家很少有自己的独立性，难以作出自主性的选择。第六，大国的代言人。国际货币基金组织本身的条例规定，其主要出资国掌握着对世界事物的决定权。美国为国际货币基金组织提供了 18% 的资金，这样它就拥有大约 1/5 的否决权。在国际货币基金组织采取一个重要的措施时，美国几乎拥有完全的决定权。在其他西方大国的支持下，它可以得到一个名副其实的"自然而然产生的多数"的支持。正像韩国三星物产公司的一个领导人所说，在国际货币基金组织内，谁出了钱谁就有权决定游戏规则。第七，粗暴干预给被干预国带来了痛苦。国际货币基金组织往往在危机爆发后进行为时过晚的干预，这时采取的任何疗法都会给这些国家带来痛苦。尽管这个组织始终注视着世界各国经济的发展，但它诚心地进行某种预防性的干预却极少，且从不公开表露它对这个或那个国家的金融状况有什么担心，而且也缺乏能力预测一国经济危机对另一国经济发展产生的影响。因而，这就为整个世界金融体系带来潜伏的风险。

因此，诺贝尔经济学奖得主斯蒂格利茨指出，全球化的根本问题在于游戏的规则是由发达国家制定的，而发达国家却按照自身利益制定了这些规则，更准确地说，是为了确保金融寡头和大公司的特殊利益。经济的全球化已经超越了政治的全球化。

5.3.2　世贸组织只是发达国家的"代言人"

世贸组织是全球贸易的掌门者，它的政策直接决定着全球贸易规则的制定和贸易方向的发展，与世界上各个国家的利益息息相关。因此世贸组织在反全球化运动中受到的批评和攻击最大。

表面上世贸组织奉行民主原则，决策由成员国主导，各国有平等投票权。但实际上世贸组织往往在议事规则上采用秘密的、非民主的结构和进程推行，推行反人民、反自然的政策。

各民族国家在签订这些条约或规则时，往往受到谈判过程中某种外部强力的制约，规则所规定的并不一定与各国提出的最优政策选择相一致，强国往往能够支配弱国。同样拿世贸组织来说，现实中世贸组织的各项议题往往被大国操纵，美国驻瑞士日内瓦专责贸易谈判的专业人员就达 14 人，欧盟除了各成员国派驻的代表外，另外还有欧洲委员会派出的 18 人，日本和加拿大的贸易代表则分别有 23 人和 12 人之多。而发展中国家呢，大部分常驻日内瓦的贸易代表编制只有 2~5 人。这些弱势国家的代表，在资源不如人的情况下，代表着自己的国家在世贸组织和其他 20 多个国际机构中发言。20 多个最不发达国家在世贸组织中甚至没有常驻代表。出席世贸组织部长级会议的代表团人数更是相差悬殊。在多哈部长级会议上，欧盟派出 508 人的代表团，日本、加拿大和美国的代表团分别为 159 人、62 人和 51 人，而像马尔代夫这样的小国，只能派出一两人参加，西半球最贫困的国家海地，则没有派出 1 人。世贸组织每年大约举行上千次大小会议，再加上近 400 个正规会员会议、500 多个非正式会议与 90 多个研讨会，很显然，常驻代表的多少，代表团成员的大小，直接关系到其在会议中的参与程度和影响力，关系到在规则制定中的话语权。发达的强国始终掌握着规则的制定权，弱国没有能力、精力与强国进行周旋和讨价还价。即使发展中国家采取委托代理这种以一致性为基础来制订规则的特殊形式，将权力委托给某个国际组织时，由于规则建立需要交易成本，弱国无法承受过高的谈判成本，因此有时只能被迫勉强接受自己不喜欢的规则。

5.3.3 国际组织实际上是富人俱乐部的政治宴席

当今世界影响较大的重要国际组织凡涉及关键的经济决策和重大利害关系的问题，其决定权完全在大国特别是少数西方发达国家手中，成为富人俱乐部的议事厅。在国际货币基金组织内，"谁出了钱，谁就有权决定游戏的规则"。例如，美国在国际货币基金组织中所提供的资金占 18%。因此，它就拥有 1/5 的否决权，而在该组织采取每一个重要措施时，美国还拥有几乎完全的否决权。2011 年国际货币基金组织总裁卡恩因性丑闻下台，发达国家无视新兴经济体的声音，异口同声强调总裁一职仍然要由欧洲人担任。在世界银行中，迄今为止，行长全是由美国人担任，按规定，一切重大问题应由成员国投票决定，股份越多，表决权越大，美国拥有的表决权超过数十个发展中国家拥有的表决权。在世界贸易组织内，重大决策必须首先征得美国、欧盟、日本、加拿大四国的同意。至于那个所谓的国际法院，通常只对弱小的发展中国家领导人签发所谓"战争罪"的逮捕令施威，诸如对萨达姆、米洛舍维奇、巴希尔、卡拉季奇、卡扎菲这样的政治家，相反在成千上万的针对美国、欧洲等发达国家的犯罪指控书前，连看都不看一眼，生怕惹得美国等大国龙颜大怒。所以，在经济全球化进程中，许多发展中国家抱怨说，世界性的经济组织只是发达国家的御用工具，是他们推行其价值观念、经济模式乃至政治模式的代言人，他们只考虑其自身的利益与需要，很少考虑不发达国家的利益与要求，毫无公平可言。例如，按照比较优势原则，发展中国家的廉价劳动力应该向发达国家流动，发达国家的技术、资金应该向发展中国家流动，但国际规则是发达国家主导制定的，他们限制劳动力的自由流动。

退一步讲，即使是经济全球化的规则是由那些规则制定者按照世界各国的情况平均加权后制定出来的，也同样存在着形式上的平等而实际上的不平等。这是因为发达国家与发展中国家在这种貌似平等的全球化规则面前，竞争的起点不同，结果不言自明。如果以拳击比赛作比喻：一边是超重量级，一边是最轻量级，它们之间的胜负，不战自定，更不用说规则有利于前者了。有人说，在经济全球化进程中，发达国家与发展中国家之间的竞争好比是一辆在高速公路奔驰的豪华轿车与一辆在泥泞小道行使的马车进行比赛，这是很有道理的。

即使全球化的规则是那些规则制定者按照世界各国的情况，平均加权后制定出来的，也同样存在着形式上的平等而实际上的不平等。这是因为穷国和富国在这种貌似平等的全球化规则面前，起跑时的起点不一样，广大发展中国家在全球化的浪潮中处于明显的劣势地位。比如说，发达国家使用的是现代化的机器生产，而发展中国家则大部分生产还停留在手工劳动阶段；发达国家的生产总值主要依靠知识和信息获得，而发展中国家的生产则仍然停留在非常原始的粗放阶段；发达国家掌握了全球化所需要的一切制度安排，而发展中国家则对此茫然无知。由于生产力和科技水平的差异和总体上的垄断性，发达国家通过经济的全球化大举进入和占领发展中国家的市场、发达国家依仗技术和设备的优势，利用知识产权等措施和法律手段，不仅掠夺性地大量开发和廉价占有发展中国家的生产资料、人力资源，而且以昂贵的价格向发展中国家出售技术和知识产品，使发展中国家在经济的持续和良性发展方面受到严重影响，资源得不到有效的开发、利用和保护。发达国家在市场经济的轨道上发展了几百年，不需要转轨成本，而发展中国家从原有的规则上转轨到新规则上要付出沉重的成本。起点的差距如此之大，现在却要使用同一个规则去进行竞争和赛跑，胜负的结局不是早已定论了吗？

正是因为国际组织的这些所作所为，反全球化运动者批评说世贸组织推行的贸易自由化进程并不均等，相关规则对发展中国家是一种歧视，"缺乏透明度、只照顾公司的利益和不关心欠发达国家的利益"；世贸组织正沦为西方发达国家，尤其是美国向全球推行新自由主义的工具。

5.4 "反全球化"运动的目标是反跨国公司

5.4.1 跨国公司是全球化的象征或化身

在"反全球化"运动中，跨国公司常常成为"反全球化"运动攻击的对象，有人甚至称"反全球化"运动就是"全球反公司运动"或"全球反公司斗争"。

20世纪80年代以来，全球化迅猛发展，其中跨国公司在这场全球化浪潮中发挥着重要的作用。可以说，没有跨国公司的参与和推动，也就没有当今全球化浪潮。国际货币基金组织甚至这样来定义全球化："全球化是指跨国商品与服务交易及国际资本流动规模和形式的增加，以及技术的广泛迅速传播使世界各国经济的相互依赖性增强。"可以说，没有跨国公司的参与和推动，就没有全球化运动的发展。

跨国公司对全球化运动的发展所作出的贡献主要表现在下面几个方面：

首先，跨国公司推动了生产要素的全球流动，带来生产的国际化。全球化是各国市场和生产相互依存程度不断加深的过程，它的重要标准是原料、商品、服务、劳动力、信息等生产要素在全球范围内自由流动、实现资源优化配置，从而提高劳动生产率的过程。客观地说，自 20 世纪 80 年代以来，各国市场开放程度的日益加深，大大促进了各种生产要素的全球流动，依据比较优势原则而确立的全球劳动分工体系逐渐形成。在这一过程中，以追逐利润最大化为目标的跨国公司起到不可替代的作用，真正的资源在全球范围内的优化配置以及生产国际化，只有在跨国公司内部才体现出来。跨国公司日益在全球范围内安排其生产和销售活动，它把原来集中于一家大型企业中的基本生产过程分成几个相对独立的环节，并且依据比较优势原则，将各个环节分别转移到不同国家或地区进行，于是从过去市场自发形成的国际分工转向更多地由跨国公司有意识地、自觉地进行的分工，国际分工得到扩大和加强，生产国际化进程进一步加深。

其次，跨国公司推进了世界范围内的贸易全球化。自 20 世纪 80 年代以来，随着各国市场的开放以及各种壁垒的消除，自由贸易原则的全球化扩张以及全球贸易额的迅猛增长，已成为经济全球化一个重要特征。进入 20 世纪八九十年代后，国际贸易的增长速度已超出全球经济增长速度，这是全球化时代一个特有现象。2000 年，全球贸易额接近 10 万亿美元，比 1999 年增长 4.5% 左右，而全球增长比 1999 年仅上升 1.2% 左右，其中美国进出口贸易额增长幅度为 6.5%，中国进出口贸易额增长幅度更是高达 18%。值得注意的是，民族国家市场所扮演的传统贸易角色目前正逐步被跨国公司所代替，跨国公司越来越成为国际贸易中的主导力量。2001 年的统计数据表明，分布在全球各地的 6.3 万家跨国公司，竟然占据国际贸易的 60% 以及国际技术贸易的 70%。就拥有跨国公司最多的美国而言，1994 年，公司内部贸易——同一家公司中各子公司之间的贸易——占美国出口的 1/3，占美国进口的 2/5；日本和美国之间大约一半贸易实际上在公司内部进行。由此可见，世界上的贸易，大多是跨国公司的内部贸易，或者说是跨国公司母公司和子公司之间的进出口贸易。

再次，资本全球化是全球化的一个重要组成部分，跨国公司是资本全球化的主导者和推动者。随着国际市场开放程度的逐步加深，为拥有大量剩余资本的跨国公司寻求出路和增加收益提供了条件，全球对外直接投资由此出现急剧增长势头。在这些数额巨大的国际直接投资中，90% 以上属于跨国公司投资，跨国公司成为国际直接投资的最主要参与者。

最后，科学技术的创新与传播是全球化进程得以推进的重要动力，而跨国公司在其中起到最直接、最重要的作用。当前强大的科技创新能力，越来越成为跨国公司的核心竞争力。为此，几乎所有跨国公司都不惜投入巨资。

5.4.2 "资本"要素的趋利本性推动了全球化

跨国公司作为资本的化身，在全球寻找获利的机会。无论何地、何时、为什么、如何、为谁、与谁投资，其目的都是获取最大的利润。因此，今天的全球化是在自由化、缺乏规则、私有化和竞争的环境中发展的。这种资本的自由化从未像今天一样被世人所接受，因为资本与各种新技术是被等同看待了，因此也与被认为是主要推动力和生产力的进步等同看待了。

跨国公司从全球金融市场和全球股票市场获得资金，而这些市场要求的是最大的利润和无情的效率。通常科技能够带来这种效率，而员工则经常被认为是阻挠效率、拉低利润的累赘。全球高达 100 万亿美元以上的衍生金融商品在流动，在寻找机会牟利，它们像一只张开血盆大口的笼中老虎，一旦发现有利可图，便会猛冲出去。在世界的任何角落里，都有金融资本在无情地追逐着利润。布莱恩（Lowell Bryan）与法瑞尔（Diana Farrell）共同写了一本《脱缰的市场》（Market Unbound），指出了这个残酷的现实："全世界已刮起残酷无情的追求利润之风。股东和投资市场已成为全球资本主义的核心。投资者要求资金的利得不能低于全球市场的标准……世界各地缺乏警觉的公司和企业，迟早会被淘汰。"

跨国公司张开血盆大口，所到之处，从消费者身上吞噬着巨额利润，并将自身铸造成为财富的巨无霸。最新发布的报告显示，2019 年全球品牌价值前十名的苹果、谷歌、亚马逊、微软、可口可乐、三星、丰田、奔驰、麦当劳和迪士尼，每一个的品牌价值都富可敌国，它们每到一处可以说是所向披靡（见表 5–1）。

表 5–1　2019 年全球品牌前 50 强

排名	品牌	所属地	领域	品牌价值 / 年增长率	母公司
1	苹果（Apple）	美国	科技	2342.41 亿美元 /+9%	
2	谷歌（Google）	美国	科技	1677.13 亿美元 /+8%	Alphabet
3	亚马逊（Amazon）	美国	科技	1252.63 亿美元 /+24%	
4	微软（Microsoft）	美国	科技	1088.47 亿美元 /+17%	微软公司
5	可口可乐（Coca-Cola）	美国	饮料	633.65 亿美元 /–4%	可口可乐公司
6	三星电子（Samsung）	韩国	科技	610.98 亿美元 /+2%	
7	丰田汽车（Toyota）	日本	汽车	562.46 亿美元 /+5%	

续表

排名	品牌	所属地	领域	品牌价值/年增长率	母公司
8	梅赛德斯奔驰（Mercedes-Benz）	德国	汽车	508.32 亿美元 /+5%	戴姆勒集团
9	麦当劳（McDonald）	美国	餐饮	453.62 亿美元 /+4%	
10	迪士尼（Disney）	美国	媒体	443.52 亿美元 /+11%	华特迪士尼公司
11	宝马（BMW）	德国	汽车	414.40 亿美元 /+1%	宝马集团
12	国际商业机器（IBM）	美国	商业服务	403.81 亿美元 /-6%	
13	英特尔（Intel）	美国	科技	401.97 亿美元 /-7%	
14	脸书（Facebook）	美国	科技	398.57 亿美元 /-12%	
15	思科（Cisco）	美国	商业服务	355.59 亿美元 /+3%	
16	耐克（Nike）	美国	体育产品	323.76 亿美元 /+7%	
17	路易威登（Louis Vuitton）	法国	奢侈品	322.23 亿美元 /+14%	LVMH 集团
18	甲骨文（Oracle）	美国	商业服务	262.88 亿美元 /+1%	
19	通用电气（GE）	美国	多样化	255.66 亿美元 /-22%	
20	思爱普（SAP）	德国	商业服务	250.92 亿美元 /+10%	
21	本田（Honda）	日本	汽车	244.22 亿美元 /+3%	
22	香奈儿（Chanel）	法国	奢侈品	221.34 亿美元 /+11%	
23	美国运通（American Express）	美国	金融服务	216.29 亿美元 /+13%	
24	百事可乐（Pepsi）	美国	饮料	204.88 亿美元 /-1%	百事公司
25	JP 摩根（J.P.Morgan）	美国	金融服务	190.44 亿美元 /+8%	摩根大通
26	宜家（IKEA）	瑞典	零售	184.07 亿美元 /+5%	
27	联合包裹服务（UPS）	美国	物流	180.72 亿美元 /+7%	
28	爱马仕（Hermes）	法国	奢侈品	179.20 亿美元 /+9%	
29	ZARA	西班牙	服饰	171.75 亿美元 /-3%	Inditex 集团
30	H&M	瑞典	服饰	163.45 亿美元 /-3%	
31	埃森哲（Accenture）	美国	商业服务	162.05 亿美元 /+14%	
32	百威（Budweiser）	美国	酒类	160.18 亿美元 /+3%	百威英博集团
33	古驰（Gucci）	意大利	奢侈品	159.49 亿美元 /+23%	开云集团

续表

排名	品牌	所属地	领域	品牌价值/年增长率	母公司
34	帮宝适（Pampers）	美国	快消品	157.73 亿美元/-5%	宝洁公司
35	福特（Ford）	美国	汽车	143.25 亿美元/+2%	福特汽车公司
36	现代汽车（Hyundai）	韩国	汽车	141.56 亿美元/+5%	现代起亚集团
37	吉列（Gillette）	美国	快消品	137.53 亿美元/-18%	宝洁公司
38	雀巢咖啡（Nescafe）	瑞士	饮料	136.05 亿美元/+4%	雀巢集团
39	Adobe	美国	商业服务	129.37 亿美元/+20%	
40	大众（Volkswagen）	德国	汽车	129.21 亿美元/+6%	大众汽车集团
41	花旗（Citi）	美国	金融服务	126.97 亿美元/+10%	花旗集团
42	奥迪（Audi）	德国	汽车	126.89 亿美元/+4%	大众汽车集团
43	安联（Allianz）	德国	金融服务	120.78 亿美元/+12%	
44	eBay	美国	零售	120.10 亿美元/-8%	
45	阿迪达斯（adidas）	德国	体育产品	119.92 亿美元/+11%	阿迪达斯集团
46	安盛（AXA）	法国	金融服务	118.30 亿美元/+6%	
47	汇丰（HSBC）	英国	金融服务	118.16 亿美元/+5%	
48	星巴克（Starbucks）	美国	餐饮	117.98 亿美元/+23%	
49	飞利浦（Philips）	荷兰	电子	116.61 亿美元/-4%	
50	保时捷（Porsche）	德国	汽车	116.52 亿美元/+9%	大众汽车集团

资料来源：笔者自行整理。

5.4.3 跨国公司侵蚀了弱势群体拥有的一切

5.4.3.1 跨国公司对民族主权构成越来越大的挑战

1976 年，查耶夫斯基（Paddy Chayefsky）写了一部电影叫《荧光幕后》，作者借剧中企业大亨亚瑟·简森之口，生动地预言了全球化时代资本追逐利润的贪婪：

"毕尔先生，你真是老了，满脑子还只有国家民族。现在已经没有什么国家了！也没有什么民族了！没有俄国人！没有阿拉伯人！没有第三世界！没有西方！只有一个综括所有系统的大系统，一个庞大、交织、互动、多元、跨国的金钱国度！油元、电元、德国马克、卢布、英镑和以色列币！国际货币系统决定了这个星球上的生活！这是组成当今所有事物的原子、次原子、基本结构！"

"毕尔先生，你在小小的 21 英寸电视屏幕里，高谈美国和民主。现在已经没有美国了，没有民主了。现在只有 IBM、ITT（国际电话电报公司）、AT&T（美国电话电报公司）、杜邦、道氏化学（Dow）、联合碳化物和埃克森（Exxon）石油。这些才是现代世界的国家。"

"我们已经不是生活在由国家和意识形态组成的世界里，毕尔先生。现代世界是由企业组成的，注定要由商业铁则决定一切。全世界都是个大企业，毕尔先生！自从人类生活开始改善，就是这个样子，而且，毕尔先生，我们的子女会活着看到没有战争、没有饥荒、没有迫害和暴行的完美世界，只有一个庞大的控股公司，所有人都将为这个公司工作，促进共同的利益。在这个公司里，所有人都将拥有一股股票，所有必需品都能得到供应，所有焦虑、不安都会得到安抚，所有无聊都有娱乐排解。"

英国学者安东尼·吉登斯指出，在全球化时代，"商业公司，尤其是那些跨国公司，拥有巨大的经济权力，并具有影响本国基地和其他地方的政治决策的能力"。跨国公司拥有巨大的经济能力，是全球经济中重要的经济实体，每一个跨国公司都富可敌国。全球 100 个最大的经济实体中，其中 51 个是市跨国公司，只有 49 个是民族国家。如果把微软公司看作一个国家经济实体的话，它可以排在前 20 位。因此，财大就会气粗，当跨国公司的利益与民族国家的利益发生冲突时，跨国公司总是依仗自身强大的经济实力对民族国家进行要挟，从而对民族国家的经济或社会方面的职权构成严峻的挑战。特别是对一些需要吸引外资的发展中国家来说，跨国公司依仗其拥有的雄厚资本，经常要挟发展中国家做出种种让步，使得发展中国家不得不让渡一部分国家主权，有些跨国公司甚至企图左右发展中国家的经济和社会事务，从而直接威胁到民族国家的主权。

5.4.3.2　跨国公司破坏了生态环境

跨国公司为了追求经济利润，不惜破坏生态环境，成为破坏生态环境的罪魁祸首。追求利润最大化是跨国公司的首要目标，"一个在市场上以利润最大化为目的的企业不会主动采取任何环境保护措施，只要它不需为污染空气或把废水排入河流付出任何代价。"跨国公司为了提高竞争力，总是千方百计地降低生产成本，规避环保标准的约束，甚至不惜以破坏生态环境为代价来谋求高额垄断利润。

跨国公司还过度开采资源，砍伐森林，破坏生态平衡，加剧自然资源枯竭。例如，20 世纪 80 年代，跨国公司控制了加蓬所有伐木业的 90% 以及刚果伐木业的 77%，由此导致非洲热带雨林的大量砍伐。90 年代，日本三菱公司通过投资方式，在东南亚砍伐热带雨林，导致热带雨林迅速减少。

当今世界，酸雨、空气污染、食品和水污染、海洋退化、温室效应、臭氧层减少等生态问题日益凸显，跨国公司是造成这些现象的元凶。在发达国家环保意识日益提高的情况下，一些跨国公司将高能耗、高污染的产业逐渐向发展中国家转移，并且制造了许多环境悲剧，让发展中国家的人民为此承担沉重的环境代价。例如世界上最大的化工企业美国联碳公司将污染转移到印度的博帕尔，于 1984 年 12 月 2 日深夜发生毒气泄漏，结果造成 25 万人中毒，死亡人数在 15000~20000 人。

5.4.3.3 跨国公司践踏劳工权益

跨国公司唯利是图，缺乏社会责任感，忽视甚至践踏劳工利益。"全球化实际上是（跨国）公司按照其利益来对全球经济实施重构的一次尝试。"跨国公司利用自身比较优势，在产值、利润大量增加的基础上，进一步加剧劳工失业，削减劳工福利，甚至以生产基地转移相威胁，降低劳工工资标准。一些发展中国家，为了争取跨国公司的投资，甚至对跨国公司言听计从，从而造成同一个公司中，发展中国家劳工的工资比发达国家劳工的工资低出好几倍，并且工作环境差，劳动强度大，工作时间长，以至于这些跨国公司在发展中国家设立的基地被称为缺乏人性的"血汗工厂"或"恶魔般的黑暗工厂"。

5.4.3.4 跨国公司破坏了人们正常的生活秩序

跨国公司对利润的追求使现代社会进入了"大型公司时代"。而这一切都是在资本的主导下产生的。资本成为这一全球化进程的动力源。全球化既是人类生产活动日益社会化的客观产物，也是资本力量推进的结果。跨国公司追逐利润的强大力量剔除了全球化道路上的一切障碍，它吞噬同情和善良，吞噬人类的一切亲情爱意，甚至吞噬空气、阳光和清洁的水，将一切都纳入了它的利润的囊中，推动着毫无人情味的全球化向前发展。一张作息时间表（见表 5-2），可以让我们看到跨国公司的力量：

表 5-2　作息时间表

7：00	在摩托罗拉叫早中醒来
7：00–7：20	高露洁、佳洁士、吉列
7：20–7：50	雀巢、高乐高
7：50–8：50	别克、雪铁龙
9：00–18：00	IBM、诺基亚、爱普生、中国网通、中国移动通信、中国银行、谷歌、派克笔、可口可乐、麦当劳、肯德基
18：00–19：00	家乐福、阿迪达斯、耐克
19：00–23：00	索尼、NBA、CCTV

这个相当有代表性的作息时间表，的确是很形象地表现出了现代人单调趋同的"全球化"生活轨迹。跨国公司推动的"全球化"，不但表现在经济方面，而且浸透在我们日常生活的各个方面，扰乱了人们正常的生活习惯。

5.4.4　反跨国公司成为"反全球化"运动的主要目标

作为全球化的推动力量的跨国公司带来了一系列的消极影响，因此也就很自然地成为"反全球化"力量的反对和攻击目标，尤其是在发展中国家中涌现出来的"反全球化"运动，更多地表现为反跨国公司运动。人们喊出了反对跨国公司建立"血汗工厂"，反对跨国公司对当地环境的破坏，反对跨国公司忽视劳工正当权益等口号，甚至把跨国公司作为暴力攻击对象，冲击跨国公司驻所在国的办事机构，捣毁跨国公司驻所在国的连锁店，如 1999 年的"西雅图之战"中，包括耐克、麦当劳、星巴克、好莱坞影城等在内的多家跨国公司的店面，都遭到"反全球化"人士的攻击，人们用弹弓、大锤、棍棒等工具，砸毁店面的大门和窗户，甚至还发生过洗劫耐克连锁店的事件。

除了采取暴力行动反对跨国公司外，"反全球化"运动更多的是采取抨击和指控的方式来反对跨国公司。维基百科全书指出："被讥讽为蝗虫或强奸犯的跨国公司，在人们看来拥有人类难以享有的权利，可以自由地跨越边界，榨取自然资源，剥削人类才智，并且在耗尽人类资本、自然资本和生物多样性之后继续前进，它还给人类强加一种单一的全球文化，因此，反全球化运动中的一些人提出终结公司独裁统治的共同目标。"加拿大安全情报局发表的一份报告中说，"反全球化抗议活动的一个基本关注点是对跨国公司滥用权力的指控。许多大的跨国公司被指控违背社会正义，侵犯劳工权益——包括降低工人工资、恶化工人的生活和工作条件，以及造成生态破坏等。一些知名的国际品牌，其中有耐克、星巴克、麦当劳、壳牌石油等成为最主要攻击目标。"美国学者罗伯特·吉尔平在《全球资本主义的挑战》一书中对跨国公司的势力扩张进行了抨击，"庞大的跨国公司正在破坏民主制度，损害各国社会，甚至正在形成一种新形式的资本帝国主义"；跨国公司"只对它们自己负责，因而将世界各国的社会搞得一团糟，个人在其中完全丧失自主，不得不忍受这些公司的剥削"；跨国公司能使一个国家经济利益受损，它称王称霸，为了公司自身的狭隘利益而剥削世界上其他国家，跨国公司还应对自然环境的恶化负主要责任。美国学者米切尔·阿尔伯特也指出，反全球化运动并不反对全球交往或贸易，而是反对大型公司权力扩张、民族国家和个人权力削弱的这样一种全球关系，这被看作是一些非常重要的经济和社会问题的根源所在。另一位美国学者杰格迪什·巴格瓦蒂对跨国公司追逐利润的本性进行了揭露，认为"跨国公司追逐利润的方式是寻找最合适的地方剥削工人和其他国家"。

中国学者也对跨国公司的扩张及对民族国家的威胁表示出了忧虑，认为如果听任跨国公司按照"其新自由主义的核心逻辑发展，则最终结局就是全球数百家跨国公司统治世界各国经济，无论是发达国家还是发展中国家都听任跨国公司摆布，争相为跨国公司提供最优质、最廉价劳动力，提供最完善的基础设施，制定跨国公司满意的投资政策，成为跨国公司的分包商服务中心，却征收最少的税收，最大幅度地削减社会福利。否则，跨国公司就会威胁该国政府要撤走投资，迁移工厂，连受剥削的机会都不给你。但是，这必然意味着一个大多数人经常性失业的世界，一个20：80的世界，一个生活水平螺旋式下降的世界。这绝非仅仅是推断，而是正在发展中的事实"。

反全球化的中心是反对自由贸易，反对跨国公司，反对全球经济增长协议。跨国公司、跨国的经济机构如世界贸易组织、世界银行、国际货币基金组织等被视为经济全球化的先头兵，也就成为主要的反对目标。简单来说，反全球化力量认为全球化加剧了贫富不均，恶化了全球环境，侵犯和危害人权，威胁现存的民主政治。

反全球化力量认为，这些国际机构为早已垄断国际贸易舞台的公司利益服务。世界贸易组织的规则建立在不公平和偏见的基础上。世界贸易组织规则假定所有从事贸易的国家有平等的讨价权，并且以这样的前提为基础进行设计，而这个前提忽视了大部分世界贸易被跨国公司垄断的事实。这样，作为规则制定基础的自由贸易的含义就是错误的。世贸组织、国际货币基金组织和世界银行极力促进全球经济，使得国家屈服于经济发展。"一个国家在这么多问题面前总是力不从心，国际的一致行动也总是陷于失败。因为这些政府在所有生死攸关的未来问题上只是一味地让人们注意跨国经济极其强大的客观强制，把所有政治都变成一种软弱无力的表演，民主国家便名存实亡了。全球化把民主推入了陷阱。"在对付反全球化力量抗议世界贸易组织、国际货币基金组织和世界银行的活动中，警察报复和直接镇压是最明显的武器。如错误的逮捕、胁迫、虐待被拘留人员、以休会作为预防措施等。全球化反对者在哪里出现，这些违背民主政治的现象就在哪里司空见惯。

5.5 "反全球化"的本质是反对"新自由主义"

在各种各样的"反全球化"运动中，新自由主义成为"反全球化"运动攻击的主要目标。虽然在形式上"反全球化"针对的是跨国公司、国际组织和美国等发达国家，但归根结底反对的是他们赖以根据的理论基础"新自由主义"。"反全球化"运动认为，美国是新自由主义的始作俑者，国际组织、跨国公司已经成为美国推行新自由主义的工具。因此，街头抗议活动、世界社会论坛将矛头对准新自由主义，对新自由主义及其意识形态进行了无情的揭露和批判。

5.5.1 "新自由主义"是全球化的意识形态

顾名思义，"新自由主义"是在古典自由主义思想的基础上建立起来的一个新的理论体系。这一理论体系也被称为"华盛顿共识"，指的是以市场为导向的一系列理论，是由美国政府及其控制的国际经济组织制定，并由它们通过各种方式进行实施。在经济脆弱的国家里，这些理论常常被用作严厉的结构调整方案，基本原则就是贸易自由化、消除通货膨胀和私有化。美国学者诺姆·乔姆斯基认为，新自由主义是 20 世纪 30 年代在亚当·斯密古典自由主义思想基础上建立起来的一个新的理论体系，它强调以市场为导向，主张贸易自由化、价格市场化、私有化。该理论体系也被称为"华盛顿共识"，由美国政府及其控制的国际经济组织制定，并通过各种方式实施。美国学者罗伯特·W.迈克杰尼斯指出，新自由主义是我们这个时代明确的政治、经济范式。法国学者科恩·塞阿则认为，新自由主义是资本主义意识形态的理论表现。中国学者认为，新自由主义是在继承资产阶级古典自由主义经济理论的基础上，以反对和抵制凯恩斯主义为主要特征，适应国家垄断资本主义向国际垄断资本主义转变要求的理论思潮、思想体系和政策主张。"华盛顿共识"的形成与推行，则是新自由主义从学术理论嬗变为国际垄断资本主义的经济范式和政治纲领性的主要标志。另一名中国学者认为，所谓新自由主义，是在继承资产阶级古典自由主义经济理论的基础上，适应国家垄断资本主义向国际金融垄断资本主义转变要求的理论思潮、思想体系和政策主张。"华盛顿共识"的形成与推行，是新自由主义从学术理论嬗变为国际金融垄断资本主义的经济范式、政治纲领和意识形态的主要标志，其核心内容就是"私有化、市场化、自由化"和"全球经济一体化"。可见，新自由主义实际上是古典自由主义在今天的新表现形式，其核心内涵主要表现在：

从经济方面说，放松各种管制，鼓吹市场至上原则，推行私有化，否定福利国家，强化个人责任；从政治方面说，认为社会主义是对自由和市场的否定，导致集权主义悲剧，因此否定社会主义和公有制，反对任何形式的国家干预；从国际层面说，一方面极力倡导自由化，要求实现"商品和服务的自由贸易，资本的自由流动，投资的自由化"；另一方面又极力宣扬经济全球化时代的民族国家主权消亡论，认为在这个时代，传统的民族国家已经变得不合时宜了，甚至不可能成为全球经济中的贸易单位，在日益无国界的全球化经济中，"民族政府变成全球市场力量的传送带……市场控制国家的政府而成为主人"。

新自由主义倡导市场至上的自由化政策，正好与全球化要求各国市场开发、实现资本自由化、贸易自由化以及金融自由化的内涵不谋而合，如出一辙。于是全球化找到了自己的理论基础，全球化进程因此进一步加速。正如美国学者大卫·科茨所说："随着新自由主义在 20 世纪 70 年代开始获得影响，它成为推动全球化进程深入发展的力量。"作为一种理论体系，全球化的推进为新自由主义在世界范围内的大行其道提供了重要途径，并具有了意识形态的性质。所以有学者认为，"将全球化视为新自由主义的一种实践无疑是合理的"。

新自由主义之所以能够大行其道，首先是因为美英垄断财团和右翼势力将其作为谋求全球利益的战略工具，其次是作为打击社会改良思潮的意识形态。英国、美国等西方大国将新自由主义作为向全球推行其价值观的武器，尤其是撒切尔夫人和里根先后于 1979 年、1980 年上台执政英国、美国后，公开宣布以新自由主义作为执政纲领，大肆打击工会势力，削减福利开支，推行广泛的私有化政策。一时间，新自由主义成为西方大国奉行的标准，德国、法国、澳大利亚等西方大国纷纷效仿撒切尔夫人和里根的新自由主义意识形态，并取得了一定的成效。从此，新自由主义成为西方大国征服世界的一种有力武器，他们推动的全球化也奉新自由主义为圭臬。

5.5.2 "新自由主义"的本质

一是从经济上看,新自由主义鼓吹贸易、金融、投资自由化、市场化,反对国家干预,是国际金融垄断资本进行全球扩张、攫取超额垄断利润的工具。它主张商品服务、资本、货币的跨国自由流动,要求发展中国家放松对资本和金融市场的管制。但西方发达国家从来没有完全实行过这样的政策,而是通过政府补贴、非关税壁垒、滥用反倾销措施和特殊保障措施等搞贸易保护主义。这样做的根本目的是维护当今以美国为首的发达国家或国际垄断集团的利益和国际金融寡头的利益,让其他发展中国家任凭国际金融垄断资本盘剥、掠夺和占有全世界的资源。新自由主义反对国家干预,但对于有利于国际金融垄断资本运行的、有利于资本主义克服危机、有利于垄断资本攫取超额垄断利润的国家干预,不仅予以保留,而且不断加强。换言之,它反对的是其他国家维护自己经济主权和经济利益的国家干预,反对的往往是有利于工人阶级的国家干预,例如劳动法、工资法、社会福利、社会保障等方面的干预。

二是从政治上看,新自由主义不仅是资本主义的理论形态,而且是资本主义的政治纲领。它极力维护私有制和资本主义制度,极力反对公有制,是资产阶级统治压迫广大人民群众的工具。新自由主义所谓的规范化改革,其政治目的就是动摇社会主义的基本政治经济制度,企图用资本主义制度"规制"世界,用资本主义制度取代社会主义制度。美国新自由主义思想家弗里德曼强调,应该把资本主义移植到中央计划经济中去,对其进行资本主义改造。新自由主义的主要代表人物哈耶克不仅主张把资本主义制度移植到其他非西方国家,而且强调把作为资本主义制度支撑和基础的思想和价值观念一同移植到这些国家。

三是从意识形态上看,新自由主义作为国际金融垄断资本主义主流意识形态,是维护国际金融垄断资产阶级对本国工人阶级和其他劳动人民以及广大发展中国家的剥削和压迫的工具。西方国家并不是把新自由主义单纯地看作一个经济学派,而首先是把它作为一种适应其政治需要的意识形态,要以这种意识形态来规范其他国家改革的政治和价值取向。美国学者詹姆斯说,西方统治阶级对人民的文化生活进行系统的渗透和控制,以达到重塑被压迫人民的价值观、行为方式、社会制度和身份,使之服从帝国主义阶级利益的目的。

5.5.3 "新自由主义"是金融危机产生的根源

从经济实践来看,新自由主义增加了资本主义世界金融危机发生的频率,并且一次比一次有更大的杀伤力。以"短期主义"为特征的新自由主义推行极端私有化，鼓励所谓的金融创新和经济过度虚拟化，倡导利率汇率自由化，放松金融规管，实施向大资本所有者倾斜的经济金融政策，以反劳工的理念创造出一个剥削严重、收入不足、需求不振、收支失衡的实体经济，以非理性的方式发展出一个庞大的、病态的、脆弱的、充满"欺诈式创新"的金融投机市场，不仅最大限度内攫取当前的收入，而且透支了未来的收入，并把这些收入集中于少数人的口袋，这必然导致多数人的可支配收入不足，社会只有依靠扩大债务推动消费，金融利益集团在债务泡沫中实现自己的高额金融收益，从而维持整个经济体的运转和增长。但是，这种自由主义式的发展模式是一种不稳定、不可持续的发展模式。

第一，新自由主义的推行及畸形发展，必然导致金融危机和经济危机，加剧全球经济动荡，严重损害世界各国尤其是发展中国家经济和金融安全。具体而言，一是国际金融危机重创世界经济。国际货币基金组织报告显示，金融危机造成 2008 年第四季度世界经济下降 5%，预计 2009 年世界经济下降 0.5%至 1.0%；世界银行预测世界经济 2009 年将负增长 2.9%。尽管预测数据不同，但世界经济 60 年来首次负增长却是严酷的事实。二是国际金融垄断资本的扩张和统治，使经济加速金融化、虚拟化、泡沫化，造成世界经济"异化"，增加了世界经济发展的风险和不确定性。金融资本垄断寡头利用金融作为现代经济运行的血液和命脉的特殊地位，逐步实现对实体经济的控制，越来越多地占有超额垄断利润。近十年美国金融行业所"创造"的利润竟占美国所有企业利润的 40% 左右；但 40 年前这一比例仅为 2% 左右。金融机构在追逐利润动机驱使下，不断推出规模庞大、结构复杂、透明度低的金融衍生品。有报告说，2007 年美国实体经济为 3.5 万亿美元，GDP 近 14 万亿美元，金融衍生品为 320 多万亿美元，GDP 与金融衍生品比为 1：23，实体经济与金融衍生品比为 1：91。金融资本本身并不创造剩余价值，货币循环所能生出的更多货币，全靠投机和高杠杆运作，虚拟财富如脱缰之马急剧膨胀。一旦泡沫破裂，必然引发金融、经济危机。截至 2009 年 9 月底，美国国债高达 11.9 万亿美元。另外，美国在医疗、社会保障等福利项目上的负债高达 59.1 万亿美元。如果从 2001 年算起，截止到 2009 年 11 月，美元兑西方一篮子货币比价贬值了约 31%。这给其他持有美国国债的国家和美国的普通民众造成了巨大损失。三是这场国际金融危机削弱了发展中国家防范抵御国际金融垄断资本侵入和扩张的能力，加重了国际金融垄断寡头对其他国家和世界人民包括美国劳动人民在内的剥削和掠夺。在次贷危机爆发和蔓延的 2007 年，美国不仅不全力收缩资本以应对本国的金融危机，反而加快海外扩张步伐。据美国经济分析局统计，当年美国增持 3.56 万亿美元的海外"真金白银"和资源财富,为历年之最。同时,美国却诱使其他国家尤其是发展中国家大量增持不断贬值的美元和不断缩水的各种金融衍生品 3.43 万亿美元,也为历年之最。

第二,新自由主义推行彻底的私有制,反对公有制,以图颠覆社会主义制度,损害发展中国家的政治经济主权。新自由主义把资本主义的私有制视为唯一合理的制度,把集权主义和统制经济的一切弊端统统归于社会主义和计划,进而向社会主义国家兜售新自由主义改革模式和政策,搞政治颠覆活动,瓦解、动摇社会主义经济基础和政治基础。20 世纪 80 年代末 90 年代初,在新自由主义的渗透和作用下,西方和平演变战略在东欧和苏联得手,该地区原有的 15 个社会主义国家中的 10 个国家改变性质或不复存在。短短一年多时间中,波兰、匈牙利、德国、捷克和斯洛伐克、保加利亚、罗马尼亚 6 国政权纷纷易手,执政 40 多年的共产党或下台成为在野党,或改变了性质。苏联解体和东欧剧变后,美国等西方强国在独联体国家通过灌输西方新自由主义意识形态,进行"颜色革命",使权力掌握在其代理人和亲西方势力的手中,在目标国进一步清除共产党及左翼力量的影响。

同时,新自由主义者还向广大第三世界国家推行自由化,严重削弱发展中国家的民族工业和国内市场,大大削弱这些国家的政府控制本国经济和保证金融安全的能力,不仅使民族独立、国家主权不断弱化,而且为国际垄断资本控制、掠夺和盘剥发展中国家扫清了障碍。

第三,新自由主义用西方的意识形态、价值观念"规制"世界,对社会主义国家进行思想文化渗透,威胁社会主义国家的意识形态安全。美国等西方国家向非西方国家特别是社会主义国家灌输新自由主义意识形态,造成了恶劣的影响。资产阶级自由化思潮泛滥,西方的所谓人权、自由、价值观侵蚀了人们的思想。比如,在新自由主义意识形态的长期渗透下,苏联和东欧的共产党在意识形态领域失去了主导权,造成了严重的恶果。

第四,西方国家推行新自由主义在世界范围内造成工人大量失业、贫富两极分化、政府垮台、社会动乱等严重社会问题,对发展中国家造成灾难性后果。新自由主义的理论和政策在西方发达国家和许多发展中国家的强制推行,导致了经济增长迟缓、贫富分化加剧、社会矛盾激化等消极后果。截至 2009年,世界上最富有国家的人均收入比最贫穷国家的人均收入高出 330 多倍;世界南方欠世界北方的外债总额已经从 1991 年的 7940 亿美元激增至 30000 多亿美元。

国际金融危机也使世界失业人口猛增。据国际劳工组织评估,到 2009 年底,失业人口从 2007 年的 1.9 亿增加到 2.1 亿。世界粮农组织和粮食署报告显示，目前全世界人口约为 67 亿。全球饥饿人口由 2008 年的 9.15 亿上升到 2009 年的 10.2 亿，增加了 11%。在英、美等国家，实行新自由主义所鼓吹的私有化、减税和削减社会福利等政策，造成消费需求不足、金融投机猖獗、虚拟经济恶性膨胀、收入差距进一步拉大。2000 年美国贫困人口为 3160 万；2008 年为 3980 万；经济衰退使另外 260 万美国人陷入贫困，2009 年贫困人口多达 4240 多万，占总人口的 14.13%。

历史的辩证法是无情的。这场国际金融危机暴露了新自由主义的危害，进一步加剧了当代资本主义固有的基本矛盾和主要矛盾，最终必将危及自身。在柏林墙倒塌 20 周年之际，英国广播公司（BBC）对 27 个国家 2.9 万余人的调查显示，仅有 11% 的受访者认为自由市场资本主义运行良好，23% 的受访者认为自由市场存在致命缺陷。并且，持后一种观点的受访者在法国、墨西哥和巴西的比例分别为 43%、38% 和 35%。

5.5.4 "新自由主义"殃及广大发展中国家

始于里根、撒切尔夫人等右翼保守派执政的新自由主义思潮在全球范围的广泛流行，并在美国政府和国际货币基金组织的支持下，具体化为"华盛顿共识"的结构调整和改革方案，作为提供经济援助和贷款的重要附加条件，向第三世界的广大发展中国家，以及苏联东欧的经济转轨国家推荐，其核心内容包括放弃政府干预经济，推行国有企业的大规模私有化，实施贸易、投资、金融领域的自由化，等等。由于新自由主义被包装成所谓"规范改革"方案，又有国际权威金融机构的鼎力支持，一度仿佛成为风行全球不可阻挡的潮流。但是，新自由主义流行全球 20 多年后，终于因所造成日趋严重的社会经济恶果，在全球范围遭遇越来越强烈的抵制和反对，并成为"反全球化"运动的主要抨击对象，信奉新自由主义的政客声名狼藉。

对于广大发展中国家，尤其是曾经深受殖民主义之害的发展中国家来说，新自由主义犹如新殖民主义。尽管新自由主义没有武力色彩，但新自由主义运用经济、政治、意识形态等软性手段，在发达国家的强力控制之下推广到全球，对广大发展中国家实施盘剥，其本质与殖民主义相同。正如经济学家陈岱孙所说："西方发达国家在国内甚至在国际生活中厉行国家干涉主义政策，但要求广大发展中国家，特别是社会主义国家推行新自由主义改革模式和经济政策，洞开国内市场，与西方国家牢牢控制的世界经济接轨，其目的无非是要在发展中国家恢复殖民主义统治，在社会主义国家搞和平演变，演变为资本主义或外围资本主义。"法国学者皮埃尔·布迪厄认为，"新自由主义话语不是一种普通的话语体系，而是一种'强势'话语。这种话语在一个由各种强力关系构成的世界中完全站在强力者一边。"新自由主义依赖代表其利益的股票东家、金融操作者、工业企业家、保守或放弃责任的社会民主派政客、高级金融职员这些社会力量，造成一个削弱或取消集体性的标志和团结的"达尔文主义"的世界，高举个人自由的经济秩序，其终极根本是失业、不稳定和解雇的威胁引起的恐慌而带来的结构性暴力。正如布迪厄所说，新自由主义造成的"不仅仅是经济最发达国家越来越多的人遭受贫困和痛苦，收入差距惊人地扩大，文化生产（电影、出版等）的独立世界逐步消失（由于商业考虑的扩大介入，最终是文化产品本身的消失），而且是所有能够抵制这部恶魔机器的集体性组织受损毁"。

自 20 世纪 80 年代以来，拉丁美洲最先卷入了全球化的浪潮，全面推行了投资、贸易、金融领域自由化，成为新自由主义的改革试验田。但近年来，拉丁美洲正经历着激烈的经济动荡，先是阿根廷爆发了严重的金融危机，继而触发了社会动乱和政治危机，随后，金融动荡又仿佛像具有传染力的疫病，逐渐蔓延到了邻近的乌拉圭、巴西等国，甚至引起了公众舆论和政治局势的剧变。由于全球化造成的贫富分化等问题，拉丁美洲早就产生了反全球化运动，以前仅作为民间的反对势力存在，迅速壮大执掌政权，持续 20 多年的自由市场资本主义试验，正在越来越多的拉美国家遭到反弹，从秘鲁到巴拉圭，从巴西到玻利维亚，从厄瓜多尔到委内瑞拉，这些曾经信奉新自由主义的国家，一个个地看清了新自由主义的本质。

阿根廷曾被美国官方称为改革楷模，是最彻底推行了新自由主义的国家，早在 1976 年阿根廷就开始实施新自由主义，曾依靠吸引外资和借外债实现了短暂的几年繁荣，一度被作为新自由主义结构调整的样板而大肆宣传。当年阿根廷盛行私有化浪潮之时，从银行、发电站到大油田、矿山，从港口、码头到飞机场、火车站，几乎买光了竞争性和战略性企业，但阿根廷实施新自由主义 20 年后，竟然从一个相对富庶的拉美国家，陷入饥饿遍地、贫困潦倒的境地。进入 20 世纪以来，阿根廷面临的是国内企业破产、资本外逃、收入分配严重不均和失业不断增加等，"崩溃"成为阿根廷实施新自由主义经济理论的最终代价。

1998 年亚洲金融危机后的墨西哥一度被认为是新自由主义所树立的新样板，但是马丁·哈特—兰兹伯格认为，新自由主义在墨西哥取得了成功只不过是一个炮制出来的神话而已，因为墨西哥的经济在亚洲金融危机后虽然有所增长，但主要是出口部门的增长。而且其经济发展与整个国家和人民日益脱节：墨西哥工人平均收入下降，国家在核心技术上没有得到自主发展和进步，环境受到极大破坏，整个经济高度依赖外资——这是一种极其脆弱的经济，极易被世界经济危机破坏和摧毁。墨西哥学者阿尔瓦雷斯·贝让这样总结墨西哥 25 年来实施新自由主义的彻底失败：根据过去新自由主义模式实行 25 年来的记录，墨西哥人均 GDP 平均每年增长 0.17%，这意味着墨西哥需要 400 多年的时间才能使人均 GDP 翻一番。由于失业和低工资，数以百万计的墨西哥人被迫移民，这是新自由主义在墨西哥失败最显而易见的、活生生的证明。

非洲的情况也不例外，埃及著名左翼学者萨米尔·阿明指出，"二战"后重新获得政治独立的非洲在 20 世纪下半叶一度迎来了自己"发展的几十年"，一些非洲国家也确实开始了一个工业化过程，尽管非洲的这种发展仍然被限定在资本主义旧的劳动分工框架内，尽管这种发展从它们开始繁荣的第一刻起，就属于过去而没有未来，但它的目标毕竟是巩固政治独立和实现国家的现代化与经济的工业化。可是，自从 20 世纪 80 年代中期由各类跨国公司操控非洲实施所谓的"结构调整项目"以来，非洲人民遍尝经济衰退、政局动荡以及各种社会灾难甚至整个社会的分崩离析等诸多"苦果"。新自由主义经济学家轻描淡写地把这些称作通向一个美好未来过程中的"痛苦的转型"，萨米尔·阿明讽刺道，美好的未来在哪里？社会已遭破坏，贫穷日益增长，教育和卫生状况在恶化，这些都不是通往美好未来的条件，也不能帮助非洲的生产者变得"更富竞争力"。

苏联解体后，俄罗斯当权者按照西方智囊设计的模式，推行新自由主义"休克疗法"式改革，其结果是国家"丧失了以往的经济实力，国民生产总值甚至落到墨西哥、巴西和印度尼西亚之后，为中国的一半，美国的 1/10"。公众面临以往闻所未闻的另一种灾难：大量失业。强迫雇员休假即隐形失业也相当普遍。不断加剧的分配不均和持续降低的国内生产总值使公众沮丧，社会不满与日俱增。

泰国在 20 世纪八九十年代金融危机爆发前，年增长率超过 8%。高增长和廉价劳动力以及廉价土地吸引来大量外资。在西方国家推行的新自由主义影响下，在西方国家主导的经济全球化和金融自由化的压力下，泰国按照新自由主义模式改造经济结构，过早地、过度地开放金融市场，撤掉了所有自我保护的屏障，结果 1997 年爆发了一场严重的金融危机，使泰国经济很快下降到 30 年来的最低点。泰国金融危机很快发展成为东南亚金融危机，接着发展成为亚洲金融危机，还导致了俄罗斯金融危机和巴西金融危机。

然而，面对拉丁美洲、亚洲等国家的经济、政治动荡，国际货币基金组织依然视而不见我行我素，顽固地坚持新自由主义的逻辑，推行"私有化和自由市场教条"，甚至引起了美国右翼有识之士的担忧。

在"反全球化"的人们看来，这种全球化破坏了单个国家监管国民经济、收取税收、提供公共产品和社会福利的能力；破坏了民主过程，用不负责任的官僚、公司和市场取代了民主政治的规则；颠覆了公益性的民主政权，以服务于掠夺性的私人公司的利益；导致了大面积的贫困，加大了各个国家内部和国家之间的不平等；摧毁了个体农户的生活方式；剥夺了穷人能购买得起的药品；降低了各个国家的真实工资水平，恶化了劳动条件，加剧了世界各地的经济风险；破坏了环境，导致了大量物种灭绝，危害了动物福利；引起了恶性竞争，各个国家都被迫实行低税收、放松监管和低工资的政策；制造了危机，特别是让落后国家为此付出了巨大的代价；鼓吹贪婪，把它当成人类行为的原动力；破坏了各式各样的人类文化。总之，"反全球化"运动反对的不是全球化本身，而是反对"扶强抑弱"的全球化"丛林法则"，反对"美国化"，反对"新自由主义"的全球化。

"反全球化"运动的作用与影响

"反全球化"成为影响世界的另一种全球化，其产生的影响和意义是深远的。它代表着世界上千千万万弱势群体的利益，站在世界主流趋势的对立面，以抗争的方式表达了对由西方发达国家强势推动的全球化的不满和异议，唤起有良知的人们进一步认清全球化的本质及其进程中存在的各种各样的严重问题，强化了人们对全球化加以治理的必要性和紧迫性的认识，促使人们对全球化世界的治理问题进行重新思考。

6.1 "反全球化"无法阻挡全球化的发展趋势

6.1.1 "反全球化"并不真正反对全球化

全球化是历史的进步，是当今世界发展的一种必然趋势，浩浩荡荡，势不可挡。在全球化浪潮面前，反全球化运动不过是小小的支流。从发展前景上说，反全球化运动也不会成为影响世界发展进程的重大力量。实际上，反全球化本身也是全球化这一历史潮流的一个重要组成部分。并且大多数反全球化势力也都不反对全球化本身，而只是反对其中不合理、不公正的一面。反全球化的主流并不是要阻止全球化本身，而是希望通过反全球化运动，减少全球化给世界、给消费者带来的负面效应和消极影响。严格说来，"反全球化"这一词本身并不确切，因为人们并不反对全球化本身，尤其不反对那种作为客观趋势和自然历史进程的全球化。那些强烈抗议全球化的示威人群自己都不大使用"反全球化"一词。准确地说，反全球化运动的人士反对的是西方主要发达国家主导的全球化，是这种全球化进程中产生的种种问题尤其是社会问题。正如

1998 年度诺贝尔经济学奖得主阿马蒂亚·森所说的那样,这些反全球化人士其实并不是真正地反对全球化,他们是在反对某种同他们本身信念、价值观相背离的全球化,其中有对世界南北差距拉大、分配不均的忧虑,有对几个大国主宰世界的不平,当然也免不了为了维护自身的狭隘民族利益甚至是无政府主义。联合国秘书长安南在 2000 年 4 月 3 日发表的《我们人民:二十一世纪联合国的作用》(即《千年报告》)中也认为,很少有人、团体或政府反对全球化本身。他们反对的是全球化的悬殊差异。首先,全球化的好处和机会仍然高度集中于少数国家,在这些国家内的分布也不平衡。其次,最近几十年出现了一种不平衡现象:成功地制定了促进全球市场扩展的有力规则并予以良好实施,而对同样正确的社会目标,无论是劳工标准,还是环境、人权或者减少贫穷的支持却落在后面。更广义地说,全球化对许多人已经意味着更容易受到不熟悉和无法预测的力量的伤害,这些力量有时以迅雷不及掩耳的速度造成经济不稳和社会失调。人们日益焦虑的是,他们的呼声会被全球化的声浪淹没。

6.1.2　"反全球化"是全球化的动力

反全球化是手段,不是目的,它从另一个角度提出了对全球化进行有效治理的必要性和紧迫性。不过,只要全球化不停止,反全球化运动也不会绝迹。全球化肯定仍将继续,但那将是经过修正的、与现在不同的全球化。今后反全球化运动可能要此起彼伏地进行下去,在合适的时机可能发生重大事件或出现新的高潮,可能以更大规模、更激烈的方式出现。这可能发生在发达国家,也可能发生在国内经济政治不稳定的发展中国家。在那些各种紧张关系得不到缓解或更加激化的国家和地区,反全球化力量的发展将更迅猛,但在总体上尚不会形成一股全球性的超出控制的力量。

反全球化运动的意义和价值就在于,它从非主流的、边缘的和弱势的角度提出了全球化进程的种种弊端和不足,时常以各种抗议的方式提醒着全球化的推动者和参与者。更重要的是,反全球化运动提出的利益问题和各种要求,归根到底要靠发展来解决、来满足。从这个意义上说,反全球化运动也是全球化的一种动力。反全球化运动提出的主张和要求,有一部分是合理的。目前的经济全球化确实存在严重缺陷,需要改革和管理。有一部分主张则是不合理的。世界的总体发展趋势不是走向闭关锁国,而是走向开放。这说明反全球化运动并不具备单一的性质,它具有双重,甚至多重性质的特点。反全球化运动是全球化进程中矛盾的体现,其出现是全球化进程中的必然现象。绝大多数反全球化者都不否认全球化发展的趋势,并不试图阻挡或逆转这一潮流,其根本目的在于争取自身利益。

6.1.3 "反全球化"成为全球化的延伸

"反全球化"运动是全球化发展到一定阶段的必然伴生物,其影响与规模已经构成另一种全球化。总体上看,反全球化者的动机多样、言论不一,有的甚至诉诸非理性和极端暴力的手段。但反全球化运动是全球化触角延伸的最好证明。"反全球化"运动是让全球化的脚步走向更加公平、公正、自由的方向。"反全球化"浪潮更是发达国家和不发达国家弱势群体的呐喊。应该让大多数人民真正参与全球化,只有广大人民对全球化的利益与风险有了切身感受,全球化才能获得真正的动力源。就是说,全球化才会有可持续性。世界各国正在探索"全球治理"之道。为了人类的共同未来,为了一个更均衡的、可持续性的全球化,民主、公正与合理的全球治理是非常必要而紧迫的。为此,要形成三级国际制度。在国内,各国首先要加强适应全球化的制度建设。在国际,现存国际经济组织要加速机构改革,对各国政府与人民应更加负责,增加机构与工作的透明度并接受全球监督。地区是沟通全球与国家的中间环节,有关国家应在地区一级积极探讨多边合作、地区一体化的模式,争取使欧洲、东亚、非洲等地区在全球化的制度结构中扮演更大角色。只要我们客观正确地对待反全球化运动,"反全球化"运动必将成为全球化发展的一块最好的"磨刀石"。

6.2 "反全球化"运动的作用

6.2.1 "反全球化"运动在一定程度上推动国际共产主义运动的发展

反全球化运动是在国际工人运动和国际共产主义运动处于低潮时期出现的一种有广泛社会基础的特殊的国际运动,与社会主义有相容之处。这个运动的锋芒一开始就直接指向以美国为首的主导全球化的七国集团,指向依照七国集团制定的规则推行全球化的国际组织——世界贸易组织、国际货币基金组织和世界银行,揭示了资本主义基本矛盾在全球范围内的激化,社会主义思想在这一片反对声浪中屡屡被触及,这说明现阶段反全球化运动在某种意义上与社会主义有契合之处。反全球化运动的本质是反对资本主义,反全球化运动中不乏社会主义价值因素。

第一，反全球化运动的一些主张体现了反剥削、反压迫的社会主义色彩。反全球化运动揭露了当代世界国际关系中不公正、不合理的现象，强烈抗议全球化带来的各种鸿沟，倡导平等理念。反全球化运动批判全球化最大的罪状是国家之间、地区之间、阶层之间、人与人之间的两极分化——经济上贫富悬殊，政治和社会上的不平等。经济不平等蕴含着剥削，社会和政治不平等意味着压迫，社会主义的目的就是要消灭剥削和压迫，消除不平等，使人们在政治、经济、文化诸方面享有同等的权利，从而保证人的个性得以自由全面的发展。有助于人们看到繁荣背后的社会问题和危机。

第二，反全球化的一些主张包含着废除资本主义，消灭私有制的社会主义元素。反全球化运动高举民族主义大旗，主张维护民族传统文化，反对西方化、美国化。反全球化运动多次砸毁麦当劳店，反映了他们对西方尤其是美国文化和生活方式的反抗与排斥，抗议全球资本主义以牺牲环境换取利润最大化，强调生态平衡优先于经济的无限扩张，强调要为解除生态危机找到根本出路，就必须废除资本主义，消灭私有制。从中我们可以看出，这里面已包含了一些社会主义思想，一些反全球化者不知不觉中融入了社会主义因素，他们希望通过反对全球化争取更多的公正、民主、文明与和谐，而这正好与社会主义的立场和目标不谋而合。

第三，"反全球化"运动为社会主义运动召集了庞大的群众队伍。虽然不能把反全球化运动等同于社会主义运动，但从对其深入研究中可以发现它与社会主义运动的关系。这种关系与资本主义社会矛盾问题密切相关。正因为如此，全球化引起了庞大的反抗大军。全球化是发展中国家的陷阱，助长了资本毫无节制的剥削，加剧了发展中国家的贫困，这就必然引起广大第三世界的反抗；全球化加剧了资源枯竭和环境恶化，导致污染在全球范围内转移和扩散、对生态环境的破坏，这也引起全世界有识之士的声讨；全球化动摇了冷战时期保障资本主义社会稳定的"社会保障制度"，因而也必然引起资本主义社会劳动者阶级的不满。美国学者莱斯特·瑟罗在《资本主义的未来》一书中指出：以美国为代表的发达资本主义国家虽然取得了冷战的胜利，却解决不了国内种种深刻的矛盾。

由此可以清楚地看出：全球化扩大和激化了资本主义生产方式的社会矛盾，引发了大规模的反全球化浪潮，而在反全球化运动的旗帜下必然聚集着反对资本主义的庞大的群众队伍，这个队伍在一定的条件下有可能转变为社会主义运动的生力军。

6.2.2 "反全球化"运动作为外部压力机制推动资本主义自我修正

以新自由主义作为理论基础的全球化实际上成为一种意识形态，其地位已经根深蒂固，未来这种西方国家主导的新自由主义全球化的推进步伐也不会停止。"反全球化"运动对于新自由主义全球化的种种阴暗面进行了猛烈的抨击，并力图寻找新自由主义全球化的改革或替代方案，使得越来越多的有识之士对全球化带来的一系列消极后果进行关注。尽管作为全球化体系之外的"反全球化"运动本身没有能力改革全球化的机制，也无力改变全球化的发展方向，但"反全球化"运动的兴起向整个世界敲响了警钟，形成一种压力机制。正如"反全球化"人士扎克·戈德史密斯所说："我知道我为自己设定了一项不可能完成的任务，但在世界有了一个完全改变以前，我是不会满足的。"正是在"反全球化"运动的压力之下，全球化的推动者不得不认真面对"反全球化"运动，并进而考虑相关举措，力图改变目前全球化世界与全球治理被扭曲的现状，消除全球化带来的消极影响。

第一，"反全球化"促使各国和地区加强共同合作。在世界面临全球化和反全球化的挑战下，大国矛盾在一定程度上得到缓解。大国认识到利益争夺不是绝对的和无限度的，在共同面临的挑战面前必须合作。"9·11"事件后，美俄矛盾和中美矛盾都在不同程度上得到缓解，美俄关系和中俄关系也得到了加强。在反恐和防止大规模杀伤性武器扩散问题上，大国的关系也在发展。反全球化运动还为加强南南合作奠定了新基础。东亚、拉美和非洲的区域和跨区域合作再度焕发生机，其根本动因是为了迎接全球化的挑战。东亚"10+3"合作之所以进展迅猛，就是因为各国从应对全球化挑战的需要出发，更加重视地区合作，加强抵制发达国家政治干预和应对全球化挑战。

第二，"反全球化"运动促使发达国家生产关系做出了一定调整。反全球化运动带来的最直接、最现实的影响就是促使新一轮"全球化"的主导国即发达国家进行反省，对国际国内政策，对国内政府、企业和劳动者之间的关系进行调整。在未来不可逆转的全球化进程中，公司利益与民众利益、全球化经济与全球化社会之间将不得不协调其关系。各国政府、地区组织与全球机构将不得不更多地关注社会与环境问题，制定与贯彻新的社会与环境政策，以缓解反全球化运动所抗议的各种尖锐问题。

第三，"反全球化"运动对全球化的发展方向和利益分配将产生一定影响。反全球化有助于人们更加全面、辩证地看待全球化，正视全球化带来的负面影响。反全球化运动提出了改变不合理的政府决策、社会制度和国际秩序的口号，促使发达国家增加了对发展中国家的政治经济援助。近年来各种国际会议都把减少发展中国家债务、缩小日益扩大的贫富、社会鸿沟作为重要的议题，这与反全球化运动的迅猛发展有密切关系。"9·11"事件后发达国家增加了对阿富汗新政府的政治和经济援助，促进了地区稳定和经济向健康道路发展。美国和东南亚的双边关系状况发生了变化。美国不再批评该地区的人权记录，也不再要求东南亚国家实施经济改革，并加强了对东南亚的军事和经济援助。

6.2.3 "反全球化"作为纠错机制，促进公正、合理的国际政治经济新秩序的建立

"反全球化"运动通过抗议、示威、世界社会论坛、理论抨击等各种方式，唤起世界上那些推动全球化的精英们对"反全球化"运动的诉求不再熟视无睹，从而有限纠正"全球化"规则的"扶强抑弱"性，催生公正、合理的国际政治经济新秩序的建立。联合国前秘书长科菲·安南认为，对全球化的抗议行动反映了现实，即权力和财富分配不均匀，而十多亿人口生活在极端贫困和屈辱之中。人们的愤怒来自这样一种念头，即全球化概念应该受到指责，而责任在于那些推动全球化进程的人——正是参加这个论坛的各国领袖们。如果世界精英们不能向发展中国家增加援助来消除贫困和疾病，如果他们不能迅速采取行动来打开富国市场，那么全球化将面临灾难性的反弹。如果不增加对穷国的援助来缓解贫困，那么，一些穷国将分崩离析，陷入国内冲突和无政府状态之中，并且对世界安全和国际经济构成威胁。法国前总统希拉克就指出："如果没有什么原因触动他们的情感和思想，是不可能有成千上万的人跑到这里来游行示威的。无论对错，肯定存在某种焦虑、某种困难。对此，我们不可以视而不见。"法国前总理若斯潘（Jospin）也指出："法国谴责极少数打着'揭露全球化罪行'的旗号使用暴力的群体；但是法国很高兴看到有全球规模的公民运动，为大多数来自富裕或者贫穷国家的人们能够平等分享全球化带来的好处而努力。"

长期以来，第三世界的政治精英被排除在全球化游戏规则制定权之外，"反全球化"运动从道义上增强了他们在国际谈判中的地位，促使了他们认识到联合斗争的必要性，有利于推动新自由主义的全球化"扶强抑弱"规则的改革和国际经济政治秩序的重构。在西方发达国家基本上掌握全球化游戏规则制定权的情况下，一个或几个发展中国家很难同西方发达国家相抗衡。因此，发展中国家通过联合起来，以"反全球化"运动的方式向强势的发达国家施压，力图融入全球化游戏规则的制定之中，改变不利于自身的全球化规则和被边缘化的

状况。正如一位评论家所指出的："一场前所未有的反叛即将发生，在人类历史上，世界上的贫困国家首次正告富裕国家，它们不愿意再玩第一世界的游戏了。"

在"反全球化"运动的强大压力下，国际货币基金组织、世界银行、世界贸易组织正在着手推行改革，以更开放、更民主、更负责任的态度面对"反全球化"运动提出的诉求，争取给发展中国家更多的参与权和决策权，实现真正的全球治理。正如有学者所言："来自市民社会的压力已经导致国际货币基金组织、世贸组织和世界银行内部透明度和责任感的增强。"如世界银行在缓解贫困改革方案的决策过程中，开始邀请一些非政府组织或弱势群体代表参与讨论，共同参与政策的制定，并发出倡议，全球性行动要在全球或国际论坛上讨论，确保穷国，尤其是穷国的穷人能在这些场合充分地表达意见，有助于保证这些机构关注穷人的需要，同时许诺"与市民社会组织，特别是那些代表穷人的组织进行公开的、常规的对话"，并确实在一定程度上付诸实施了。国际货币基金组织的决策透明度也在改革进程中大大提高，如给予新兴经济体更大的发言权，尤其是在 2011 年国际货币基金组织总裁卡恩因性丑闻辞职后，在推选新总裁的过程中，新兴经济体确实有了更大的发言权。因此，有学者认为，"按照透明性原则，在过去十年，国际货币基金组织在自身的透明度方面进行了一次革命。"国际经济组织在"反全球化"运动的压力下推行的一些规则的变革，有利于朝着公正、合理的方向迈进，使得全球化朝人性的、公正的、平等、可持续发展的全球化方向迈进，成为"反全球化"运动对全球化产生的积极效应。

6.2.4　反对霸权主义和殖民主义，有利于遏制美国的单边主义的倾向

所谓"单边主义"，就是指不与其他国家和地区进行多边协商，不屑于外交努力，一切按照自己的意志来解决问题的行为。"单边主义"是冷战结束以后随着美国的单极统治而出现的。美国认为，没有美国的力量，就不能制止地区冲突、防止恐怖主义和防止大规模杀伤性武器扩散。因此，美国我行我素，无视联合国，采取包括先发制人、外科式手术的空袭、占领他国、推翻他国政权等"单边主义"行动。由于世界力量的严重不平衡，导致美国"单边主义"行动的一定成功，"单边主义"倾向愈演愈烈，成为当今世界不安定的总根源。全球化使得那些休戚与共的集体原则逐渐失效，而过度的个人主义和无节制的竞争却进一步得到强化。

以美国为代表的西方国家在推动全球化的同时极力倡导所谓全球化时代的"国家主权弱化论""主权有限论""主权过时论""人权高于主权论""新干涉主义"等奇谈怪论。在这些谬论的理论支持下,干涉别国内政的事件一浪高于一浪,科索沃、阿富汗、伊拉克、利比亚、也门就是这种"人道主义"干预的试验场。美国谋求全球霸权的野心在模糊不清的"全球主义"幌子下急剧膨胀。不仅如此,美国还把所谓"政治民主论""良政"等作为与发展中国家进行经贸合作的条件,严重威胁发展中国家的政治稳定和国家主权。而在文化领域,在"文化霸权主义"的挑战下,全球化成了霸权主义的代名词,而与此相对应的"反全球化"运动也同时带有反霸权主义的内涵。

"9·11"事件后,布什总统把"美国第一"提升为一种"单边主义"新方针,从而遭到全球主义者的指责。实际上,这个世界并不是一个平面,而是由山河与民族情绪组成的"搓板",全球化并没有消除民族特性,在某种程度上,新国家主义是一种地缘政治基要主义,人们把坚守固有的民族特性作为应对全球化压力的方法。法国作为国家主义情绪上升的国家总是同美国暗中较劲,看谁在维护本国国家利益方面更专横。法国人与英国人一样对准联邦欧洲及其公布的欧洲宪法抱怀疑主义态度,希望捍卫自己的国家主权、民族文化、国家独有的权力和国家受到保护的劳动力市场。伊朗人想拥有自己的核弹,且这种核国家主义情绪越来越高涨。格鲁吉亚发生的"玫瑰革命",乌克兰发生的"橙色革命",吉尔吉斯斯坦的"郁金香革命",2011年突尼斯的"茉莉花革命"以及由此引发的埃及、利比亚、叙利亚、也门等地的社会动乱,都是在新国家主义情绪引导下发生的运动。

因此,一些发展中国家的"反全球化"往往和反美国的单边主义和霸权主义联系在一起,其实质是反美国化、反西方化。这对于遏制美国的单极倾向,寻求能协调各方利益的"全球治理"之道有不容忽视的积极意义,至少可以说达到了有限约束发达国家及国际组织的单边主义行为,改善弱势人群和弱势文化在全球化中的生存与延续状态。

第 7 章

"反全球化"运动存在的问题及其出路

"反全球化"运动尽管取得了巨大的成就，产生了深远的影响，有助于人们注意当前全球化进程产生中的一系列问题，注意世界经济表面"繁荣"背后隐藏着的严重社会问题和危机。因此，"反全球化"运动的兴起，不仅会使西方发达国家的垄断资产阶级反思他们主导的全球化，也会使世界多数人民受到教育，因而有助于世界多数人民很好地认清当前西方发达国家主导的全球化运动的本质，从而有助于作为客观趋势的"全球化"这艘人类不得不乘坐的"大船"不致偏离正确的航向。

但是，目前的"反全球化"运动仅在于提出问题，其局限性非常明显。且不说各种分散化的反全球化运动组织很难统一起来，且不说反全球化的运动的人士没有真正从全球化角度而只是从他们各自的角度或者说从他们各自的利益出发提出问题，且不说他们没有真正解决当前全球化进程中产生的问题的最高纲领，单从反全球化运动人士提出的一些口号，诸如"全球化要具有人性""世界应该公平对待每个国家"，就不难发现，这些弱势群体还对西方发达国家的垄断资产阶级心存幻想。

正因为当今的"反全球化"运动中还存在一些这样那样的问题，如力量分散等。因此，人类离那种世界人民、世界各国、各民族平等和睦相处、互通有无、取长补短的全球化，离那种世界人民从历史运动的客体（即作为少数剥削和压迫的对象）转变为主体（即作为自己创造自己历史的主人）、从历史的被动地位转变到主动地位的全球化，离那种伴随全球化生产力的巨大发展、交往的普遍开展和地球居民的物质文化生活水平及道德水平普遍大幅提高的全球化，一句话，离人类的真正的、彻底的解放还有很长的一段路要走。但是，尽管当今的反全球化运动还存在这样那样的缺点，但毕竟它已经开始了反对西方主导的全球化的进程中各种问题的战斗，开始进行战斗是很重要的，正如拿破仑·波拿巴所说，"首先得投入战斗，然后便见分晓。"

7.1 "反全球化"运动存在的问题

7.1.1 缺乏严密的组织形式

反全球化运动的特点之一就是其组织形式的非正式性和松散性，被人们称为是一种自由、散漫、松散的运动。反全球化的抗议行动多为环保、人权、劳工等具有反全球化趋向的非政府组织发起的。有一些组织者是知名度较高并有一定规模的全球性非政府组织，如绿色和平组织；也有些组织者是新近成立的反全球化组织，如前面提到过的"受够了 50 年""全球交流""全球正义动员组织""全球南方中心"（Focus on the Global South）等。除了全球性组织之外，也有一些活动是国内或地方性的非政府组织发起的，如美国的劳联和产联，加拿大的"全国妇女组织"等。一些国家的在野政党，尤其是共产党、绿党等，有时也发起类似的活动。

许多反全球化运动的组织者没有固定的组织机构，一般是志同道合的个人组织起来，或若干非政府组织联合起来。多数是通过网络进行联系，在预定的时间、地点汇集起来，一起参加活动。反全球化组织大多是在活动中，或者是在网络上招募新成员。许多人是以个人身份参加反全球化活动，没有固定的组织。即便是集合在一起，也缺乏指挥，缺乏协调。人们这样描述世界社会论坛："将世界社会论坛看作一种'集会'而不是'会议'可能更准确。没有统一的集中点，没有共同的任务，论坛更像一个大家庭，而不是一个有组织的整体。"与以往的社会运动一样，反全球化运动是极为松散的，凯米莱里将这类社会运动特点概括为"非正式性、临时性、不连续性、前后呼应性和平等主义"，在组织上，这类运动还具有广泛合作、非官僚主义、非等级化、共同分享等特征。

7.1.2 缺乏资金的强力支撑

"反全球化"运动由于缺乏政府层面的支持，因此缺乏稳定的资金来源。"反全球化"运动主要是建立在"参与、运动、代言人、网络、自愿、自助以及捐款的基础之上"，在资金上主要靠三个来源支持：自理、赞助和商业盈利。反全球化活动的参加者大多要自己负担包括交通、食宿在内的各种费用。在自理的基础上，形成了互帮互助的形式，例如共同使用帐篷，分享食品，一起搭车等。一些规模较大的组织可能提供一定的活动费用，如工会组织可能向参与者提供食品、住宿和交通工具。此外，反全球化组织也通过出卖纪念品、宣传材料或举办培训班获得一定收入。例如"骚动社会"（Ruckus Society）和"联合行动"（Co-Motion Action）组织就要求参加培训者每人付 125 美元，或者根据自己的情况来支付。

"反全球化"运动的攻击对象是发达国家和国际经济组织，自然得不到政府的支持和经费援助。只有法国政府例外，2003 年八国峰会在法国召开，由 8 个反全球化组织的另一个"世界峰会"也召开会议，举行"反全球化"集会。参加聚会的有工人、农民、大中学校的学生、教师、医生、演员、中小企业主等，其中年轻人和知识分子的比例较大，他们来自欧美各民间社团以及和平、环保、人权组织，它们的统一立场是拒绝"富国治理世界"，主张建设"一个更公正、更人道的世界"，敦请政府"更加关注穷人的问题"。东道国法国拨款支持，不仅治安上严阵以待，还出巨资为抗议活动准备了集会场地，总统顾问也在峰会期间多次会见反全球化组织的代表，听取他们的建议和想法。在峰会召开前夕，法国还宣布了一项决定，除巴黎等市许诺的 305 万欧元外，政府将拨款 50 万欧元支持反全球化运动于 2003 年 11 月在巴黎举行的"欧洲社会论坛"。法国社会党第一次以"为了另一种全球化"为口号，在阿尔纳斯设立了社会党人论坛。可见，没有一定的经济做基础，"反全球化"运动就会变得枯竭，就缺乏可持续发展的动力。

7.1.3　成员复杂，缺乏统一的纲领和目标

反全球化运动的另一大特点就是它的庞杂性和包容性，反全球化人群的背景和构成是复杂的，他们参与运动的动机是多样的，要达到的目的也是大不相同的，这一运动倾向于联合或包容环境、人权、性别等所有反抗性团体的斗争。

从参与运动的目的看，大体可以分为两大类：一类为"综合反抗型"，他们不是反对某个具体的对象，或为达到某种单一目的而参加运动，他们将反对资本主义作为目标。在意识形态上，他们可能是社会主义者、无政府主义者或改良主义者，同时也可能是环保主义者、人权主义者。另一类为"单一目标型"，这类参与者具有比较明确而具体的目标，如工会主义者、女权主义者或农民运动者等。还有一些参与者可能是为了更为狭小、微观的目的，如争取动物权利、反对砍伐森林、反对建筑水坝、反对转基因作物或争取土著人权利等。

以下一些团体和组织是反全球化运动的积极参与者：

环保主义者是反全球化运动中一个非常积极的组成部分。他们的主要观点是新自由主义的全球化忽视了生态环境的保护，唯利是图的公司为了利润而破坏了生态环境和人类资源。因此他们倡导可持续发展，主张贸易谈判应包括环保条款，反对跨国公司向环保标准低的第三世界国家转移，提倡安全食品第一、健康第一、地球第一的口号。一些知名的环保组织，如"绿色和平组织"、"善待动物人民组织"（People for Ethical Treatment of Animals，PETA）、"热带雨林行动网络"（Rainforest Action Network）、"地球第一"（Earth First）组织等，都是反全球化行动的积极参与者。

劳工组织也是反全球化运动的积极参与者，在西雅图、尼斯等地举行的反全球化抗议行动中，都有劳工组织的参与。劳工的参与对整个反全球化运动具有重大的影响，对社会主义者来说，他们从中看到了工人运动复兴的征兆。发达国家工人认为全球化降低了他们的生活条件，削弱了工会的作用。发展中国家的工人则受到跨国公司裁员的影响，导致大量的失业。劳工参与反全球化的目标主要是反对资本主义剥削、反对血汗工厂及降低劳动保障条件。他们要求提高工作待遇，制定全球最低工资，组织全球工会。要求在多边贸易谈判中包括劳动权利和社会保障条款等。

农民组织谴责资本主义全球化导致了土地集中，使农民和土著人失去了自己的土地。他们提出进行土地改革，反对土地被占有和出卖，反对单一作物。提出土地、水和种子要掌握在农民自己手中。例如法国农民"反全球化专业户"博韦（Jose Bove）组织了"农民联盟"，奔走于各国，鼓动反全球化活动，抗议农产品基因变种。他的行动在法国和其他国家得到很多支持。巴西、墨西哥等拉美国家的农民则积极投身于争取土地的运动。

人权组织参与运动的目的包括反对剥削、反对剥夺劳动权利、反对雇佣童工、反对与独裁国家或违反人权的政府进行交易等。他们还为保护少数民族权利、土著权利呼吁。人权组织提出，世界银行和国际货币基金组织的结构调整规划贷款不能违背现存的国际人权条约和社会福利。"全球交流"（Global Exchange）、"直接行动网络"（Direct Action Network）、"激进的根"（Radical Roots）及"全球贸易观察"（Global Trade Watch）等组织，都是在反全球化运动中非常活跃的人权组织。

妇女组织也许对平等、公正、多样性等问题更为敏感，在反全球化运动中，涌现出许多女积极分子，妇女运动也是反全球化运动中非常活跃的运动之一。例如在巴西举行的世界社会论坛中，妇女参加者超过40%。南方妇女联合组织"新时期妇女发展选择"（Development Alternatives with Women for a New

Era）为世界社会论坛中妇女席位据理力争，终使论坛增加了妇女问题的讨论，使第二次论坛中妇女代表几乎遍布各个小组。一位加拿大妇女组织领导者称，妇女运动是反全球化“运动中之运动”的完全参与者，提出“现在是应该承认妇女为性正义、经济正义和共享民主而进行斗争之重要性的时候了”。

在反全球化运动中，左派和中左派占多数，但一些右翼极端分子、种族主义者和无政府主义组织也加入其中，如“黑色组织”（the Black Bloc）、“黑色军团”（the Black Army Faction）、“无政府主义行动集体”（Anarchist Action Collective）、“无政府主义新闻服务”（the Anarchist News Service）等。这些组织往往主张在运动中采取最激进的行为，包括采取暴力手段。

人们发现，与过去反抗运动相比，目前反全球化运动的参与者范围更为广泛。工会工人、学生、知识分子，从教授到家庭妇女，从失业者到国家公务员，都成为这一运动的参与者。发达国家知识分子是这一运动的理论先驱，青年人，尤其是青年学生是最积极的直接行动参与者。

反全球化者们最大的分歧可能在于他们对如何建立一种更好的制度的看法。激进者主张彻底推翻资本主义制度，甚至可以采取暴力手段，认为只有这样才能解决今天全球化的种种弊端。持这种立场的多是左翼社会主义者或无政府主义者。另一派则主张在不触动资本主义制度的前提下进行改革。更多人对全球化的态度是矛盾的，他们参与反全球化运动，只是反对全球化的某一方面。

反全球化的动因是不一样的：工会反全球化是因为国内失业。环境保护组织加入反全球化的行列是因为它们相信全球化所促成的政策使得跨国公司能够逃避国家对商业行为的限制，这种限制被称为“贸易壁垒”。它们还指责跨国公司控制第三世界的政治。同时，大多数环境保护主义组织认识到国际机构所促成的合作对有效的环境控制是至关重要的，因此把大多数环境保护组织列入“反全球化”是不准确的。社会活动分子主要担心欧洲和美国对工人的社会保护措施会受到侵蚀，因为发展中国家没有对工人的保护措施。贫穷国家认为自由贸易是富国以牺牲穷国为代价捞好处。许多孤立主义者反对全球化，是因为担心美国会失去控制自己的命运和经济的能力。反全球化的人提出了重要的问题，但是未必都指出了正确的答案。例如，在西雅图反 WTO 的团体中，并没有提出一个能取代世界贸易组织而且可以庇护世界的组织，也没有提出协调一致的观点，反对什么，支持什么。

“反全球化”运动的立场自“9·11”事件以后有了改变。在受到压力时，“反全球化”力量就会重新定义他们的立场。他们并不是真正地反对全球化本身，而是反对他们所认为的作为经济和文化的驱动者的新自由主义的自由贸易。然而，即使是自由贸易，也不像"反全球化"力量所认为的那样加剧世界的恶化。相对于工业化国家来说，第三世界作为一个整体，其贸易条件是否存在不断恶化的趋势，目前还无定论。各种相互矛盾的理论和方法对各种结果之间的比较相当困难。一些组织明确表明它们支持以规则为基础的贸易制度的原则，不再攻击世界贸易组织机构本身。值得注意的是，一些重要的非政府组织正在谈论全球公平、公平贸易，而不是反全球化。抗议团体同政府、企业及投资机构对话趋多。

全球化的短期影响毫无疑问是矛盾的，长期影响更是不确定的。全球化的负面影响也不是反对者们所说的那样片面。例如在失业问题上，到底有哪些是因为跨国公司的扩张造成的？哪些是技术进步和社会进步造成的？事实上，当跨国公司的投资对所在国利大于弊时，成功地吸收外资和技术，增加产出和出口的国家很可能会增加就业，提高工资，减少不平等。在另一个极端，欠竞争性、不稳定的国家更会遭受资本外流的难处：生产、就业、工资下降，加剧贫穷和不平等。全球化促进了高技术向落后国家的转移。以印度为例，美国的公司刚进来时就是为了寻找廉价的劳动力和市场，但是它们却大大激发了印度国内的高技术工业兴起，并且能够出口获得大量的外汇。一些国际贸易组织也在促进人权的进步。北美自由贸易创造了一种创新的法律与政治机制来处理与环境有关的贸易争端，它尊重环境价值，同时提高贸易自由化。环境污染的问题也不能简单地归咎于全球化。发展中国家的某些发展并非和全球化有必然的联系，其自身发展带来的环境问题当然也与全球化没有必然的联系。很多发展中国家希望搭上全球化的列车。苏东垮台前后，经济学家和决策者们认为几乎每个国家都在纷纷进行经济自由化和私有化。因此，有人认为，反全球化就是拒绝贫穷国家的人们获得知识、技术进步、文化多样性、旅行和国际接触，而这些是富有世界所享有的。这一观点也是有道理的。但是反全球化的观点值得引起注意，它是全球一体化中的多元化。

不管怎么样，全球化不是一个选择，而是一个不可逆转的趋势。由于全球化的日益发展，反全球化运动也具有全球性了，这正是全球化的力量。

7.1.4 发展不平衡的反全球化运动

"反全球化"是一种全球性的现象，但不同地区、不同国家在反全球化的内容、形式及程度上是不一样的。

欧洲、北美的反全球化现象最为突出。法国的反全球化倾向非常引人注目，甚至被认为法国正把反全球化作为戴高乐主义的替代物，"试图在国际反全球化运动中起领导作用"，法国的反全球化带有反对美国霸权、维护法国文化传统的倾向，带有更多的国家民族主义和左翼社会主义的色彩，在其政府和领导人中也表现得比较明显。相比之下，英国的反全球化更多涉及全球化中的自由民主问题、市场与社会问题、政府干预问题和社会福利问题，这也正是"第三条道路"试图解决的问题。欧洲国家的反全球化运动还带有某种程度的排外主义和种族主义倾向，有一些人则是欧洲一体化的反对者。

在美国的反全球化运动中，无政府主义者、社会主义者、工会主义者都非常积极。美国反全球化人士显然更关注劳工权力、医疗保健、环境、就业、移民等问题。在北美，反对多边贸易的非政府组织具有很大势力。同时，右翼排外主义、白人种族主义也附和着反全球化运动而猖狂起来。因此，美国的反全球化运动中还夹杂着反对战争、反对美国霸权和反对白人至上的成分。在西雅图事件中，美国白人种族主义的活跃已经引起其他种族反全球化人士的警觉，他们提出，既要反全球化，也要反白人种族主义。

拉美国家的反全球化运动在发展中国家是比较活跃的，巴西是连续三次举办世界社会论坛的国家。在拉美国家反全球化运动中，具有特色的是农民运动和土著人的运动。例如，巴西的"无地农民运动"、墨西哥的"萨帕塔运动"，它们都参与了西雅图、魁北克和热那亚的反全球化行动。同时，受结构调整政策影响，玻利维亚、阿根廷等一些国家还出现了强烈的反对 IMF 和本国政府将公共服务部门私有化的活动。

在东亚金融危机中深受影响的韩国、泰国、马来西亚等国也出现了强烈的反全球化倾向，它们将一切不满和愤怒发泄于国际货币基金组织和世界银行的政策。同时，在菲律宾等国，反对血汗工厂剥削的活动也日益频繁。东亚的反全球化与维护"亚洲价值"和"儒家文化"联系在一起的，马哈蒂尔的反全球化言论早已被广为引用。在日本，多数学者对美国主导的全球化持反对立场，认为美国式的全球化有着重大的缺陷，其竞争机制是不可取的，是不可持续发展的。印度的反全球化现象主要体现在捍卫民族经济和抵制西方全球化对印度民族文化和宗教的进攻上。例如针对外国产品的冲击，印度掀起了反对麦当劳、肯德基的运动，提倡购买国货的运动也得到广泛响应，流行着"要芯片不要薯片"的口号。

非洲反全球化运动并不突出，但在一些大城市的知识分子当中，同样存在对全球化的反抗倾向，一些积极分子奔赴热那亚、巴西及其他国家，参与那里的反全球化活动。取消债务、消除贫困、消除两极分化、防止非洲的边缘化、抵制西方文化对非洲传统文化的破坏，以及维护非洲国家的民族和文化尊严等，这些已经成为非洲反全球化积极分子正在竭力推动的目标。他们要求发达国家考虑历史和资源上对非洲国家的剥削，考虑欠下南方国家应得的社会、历史和生态债务。

伊斯兰国家对全球化的抵触和反抗更多体现在对教义的捍卫，体现在原教旨主义的复兴。在全球化的冲击下，宗教极端分子对西方全球化的反抗将使伊斯兰国家内部面临着分裂，也使它们与非伊斯兰国家，尤其是西方国家的矛盾更加尖锐化。

在另一些国家和地区，例如东欧、中亚国家以及包括中国在内的一些东亚国家，尽管同样存在反全球化运动所揭示的一些矛盾和弊端，也存在着反全球化的势力，但声音比较弱。对全球化的主流观点是利大于弊，积极意义大于消极意义。

反全球化针对全球化的反应，由于所处地位和利益的不同，不同国家，不同阶层及不同个人对全球化的反应也是不一样的。在很大程度上，他们反对的可能不一样，赞成和支持的也不一样。因此，反全球化运动是一种松散的、阵营庞杂的社会反抗运动，其内部具有极大的包容性和多样性。

7.1.5 避免"反全球化"运动落入另一个全球化的陷阱

全球化虽然有其客观历史必然性的一面，但我们不能忽略全球化发展过程中，西方发达国家尤其美国在其中的战略图谋。全球化有深刻的美国化烙印。"反全球化"运动主要的中心和动力源头都在西方，这使得"反全球化"的利益倾向于他们。因此"反全球化"运动必须保持应有的警惕，避免落入另一种全球化的陷阱。

"反全球化"运动的参加者不一定是进步的社会力量。如在中美两国最惠国待遇问题上，反对者是工会组织，支持者却是美国的跨国公司。诸如无政府主义者、排外主义者及伊斯兰原教旨主义者都是激进的、保守或反动的，他们借"反全球化"运动之名做有损社会的事情。一旦他们的力量达到相当的程度，就会把"反全球化"运动带向灾难，"9·11"事件就是典型的警世钟。对于这类矛头指向发展中国家，有损于发展中国家利益的"反全球化"势力必须有清醒的认识。并不是反资本主义、反跨国公司剥削就一定是进步的革命的力量。实际上这些"反全球化"者并不代表世界人民的利益，也不代表历史潮流。

"反全球化"运动的主导者主要是发达国家的反全球化群体。这些"反全球化"者高举"反全球化"的旗帜，尽管有些是冠冕堂皇的，可背后都有着利己的动机。他们深得全球化的好处，但当他们的既得利益受到损害或威胁时，他们就反全球化了。在经济上，全球化的发展使西方国家日益面临着新兴国家的竞争。他们反对发展中国家对他们造成的竞争压力，其根本还在于要保持自己既得的好处，他们骨子里希望保持原来的国际经济旧秩序的全球化。如果发展中国家也跟着反全球化，那么就会落入西方的陷阱。在政治上，西方主导下的反全球化运动就是维持西方民主制度和社会稳定。他们很少关心全球化下发展中国家内部的贫穷与政治、经济的动荡。西方社会所认同的价值观就是维护他们自己的国民福利，至于世界其他地方人民生活得如何并不是他们最关心的问题。同样的逻辑，在文化上，只要你在意识形态上、文化观念上是与西方相对立的，那么西方发达国家就会借此对你进行科技文化封锁，使你无法得到西方先进的科学技术，这必将严重阻碍自身的发展进程。现在美国等发达国家动不动就对他国进行制裁。"反全球化"运动正好符合了他们的胃口。因此，"反全球化"也存在着诸多的陷阱。这主要是由于当今国际政治、经济、文化仍由西方主导的现实决定的。

7.2 "反全球化"运动的出路

"反全球化"运动的发展进入了一个新的阶段，全球的"反全球化"人士到了必须思考"反全球化"运动出路的时候。尽管人们包括全球化人士有对全球化负面影响的思考，同时也引起了人们包括"反全球化"人士对"反全球化"负面影响的反思，但是在整个"反全球化"运动的发展过程中，尚很少有人来系统地思考"反全球化"运动何去何从的问题。近年来，"反全球化"运动的组织工作及运动方式等发生了一些变化，呈现出了一些新的特点，但始终缺乏完整的出路设计。

7.2.1 "反全球化"运动的趋势特征

（1）时间的长期性。从发展趋势上看，"反全球化"运动在一定历史时期内将长期存在。霸权主义的延续、贫富差距的扩大直接导致了反全球化队伍和声势的不断壮大。同时，反全球化运动也催生了大量的非政府组织，孕育着新的世界矛盾。目前，全球化与反全球化两大势力还没有交集，两种力量的对立还在升高，双方都不可能接受彼此的逻辑，对立将继续，因此反全球化运动必将深入发展。

（2）空间的全球性。"反全球化"的全球化，有人称之为相悖的理论。人们的视野在扩大，作为一个区域的概念来说，全球化不可避免已经是一个不争的事实。反全球化运动也是如此。当前，反全球化运动正在全球范围内进一步蔓延。一些组织要求重新定义反全球化，他们认为，全球化并不是一个地域的概念，他们从来就不反对全球化本身，他们反对的只是全球化进程中不公正的做法。

（3）重整的必然性。反全球化力量的进一步联合、分化、重整是由其主体的复杂性决定的。由于他们的动机和目标各异甚至相悖，他们不可能长期鱼龙混杂在一起。目前，很多反全球化人士正在反省之中，总体上看，反全球化在朝着理智的方向前进。有一些组织明确表示反对暴力冲突，一再强调自己为非暴力组织。但是，也有组织认为没有流血冲突便不能引起足够的重视；还有一部分人士，他们已习惯于采用一种武力的方式，根本就不可能理智地控制自己的行为。所以说，理智与非理智的、动机与目标相悖的组织，他们不可能组成一个世界统一的整体。他们将不断联合并分化成多个理念类似、目标相近、不同层次的联盟，不断摸索那些既能扩大影响又能被广大民众所接受的活动方式，以使他们的行动取得真正的效果，推动反全球化运动从无序向有序过渡和发展。但这种乐观的前景扑朔迷离，并不是十分明朗。

（4）发展的被动性。由于反全球化运动的主体处于相对弱势的地位，他们的发展必然受到全球化进程的制约。他们的言论与行动与全球化力量的反应息息相关，忽略其被动性来谈理智化是不公允的。因此，跨国公司、各国政府以及全球化组织应该积极主动和反全球化组织进行探讨，以便更加清楚地知道全球化进程中的偏差，共同解决人们的实际问题。舆论上支持反全球化中的正确言论，积极探讨反全球化运动的利弊，引导反全球化运动朝正确方向运行。同时，反全球化组织应积极响应，与对方展开对话和谈判，尽量避免暴力冲突的发生，共同制止不合理现象的产生，共同推进人类文明的发展。当然，这也是一种理想化的展望。两种力量在世界政治、经济、文化发展上形成合力尚有待时日。

当前，反全球化运动仍在世界范围内不断蔓延。我国许多学者认为，假如说全球化是一个陷阱，那么反全球化则是另一个陷阱。当今世界，任何一个国家都不可能脱离世界而孤立地发展。一个国家如果拒绝参与、自锁国门、脱离了全球化的进程，自己也必将无法取得快速的发展。全球化是由生产力发展决定的必然趋势，是不以人们意志为转移的。而研究反全球化运动不在于改变它，违背它，只在于进一步认识全球化的弊端，以防止它的不利影响蔓延。

7.2.2 确立明确、统一、切实可行的"反全球化"目标

目标的复杂性是制约"反全球化"运动深入发展的难题。尽管世界社会论坛提出了"另一个世界是可能的"口号，但这一口号过于宏观、空泛，缺乏可操作性。"另一个世界"到底是什么样的世界，通过什么样的途径到达"另一个世界"，"反全球化"运动的组织者没有提出具体的方案，内部也存在着激烈的争论。极端派主张推翻现存的全球化秩序和形成的规则，另起炉灶，构建一个新的全球化规则和体系；改革派则主张通过调整或改革方式，清除新自由主义全球化的弊端，以逐步进入公正、合理的全球化世界。罗兰·布雷克尔指出："全球抗议运动是否具有政治意义，并不在于它是否反对现存政策，而在于它在创建一个更美好的世界方面是否做出了贡献。"但是，至少到现在为止，"反全球化"运动尚未制定出一个大家认同的、明确、统一、切实可行的"反全球化"目标，以至于这个声势浩大的运动内部分裂，没有一个面向未来的目标。

世界银行前行长沃尔芬森说过，一个不公正的世界是一个危险的世界。全球化的发展，迫切需要一个公平、公正的规则和全球管理体制，才能使发展中国家自身经济发展的目标在全球化进程之间获得平衡。"全球化要具有人性面""全球化需要新规则"，这是当今面临全球化矛盾困扰的世界的共同呼吁。而全球化的人性面和"新规则"不是依靠联合国呼吁能够产生的，也不是靠目前制约全球化黑暗面的微弱的"反全球化"力量能够扭转的。尽管"反全球化"力量可能能够迫使政府与公司不得不增加一些全球化的"人性面"，但在全球化中那些最没有竞争力的、最容易受到伤害的群体，边缘化了的最不发达国家与民族、族群、部落，被排斥的人群，试图保护自己的特性不受影响的团体和个体等，仍然在受到伤害，甚至在流血、落泪。要解决全球化中出现的这些矛盾和问题，建立一个各国公平、世界共存"共赢"、共同繁荣的经济全球化，解决全球化过程中出现的"现代性隐忧"，治标固然需要，但更需要治本，那就是改变全球化规则，建立一种为世界上所有文化都能分享和接受的、富有效率和人情味的公正、透明的"全球化规范"和全球化规则，即"太空船道德"而非"救生艇道德"，确立起共担风险而非单方面坐享红利的全球化机制。

因此，"反全球化"运动的未来出路，就取决于这个目标是否有效、有吸引力和召唤力。笔者认为，既然全球化不可逆转，"反全球化"运动并不是反对真正的全球化，而只是反对新自由主义的全球化、美国式的全球化，包括弱势群体在内的大多数人需要的是一个富有人性的全球化，因此，"反全球化"运动就应该将目标聚焦在"建设富有人性的公正、透明的全球化"上，反对现

行的不合理的全球化规则，并制定出一个具体的实施路径和时间表。这样，就使得"反全球化"运动有方向、有目标，大家有奔头、有盼头。

如何改变"反全球化"运动目标分散、漫无边际的这种怪象呢？这就需要"反全球化"运动的组织者精密筹划，在每次运动开始前确立一个主题，集中提出一两个斗争目标。如在国际货币基金组织、世界银行年会上，可以提出改革国际经济组织的行事规则；在世贸组织年会上，可以确定反对贸易自由化的目标；在西方八国首脑会议上，可以确定关注贫富分化、取消第三世界债务的目标。这样，始终围绕建立起一个富有效率、公平人道的全球化规则的总目标，才能使"反全球化"有明确的目标和方向，不至于迷失主题。

7.2.3 扩大"反全球化"运动的力量基础，使之上升到民族国家层面

在全球化进程中，主导全球化进程的发达国家、国际经济组织和跨国公司，对全球化进程努力推动，大加歌颂，说它将带来大同世界，使人人幸福。美国纽约市社会研究新学院世界政策研究所所长斯蒂芬·施莱辛格就写过一篇题为《全球主义透视：世界向大同社会发展》的文章，认为自冷战结束以来，世界不断朝全球标准体系发展。由于"华盛顿在联合国中开展工作，帮助达成了300多项国际性条约，涵盖了诸如经济制裁、飞机航线、核能核查、人权、控制污染、海洋权利、空间法律、海关手续和新闻自由等，这些全都是对建立一个良好运作的大同社会至关重要的问题"。他还说，由于全球化，"我们正以几十年前无人预料的方式组建一个秩序井然的大同社会。"显然，"大同社会"因全球化而到来的预言肯定会遭到发展中国家人们的讪笑。另一极是被排斥在全球化潮流之外的不发达国家，它们指责全球化给穷国带来灾难。古巴欧洲研究中心专家西尔维奥·埃雷拉撰写的专稿取名为《全球化是对不发达世界的威胁》，文中说："全球化潮流是符合客观规律的，但世界上的主要大国从自己的利益出发，利用了这股潮流，在国际关系中建立新的控制与调节手段""进一步加深了发达国家和不发达国家之间现有的差距，带来了难以预料的后果。"在国际关系领域，全球化扩大富国与穷国的差距是不争的事实。反全球化的趋势和力量便因此而来。

无论如何，"反全球化"运动要有所作为，必须突破力量基础只停留在分散的人群、民间组织和少数非主流学术群体的局限，要提升到民族国家的层面，这样才能具有真正的实力，具有改写全球化规则的力量。否则的话，"反全球化"运动就只会处于"草根"的在野地位。实际上，国家是一种重要的

"反全球化"力量。全球化与国家这两个概念就其内涵来说就已经有互相对立的一面：全球化意味着超越国界，超越国家这个范畴所规定的内涵。而国家则要捍卫其国界和主权等。当全球化是在世界仍然划分为国家、民族的局面下进行时，全球化与国家之间的对立与矛盾便不时爆发出来。有人说，"全球化是国家的掘墓人"，甚至说经济全球化已经使民族国家变成过时的观念了。国家固然与全球化有相冲突的一面，但国家并没有过时。国家也不是在一切场合都反对全球化，跨国公司有时也要借助国家力量推进全球化。所以国家作为反全球化的一种力量只是在超越国界与维护国界、主权的意义上说的。将国家引入"反全球化"的力量，将会大大增强"反全球化"的基础，巴西、委内瑞拉、古巴、马来西亚等国的参与，就足以说明国家的加入对"反全球化"运动是何等重要。

民族主义是"反全球化"的另一支重要力量。全球化不光力求泯灭国家之间的界限，也力求模糊民族之间界限。可是全球化（特别是经济全球化）那种使整个世界变得整齐划一的趋势必然遭到民族、种族等群体力量为自我保存而做的反抗。民族文化的力量会激烈地反对全球化，因为它们拒绝在全球化的整齐划一趋势中丧失自己的个性。1998年德国许多大跨国公司出于提高经营全球化效率的需要而宣布在公司范围内把英语作为工作语言来推广。马上就遭到本国一些人士的反对。他们组织"保护德语"俱乐部，以抵抗英语的影响对德国文化造成的冲击力。再如，国际互联网是最全球化技术，由于美国在互联网中占了绝对优势，法国和加拿大害怕本民族文化因此而在全球化的单一文化（美国化）中丧失自我，所以就同美国展开"文化战"。在全球化的发展进程中，西方大国不会放弃利用全球化的客观趋势和自身在其中的优势来实现自己的经济霸权主义的隐蔽意图——人们从中国争取进入世贸组织所面对的种种人为障碍以及为此而进行了十几年的艰苦谈判中，可以体会到这一点。这就必然激起发展中国家反对隐藏在全球化背后的霸权主义的民族主义情绪。

7.2.4 调整"反全球化"运动的方式，由街头抗议向论坛与议会抗争的高端化发展

传统的"反全球化"运动形式主要是激进的街头游行示威。尽管这种游行示威的"反全球化"形式吸引了世界的眼球，成为最常见、最引人注目的"反全球化"运动形式，给全球化的受害者的广大弱势群体一个宣泄不满的机会，给全球化的主导者——发达国家、国际组织、跨国公司——一种强大的压力，引起了国际社会对"反全球化"运动本身和新自由主义全球化带来的消极后果

的关注，有力地推动了与全球化相关的国际政治、经济秩序改革。

但是，往往采取暴力和非理性行为的"反全球化"运动已从采取打倒一切现存秩序的无政府主义街头抗议行动发展到暴力对抗。这样的抗议方式并没有从实际上解决当前世界不公正的社会现象。正如联合国秘书长安南所指出的："街头抗议解决不了问题，漠视反全球化现象对全球化未来发展也不利。"目前，反全球化运动的无序膨胀和暴力对抗形成了新的世界性社会问题：一些正常的国际性会议也因"反全球化"的无序对抗而患上所谓"峰会恐惧症"；发达国家右翼保守势力抬头；面对国际恐怖主义的威胁，美国在国际上越来越依赖单边主义和军事手段，对世界和平和稳定构成威胁；西欧公众对全球化带来的就业形势恶化和边界开放导致非法移民的担忧导致右翼获胜。反全球化运动依然是"破多而立少"，反对全球化的呼声很高，而提出的替代方案却不多，即使有，也缺乏可操作性和现实性。为了提供一个正确的答案，我们不需要减慢反而要加快全球化进程。这就是反全球化运动的悖论。

"反全球化"运动中极端主义者的暴力倾向一直是遭到国际社会诟病的主要因素，也是一些政府用武力镇压乃至取缔"反全球化"活动的主要借口。尽管街头抗议仍然是未来"反全球化"运动的主要也是最有影响的斗争方式，但和平诉求替代暴力倾向的斗争方式乃是"反全球化"运动的出路之一。尤其是"9·11"事件之后，打击国际恐怖主义成为国际社会的共识，传统的带有很强的暴力倾向的街头抗议运动以及无序状态，很容易为恐怖主义所利用，也容易为各国当局警察加大对"反全球化"运动监控和镇压提供口实。更主要的是，在广大弱势群体长期遭受暴力、缺乏安定的生活环境之苦的情况下，希望有一种稳定的社会环境，对暴力和动荡深恶痛绝，如果"反全球化"运动继续沿袭暴力方式，就会有违大多数人的愿望，失去"反全球化"的群众基础，处于公众舆论的不利状态，甚至有可能遭到孤立。因此，正如世界社会论坛、欧洲社会论坛等和平、学术的"反全球化"方式受到广泛青睐，拥有的群体基础也越来越广泛，相反，街头抗议之类的暴力倾向趋于减少。正如有学者指出："有一点是肯定的，类似西雅图或者布拉格那样的激进街头抗议可能要降温，（因为）反全球化力量在重新思考他们的策略与手段，以使抗议取得真正的效果。"

不仅如此，"反全球化"运动的根本出路还在于"反全球化"运动的学理化和议会化，通过深入的学术研究，锤炼出"反全球化"运动的理论体系，然后吸引大批的有良知的知识分子加入进来，成为各个国家的政治精英，通过选举之路，成为议会、内阁成员，在议会中推销"反全球化"运动的理论纲领，使之成为各个国家的治国之策，达到建立富有人情、充满效率和公平的全球化规则，让所有人群都能分享全球化成果的伟大目标。实际上，"反全球化"运动也在沿着这一轨道向前发展。巴西能够成为"反全球化"运动的中心之一，成为世界社会论坛的发源地，其原因就在于巴西前总统卢拉对"反全球化"运动的同情和支持。法国的"反全球化"运动发展迅速，就在于法国有一大批有影响的学者、政治家对"反全球化"运动的支持和参与。如果世界上有更多的像联合国前秘书长安南、马来西亚前总理马哈蒂尔、美国经济学家斯蒂格利茨这样的政治家、学者参与，"反全球化"运动的目的就一定能够达到。

众所周知，尽管第三世界"反全球化"运动如火如荼，但西方发达国家作为"反全球化"运动的中心地位很难在短期内改变，"反全球化"运动是富国中相对富裕人群的运动。美国学者小约瑟夫·奈认为，在今后一段时期内，北美、欧洲仍然是"反全球化"运动最为集中的地区，原因在于，一方面，西方国家是全球化的积极推动者，一些重要国际会议，如八国首脑会议、世界银行年会、国际货币基金组织年会、联合国贸易与发展会议、世贸组织部长会议等，大多选择在西方一些重要城市召开，如纽约、华盛顿、西雅图、伦敦、巴黎、柏林、维也纳、日内瓦等。这些城市对外交通便利，能够为会议参加者提供便利，同时也为"反全球化"人士提供便利。另一方面，"反全球化"运动是需要成本的，需要一定的经济基础作为支撑的，发达国家人们的收入水平高，"反全球化"人士能够承担路费、生活费、住宿费等各种开支，而广大发展中国家的弱势群体则无力负担这些费用。还有一个重要的原因，就是发达国家的舆论工具发达，网络普及，在互联网成为重要的"反全球化"运动鼓动、宣传、策划、联络工具的情况下，有利于"反全球化"运动的发展，相反，第三世界国家，真正能够接触到互联网的人只是少数，那些全球化受害者的弱势群体更是寥寥无几，所以"反全球化"运动无法在第三世界的国家得到发展。

7.2.5 提升理论支持力度，建立"反全球化学"

众所周知，任何一种运动的成功，需要理论的支持，才能有后劲和可持续发展的能力。国际共产主义运动当初取得成功，就是因为有马克思、恩格斯、列宁等一大批经典作家进行了大量的理论研究，创造了一个系统的、逻辑严密的科学社会主义，并用这些理论来指导十月社会主义革命，因而取得了成功；当今全球化的发展之所以迅速，是因为建立起了雄厚的全球化理论，发达国家、国际组织和跨国公司以全球化理论作后盾，有力地推动了全球化的发展。

"反全球化"运动的发展之所以进展不快，其中一个重要原因在于缺乏系统的理论支持，提不出解决问题的切实方案。"反全球化"运动虽然揭露和批判了当代世界许多不公平、不合理现象以及人类面临的危机，但是其认识仅仅停留在现象的表面，情绪的反应多于理性的思考，没有明确的、统一的政治和社会目标，没有深刻地认识到全球化的种种弊端之根源在于资本主义对全球化的主导。因此，他们只提出一些理想主义甚至是极端主义的要求，如法国农民认为进口价格低廉的基因改造食品将会导致削减国内农业补贴。但他们提不出建设性解决问题的切实方案，甚至有的简单地将世界危机、矛盾、冲突都归结到全球化头上，他们把国际货币基金组织、世界贸易组织、世界银行等国际性经贸组织当成了出气筒，全球化成了世界问题的替罪羊。

因此，"反全球化"运动如果要有所作为，就必须要花大气力，建立起系统的理论支撑，建立起一门"反全球化学"，以保证"反全球化"运动的持续发展。

7.2.6 组织上建立起坚强的领导核心

"反全球化"运动内部尚未形成统一的组织和协调机制，内部松散、杂乱。由于所处地位和利益的不同，不同国家、不同阶层及不同个人对全球化的反应是不一样的。由于各种力量的出发点和关注点不同，反全球化力量难以汇合。发展中国家的反全球化运动力量与发达国家中的反全球化运动力量难以团结一致。同时，反全球化运动大多以非政府组织的形式出现，在组织、战略和战术上都无法保持统一和稳定。因而这一运动很容易陷入分裂状态，无法形成一种全球性的、有效的、不可抗拒的力量。

历史的经验已经证明，缺乏坚强领导核心的运动是一盘散沙的运动，其最终是没有出路的。从"反全球化"运动来看，一个很重要的苗头是，马克思主义等左翼政党在"反全球化"运动中日趋活跃。左翼社会主义者不仅积极参与反全球化运动，还在理论上进行了新的探索。因此，法国共产党认为要对全球性机制实行"结构性改革"。美国共产党提出，必须将全球化运动的主导权从资产阶级转归工人阶级及其同盟手中，才能解决资本主义带来的诸多问题。还有一些左翼社会主义者提出要参与并利用全球化，使工人阶级在运动中起领导作用，将反全球化运动转化为推翻资本主义的动力，然后实现向社会主义的转变。在国际共产主义运动低迷的情况下，各种左翼党派在"反全球化"运动中日益活跃、日趋团结，这对于马克思主义思想的传播、对于社会主义力量的培养和成长，对"反全球化"运动的发展和出路，是十分有利的。

7.3 "反全球化"运动的未来

在全球化加速发展的时代，任何人都不能否认和阻挡全球化的发展。但在推动全球化发展的同时，如何建立公平、公正、和谐、繁荣的国际政治经济新秩序，使全球化朝着惠及世界各民族的方向发展，却是一个需要认真思考的问题。毕竟，在一个"一小半豪富，一大半赤贫"的世界中，安全是无法保障的，发展也是无法持续的。因此，"反全球化"运动并非一个昙花一现的暂时现象，未来还有不断壮大的趋势，在今后一个相当长的时期内仍然会对国际经济与政治的发展产生极其重要的影响。因此，"反全球化"运动需要思考未来。

7.3.1 让世界展现出以公共利益为准则的"富有人情味的面孔"

全球化确实给世界带来了新的气象。但是，由于经济实力和发展水平的差距及现有国际经济秩序的不合理，全球化的"红利"并未在发达国家和发展中国家之间公平分配。掌握着制定国际经济"游戏规则"主导权的发达国家，是全球化最积极的推动者和最大受益者。发展中国家总体上处于被动地位，受全球化的负面影响很大。因此，"反全球化"运动的组织者需要思考一套国际政治经济新秩序的新规则，以替代旧的变得过时的"扶强抑弱"的规则。当然，重新塑造全球化的新规则，并不是要抛弃现有的国际法。联合国开发计划署发表的《人类发展报告》显示，全球化趋势正在使穷者更穷，富者更富。全球化带来的全球范围内的贫富差距正进一步扩大，经济波动甚至成为经常性的、不可避免的常态，2008 年美国次贷危机引发的全球金融危机，使得世界经济到2011 年尚未完全复苏。社会的不公正影响发展中国家的经济自主性，并导致它们在全球经济竞争中处于不平等地位，全球化越来越赤裸裸地没有人情味，这些均是由经济全球化及跨国公司、国际经济组织支持的新自由主义政策所导致的。因此，要解决全球化带来的不公正问题，必须建立一个更均衡的、可持续性的全球化规则，使全球化成为一种以公共利益为准则的"富有人情味的面孔"。

诺贝尔经济学奖得主斯蒂格利茨说过，全球化造成的破坏多由制度性和政策性缺陷所致。全球化的利益如果要深入人心，就必须为南北国家的人们带来就业机会；必须给予各国足够的机会来使他们通过最合适的方式实现发展目标；国际组织对人们应该更亲近、更负责，决策必须考虑各种利益，并实行外部监督；应为人们的跨国活动建立公正的原则，平衡全球化正负面影响的关键是维持公平。因此，"反全球化"运动担负着建立公正合理的全球化规则，使全球化更富有人情味的重担。

7.3.2　塑造"太空船道德"而非"救生艇道德"

"反全球化"运动未来的一个重要的使命就是在世界上塑造一个"太空船道德"而非"救生艇道德"。人类只有一个地球，生活在地球上的芸芸众生，不管肤色如何，民族怎样，国籍不同，贫富差异，都是上帝的子民，都是平等的，大家同乘一艘"太空船"，谁也离不开谁，一荣俱荣，一损俱损。然而今天的世界，美国成为了唯一的超级大国，世界政治体制以及相应的众多社会正处在失衡之中，基于纯粹经济理由推进的全球化进程，由于没有一种公认的规则用以从国际或国家的层面进行社会协调，只能导致社会和国际政治的不稳定。如果我们误以为全球化犹如韦瑟福德（R.Weatherford）所表明的，即走美国人的路，上述社会失衡的发生同样是不可避免的。韦瑟福德认为，美国兼容并包的文化已成了冉冉浮现的大同世界文化的核心，美国人的特性将变成人类的特性。显然，这种全球化的观点必须拒斥，因为它是一种文化帝国主义，是一种消灭了内容的法则。全球化不必将各种各样的文化融合为一体而形成一种共同的世界文化。世界文化的要点在于所有文化互相尊重以及平等沟通，归属感和文化认同是文化中最重要的要素。全球化企图将世界用一种文化统一起来，这是相当难以接受的。

"反全球化"运动的一个重要目的就是解救全球化过程中出现的"现代性隐忧"，建立起某种为世界上所有文化都能分享和接受的"全球规范"，最紧要的任务就是确立共担风险，而非单方面坐享红利的导向，让全球的承担风险者以公平而又适当的方式来参与构筑现今的全球化体制。就道德导向而言，全球化更需要的是一种"太空船道德"（K.波尔丁）而非"救生艇道德"（G.哈丁）。后者指的是，当碰到紧急情况时，一些人为了自己的生还和利益，把一些人推入海中，以挽救一些人的生命；而前者则意味着，太空船中的所有人都意识到，哪怕发生了不测事件，也不能撇下任何一个人，因为即使把一个人扔出座舱，其余的人照样会命赴黄泉。为了生还，唯一的可能就是调动各种力量，按照商定的规则来共同排除危险。显然，全球化应当考虑采纳"太空船道德"的导向，以作为第三个千年的人道途径。全球化有必要根据新的原则来打造一种新的价值观，今天的全球化缺乏的就是团结一致、相互依赖的价值观，如果群体和国家不把这样的道德原则内在化和制度化，那么全球化带来的社会弊病就将更加严重。为使关系到所有国家的价值观和利益的世界秩序得以实现，各种文化的民族，不论大小贫富，就应当有意识地通过地方性和全球性的工作，去建立必要的结构和体制。

1999 年 1 月 31 日，联合国秘书长安南在达沃斯世界经济论坛会议上向全世界企业主管们呼吁，要求实施有共同价值准则的契约，以支持合适的公共利益准则为方式，给全球化带来一张"富有人情味的面孔"。安南具体地要求企业界采纳下面三套准则：《世界人权宣言》、关于工作中的基本原则和权利的《国际劳工组织宣言》和关于环境保护的《里约热内卢宣言》。他说，全球化是我们生活中的一个事实，但是我们低估了它的脆弱性。如果人们享受不到"某些最起码的准则"的保护，世界经济将是脆弱的和不堪一击的，全球化将遭到冷战后我们这个世界的各种"主义"的报应，如贸易保护主义、民众主义、民族主义、种族沙文主义、盲目崇拜和恐怖主义等。如果不尽快采取措施，使全球化变得富有人情味，全球多边贸易体制将受到威胁。

7.3.3 复兴社会主义价值因素

"反全球化"运动的一些主张体现了社会主义色彩，诸如强烈抗议全球化带来的各种鸿沟，倡导平等理念。反全球化批判全球化最大的罪状是国家之间、地区之间、阶层之间、人与人之间的两极分化，经济上贫富悬殊，政治和社会上的不平等。他们认为，这样的全球化不仅不是全球同质化的推动力，反而是社会解体和社会动荡的催化剂。其结果是我们慢慢地陷入一个新的黑暗时代。实际上这是资本主义追求利润最大化的制度逻辑在当前全球化阶段发展的必然产物，这一趋势所预示的"新的黑暗"，是社会主义黎明的前夜。经济不平等蕴含着剥削，社会和政治不平等意味着压迫，社会主义的目的就是要消灭剥削和压迫，消除不平等，使人们在政治、经济、文化诸方面享有同等的权利，从而保证人的个性得以自由全面的发展。

反全球化运动抗议全球资本主义以牺牲环境换取利润最大化，强调生态平衡优先于经济的无限扩张。环保主义者把生态恶化归咎于资本全球化，归咎于资本主义在全球化中对资源的掠夺。他们认为，资本全球化的加速推进，并没有带来人与自然的和谐和人类幸福，反而导致了全球环境的破坏、生态的恶化、人与自然关系的失衡及人本身的异化。资本主义本身不可能消除这一恶果，要为解除生态危机找到根本出路，就必须废除资本主义，消灭私有制，建立一个绿色的、公平的社会。

从这些抨击和批判中，我们可以看出，社会主义思想已经呼之欲出了，一些反全球化者不知不觉中融通了社会主义元素，他们希望通过反对全球化争取更多的公正、民主、文明与和谐，而这正好与社会主义的立场和目标不谋而合。有人乐观地预测，如果反全球化运动能清晰地意识到替代资本主义社会的方案，再加上重大事件如世界经济大衰退等因素，这一运动将朝着社会主义方向发展。

在"反全球化"运动中，马克思主义等左翼政党在反全球化运动中日趋活跃，欧美国家的共产党、社会党及其他左翼党都采取了较为一致的行动，联合举行示威抗议游行，甚至共同对付警察。1999 年 11 月西雅图的抗议集会、2000 年法国尼斯峰会的群众游行，就各有十几个左派组织共同联合行动。在2000 年 11 月 30 日至 12 月 2 日巴黎的"全球化与人类解放"国际会议上，大会主调充分肯定了抗议西雅图会议的重要作用，认为它是世界左翼采取新行动的信号，那就是联合起来，反对资本主义全球化，为实现全人类解放、建立公民社会而奋斗。2001 年 5 月，一些来自世界各地的 60 多个共产党和左派组织聚首布鲁塞尔，通过了"帝国主义全球化与世界革命进程"决议，认为"反帝国主义的全球化运动形势已经出现"。热那亚八国峰会前夕，德国、意大利、法国等国的共产党在都灵召开了"政治动员"会议，决定站在反全球化运动的第一线，与工会等团体一起参加热那亚大规模示威抗议活动。

反全球化旗下聚集的反抗资本主义大军有利于形成社会主义运动形势。反全球化很大程度上是弱者发出的不平之音。事实上和感觉上的失败者、失意者、受损者、不满者指责全球化加剧了贫富差距，使第三世界国家进一步贫困化和边缘化。发达国家内部第三世界化和两极分化，他们声称全球化简直就是劫贫济富，是为少数富人谋利的全球化。于是，丧失竞争力的工人、利益受损的农民、被遗忘的少数民族、被排斥的有色人种、遭到不公正待遇的妇女、受到多重伤害的边缘群体纷纷走上街头游行示威。反全球化运动被认为是 1968年学生运动以来规模最大的激进政治反抗运动，其庞大的群众队伍、多元的人员组合，是"二战"以来的少有现象，它打破狭隘的国别、民族、身份限制，呈现出世界性景观，颇有些"全世界受压迫者联合起来"的声势，虽然我们还不能称之为无产阶级的联合，但这一运动确实已经吸引了不同民族、不同层次群众的目光，从而必将对助燃真正的无产阶级运动提供社会力量和外在环境。正如弗朗西斯·福山所说，为弱者和处在边缘者的利益来抵制富者权势的、平等主义的政治冲动依然有力，并且已经卷土重来。比利时首相伏思达也认为反全球化这股逆流对民主政治大有裨益。

"反全球化"运动的另一个重要功能就是促使社会主义在全球化与反全球化的矛盾运动中不断成熟。当前社会主义处在全球化与反全球化汹涌澎湃、争风逐浪的历史时期，如何利用全球化与反全球化的条件与时机，促进社会主义发展，复兴社会主义运动，应该说全球化和"反全球化"给社会主义带来可贵机遇。

　　全球化带来了更先进的技术、更好的基础设施、更大规模的投入、更完善的管理、更高水平的生产力、更多的就业机会、更廉价的商品、更周到的服务。它是一个民族国家不断走向世界、参与世界经济的过程，也是民族历史走向世界历史的过程。全球化越发展，就会有越多的民族和国家自觉或不自觉地被卷入这一进程，从而在空间上推动社会主义在更大范围内实现，在时间上拉近人类离共产主义的距离。而且资本主义生产方式也只有在全球化得到充分发展之后，才会耗尽自己所能容纳的全部潜能，共产主义才能在全球化所能造就的高度文明基础上出现。因此，全球化是共产主义的阶梯和桥梁，没有全球化，便达不到共产主义。全球化为社会主义国家奋起直追、突破常规，实现后发优势提供了可贵的机遇，积极参与全球化，在更大范围、更广领域和更高层次上参与国际经济技术合作和竞争，充分利用国际和国内两个市场，优化资源配置，拓宽发展空间，以开放促改革促发展。错过了全球化就等于错过了希望，错过了通向共产主义的快车。

　　"反全球化"给社会主义带来了启示，它表明全球化既非完美的历史过程，也非完美的现实状态，当前它的合理性和进步性还远未得以充分实现。反全球化力量将促使全球化的运行规则发生变化，令其弃恶扬善，朝有利于整个人类的方向发展，这是世界人民的共同期盼。它还表明资本主义在全球的主导地位已经发生危机。苏东剧变后，一些西方学者声称历史已经终结，资本主义可以长治久安了，"反全球化"运动的兴起打破了这种幻想，世人看到了资本主义依旧存在的尖锐矛盾和危机。

　　"反全球化"运动同样表明，社会主义远未终结，社会主义复兴大有希望。社会主义是为了克服资本主义弊病而产生的，它是资本主义的产物，又是对资本主义的一种超越和替代，只要存在着资本主义，社会主义就决不会死亡，社会主义思想还将随着对资本主义的深入批判而重现光彩。"反全球化"的一些主张与社会主义不谋而合，这不是偶然的，社会主义作为对资本主义的扬弃，它对资本全球化进行纠偏和匡正是时代的要求。

第 8 章

中国应对"反全球化"运动的政策选择

近几年来，与民粹主义、种族主义、贸易保护主义、保守主义、单边主义遥相呼应的"文明冲突论""文明优越论"甚嚣尘上。这些论调，实际上是在为世界上最大的发达国家美国逆全球化潮流而动的"反全球化"提供理论支撑，为美国从国际组织和多边协议"退群"、对别国挥舞贸易霸凌的关税大棒张目。面对美国奉行"丛林法则"的大开历史倒车的"反全球化"逆流，中国作为世界上最大的发展中国家，站在道义的制高点上，2019年初夏在北京召开一场具有开创性意义的亚洲文明对话大会，力推文明交流美美与共，用实际行动发出文明没有高低贵贱之分、只有姹紫嫣红之别的呼声，旗帜鲜明地反对所谓的"文明冲突"论，用实际行动表明了中国推进全球化的决心。

8.1 理性认识"反全球化"的本质

当今世界已经进入大数据、量子、智能和数字经济时代，科学技术的发展使得万物互联互通，全球化成为大势所趋、不可阻挡的时代潮流。两千年前，商贾们穿越雪域大漠和古道楼兰，用脚步丈量出大陆间的距离，把中国和世界连接在了一起；在互联网时代的今天，电子商务浪潮串联全球，打破了时空、地域、语言、文化、传统等芥蒂，人们只需通过手机轻点服务，便能坐在家中或办公室，等待各国商品的到来；未来，人们还可以借助互联网技术与物流渠道，在72小时内收到全球各地的商品服务。可以说，现代信息、交通、物流，为"货通全球"提供了大舞台。人类的未来一切皆有可能，互联网、数据技术、数字技术将成为包容性、可持续性、幸福和健康问题的解决方案，80%的业务都会在网上完成，80%的业务都会是全球的，无论你是大公司还是小公司，未来将没有中国制造，没有美国制造，没有俄罗斯制造，所有的都是互联网制造。

中国在新一轮的信息革命中抓住了机遇，主动融入、积极参与和推动全球化，这是一个大国的政治担当。中国自加入全球化组织世界贸易组织以来，做出了无数努力，取消了近七八千份与世贸规则不相符的文件、政策或措施，同时将关税完全降到了"入世"之前所承诺的标准，而且降幅超过了这个标准。美国前贸易谈判代表查琳·巴舍夫斯基评价说，中国是加入世界贸易组织以后做得最好的学生，而且巴舍夫斯基也相信中国这样做下去，将受到世界贸易组织和成员国更大的欢迎。中国回归国际贸易，是世界贸易的大喜事，历届美国政府都认为中国克服了许多政策、体制、市场等方面的限制，努力遵守世贸规则，所取得的成就是令人称赞的。美国前贸易部长古铁雷斯也曾表示，中国加入世界贸易组织之后做出的努力值得全球敬佩，平心而论，中国做了艰苦卓绝的改革工作。

如果说弱势群体的反全球化针对的是不公平的全球化规则以及以美国为首的发达国家奉行的丛林法则的话，那么 2017 年特朗普总统上台以后推行的"美国第一"的贸易保护主义和奉行的一系列"反全球化"政策，矛头所指则是中国等不断成长的发展中国家。美国无端挑起中美之间的贸易战，从诋毁中国破坏规则到抹黑"一带一路"倡议，从污蔑中国人权问题到打压华为，美国的政客为了一己私利，把"中国践踏规则"的谎言说得"冠冕堂皇"，把抹黑中国欺诈世界用得"炉火纯青"。这个曾是世贸规则主要设计者的美国，一言不合就"退群"，成为地地道道的规则"破坏者"。据世贸组织争端裁决的研究报告，世贸组织的 2/3 违规都是美国引起的。美国"乱变道"破坏了国际经济秩序和世贸组织规则，冲击了全球价值链和国际分工体系，是典型的反全球化"任性飙车"，破坏国际规则已经成为美国的任性常态。在破坏全球化规则的同时，美国滥用"长臂管辖"，布设"美国陷阱"，让一些国家和企业相继成为受害者。过去十年，美国力压欧洲金融机构，动辄开出巨额罚单，甚至不惜通过突然逮捕高管的手段强迫阿尔斯通等企业低头让步；动用国家力量，污蔑打压中国民营企业华为公司，四处游走逼迫盟友抵制华为公司；威胁恐吓制裁俄欧合作的"北溪–2"天然气管道项目；曝光的"棱镜"计划显示，美国监听全世界，且其许多铁杆盟友都在名单之列。为了一己之私，连盟友都不放过，且吃相难看，这就是美国"反全球化"卑劣手法。

2017 年 1 月 19 日，美国贸易代表办公室网站发表报告，指责中俄两国违反当初加入世界贸易组织的承诺和规范。报道中，美国称当初"错误地"支持了中国在 2001 年加入世界贸易组织。美国政府以这种自私的、一切以是否有利于美国利益来判断和处理世界上国与国之间的关系。实际上，中国是当今世界贸易规则不平等的最大受害者，真正没有遵守世界贸易组织规则的是美国政府。美国作为世界上最大的发达国家和经济体，越来越无视世界贸易组织规则，带头不承认中国市场经济地位，并将冷战时期被视为贸易外交工具的 "301 条款"[①] 作为国际法凌驾于全球贸易的规则之上。事实上，中国已成为美国许多产品的重要海外市场，其中以大宗农产品和高端制成品最为典型。据中国商务部统计，中国是美国飞机、大豆的第一大出口市场，汽车、集成电路、棉花的第二大出口市场。美国出口的 62% 大豆、17% 汽车、15% 集成电路、14% 棉花，以及约 25% 的波音飞机都销往中国。商务部 2017 年 5 月发布的《关于中美经贸关系的研究报告》预测，未来 5 年，中国将扩大自美进口，进口总额将达到 8 万亿美元，领域包括能源、农产品、制造业产品、服务贸易等。海关数据显示，2017 年全年中国自美国进口 1.04 万亿元人民币，同比增长 17.3%。同年两国贸易总值为 3.95 万亿元人民币，同比增长 15.2%，占中国进出口总值的 14.2%。

美国开启的损害他国利益的 "反全球化"，迫使中国进行回应和应对。因此，明晰不同形式的 "反全球化" 内涵和本质，采取相应的对策，是很有必要的。

8.1.1　正确理解 "反全球化" 运动的含义

"反全球化" 概念十分模糊和宽泛，具有多样性和冲突性，不同的人有不同的理解。"反全球化" 可以指对经济全球化的否定，对经济全球化片面性的批评，对经济全球化的担心，也可能是对目前西方国家主宰经济全球化的回击，或是对经济全球化加剧的贫富鸿沟、社会分裂、环境灾难的不满，等等。在西方媒体与公众争论中，"反全球化""反经济自由化""反资本主义""反全球经济""反自由贸易""反美国化""反新自由主义" 等提法不同，基本含义相似。西方把那些质疑和反对正统的 "经济全球化" 意识形态，反对推动经济全球化政策的行为都描述为 "反全球化"。

"反全球化" 运动是一种由反全球化思潮、理论逐渐发展而形成的社会运动，它与妇女运动、劳工运动、人权运动、学生运动、反战运动、环保运动等社会运动交叉重叠，是其中最包容最庞杂的一种。几乎所有流行的社会运动都具有反全球化倾向，都是目前反全球化运动的一部分。有人称反全球化为运动中的运动（the Movement of Movements）。西方学者使用了许多类似的术语来

---

① "301 条款" 是美国《1974 年贸易法》第 301 条的简称，由 301 条款延伸而来的 301 调查诞生于此。

描述这类具有反抗性的社会运动，如另一种运动（Alternative Movement）、新抗议运动（New Movement）、反体制运动（Anti-systemic Movement）等，旨在强调这些运动对现存制度的不满和反抗。"反全球化"运动中的"反"字则包含了人们对资本主义全球化不同程度的不满和反抗，代表了"不满""憎恨""批判""反对""抗议""抵制"及"反抗"等多种形式的含义。正如学者俞可平所说，全球化本质上是一个内在的充满矛盾的过程，又是矛盾的统一体。它既包含一体化的趋势，又包含分裂化的倾向；既有单一化，又有多样化；既是集中化，又是分散化；既是国际化，又是本土化。

8.1.2　全球化、反全球化是对立统一的两极

"反全球化"运动作为全球化运动的对立面，具有相反的特征，两者是对立的两个方面，但两者也有相成的一面。"反全球化"作为一个流行术语，本身并不严密，西方把那些质疑和反对正统经济全球化的思想、政策、做法和行为都描述为 anti-globalization，人们把它直译为"反全球化"，这里"反"的意思更宽泛、更婉转。庞中英把"反全球化"看成是全球化的反题，是"另一种全球化"，宿景祥认为"反全球化"这个词不太合适，不如称之为"正全球化"，意为纠正全球化。因为全球化与"反全球化"是"两极"，无论站在哪一极，都是出于对同一世界的不同认识。实践中很少有人、团体或政府反对经济全球化本身，他们反对的是经济全球化的悬殊差异，反对的是同他们本身的信念、价值观相背离的全球化。"反全球化"作为全球化发展到一定阶段的产物，是全球化深化的标志，是对全球化弊端的集中回应，并非不分青红皂白地反对它的一切方面。事实上，没有全球化带来的便利的交通、通信、更加开放的边境和四通八达的因特网，反全球化运动根本就组织不起来，或只能是囿于一隅、影响有限的地方性运动。全球化是世界经济发展的客观规律和历史潮流，反全球化运动既不可能也没必要扭转这一潮流。对这一点，连以反全球化和资本主义著称的卡斯特罗也直言不讳地说，世界在继续全球化，这是任何人都阻挡不了的。世界不可避免地要成为一个世界，一个人类大家庭。单干不行，这是历史规律，人类社会发展和演变的规律。换个角度看，反全球化又何尝不是全球化的安全阀，反全球化运动在一片不满、喧嚣、攻击声中，提出了一系列急迫而严重的客观问题，这些问题与全球化如影随形，是全球化的背面、负面、阴暗面，它迟早会暴露出来，遭到人们的反对。不以反全球化的形式爆发出来，必然以其他方式发泄出来。反全球化不妨说是这种种发泄的排气阀。排气阀在很大程度上就是安全阀，不通过一定形式把对全球化的攻击、批评、不

满、忧虑、担心、迷惑排泄出去，早晚有一天全球化会承受不了重压而引发灾难性的爆炸。在这种意义上，我们可以说反全球化是全球化的安全系统和保险装置，对全球化不可或缺，与全球化相辅相成。因此不存在谁是谁非、谁对谁错的问题。

总之，全球化本身是一个中性的事实，它既能造福全人类，为实现共产主义打下物质基础和精神基础，同时也暂时拉大了社会主义国家与资本主义国家的差距，增加了国际共运的难度与阻力。"反全球化"也是中性的，它既能为社会主义运动复兴创造时机、准备力量，也给国际共运带来了一定程度的混乱。社会主义国家要做的是择其善而用之，以"反全球化"所揭示的全球化的消极影响为戒，积极而审慎地参与全球化，改革全球化，促进全球化朝着公平、民主、均衡、持续的方向发展，从而在全球化大潮中获得社会主义新的发展机遇，创造社会主义光明的未来。

8.1.3 认清"反全球化"运动的本质

"反全球化"或"逆全球化"运动作为与全球化相伴而生的运动，有两种不同的表现形式。以发展中国家等弱势群体推动的"反全球化"运动，反对的是不合理的全球化规则和弱肉强食的全球丛林法则，希望建立一种更人性化、更具人伦道德的全球化。这种"反全球化"或"逆全球化"，对于推动社会历史进步，建立一个更公平、更人性的世界，具有一定的积极意义。这是因为，首先，"反全球化"运动在一定程度上揭露了当今全球化过程中存在的许多不公正、不合理的问题，包括人类面临的环境危机。它也表明了当今全球化确实存在着重大的经济、政治和社会缺陷，迫使国际社会开始反思全球化的消极一面，有助于人们辩证地认识经济全球化的本质。其次，"反全球化"运动将会敦促主导全球化进程的西方发达国家在改革现存无序的国际经济和金融秩序等问题上迈出实质性步伐，使全球化的利益分配更加趋向公平合理，最终促使绝大多数人能够享受到全球化的福祉。最后，反全球化运动的矛头主要指向西方发达国家的跨国公司和现行的国际经济组织，这会推进跨国公司调整自己的行为规范，同时也促使世贸组织、国际货币组织和世界银行等国际机构进行积极的改革和完善，这些都有利于使全球化朝着更加公正、合理、可控的方向发展。

但是，反全球化运动的积极意义又是有限的，它的消极影响也很明显。首先，有些反全球化运动的参与者提出了一些理想主义的甚至是极端主义的要求，但是他们不知道也提不出实现这些要求的可行途径，经常是批判性言行多，建设性方案少。有许多问题并不是全球化本身造成的，但他们把对现实的不满都归咎于全球化。事实证明，他们的游行示威与抗议对解决当前世界的不公正、不合理问题并没有发挥太大的作用。其次，在一些抗议活动中还掺杂着某些无意义的暴力活动。这些为了追求轰动效应的暴力活动容易引发社会动荡，进而干扰正常的社会秩序，破坏国际局势的稳定。最后，有些反全球化组织只注重集团的利益，甚至某些参与者与民族主义、贸易保护主义、排外主义及其他极端主义力量有着千丝万缕的联系，这对国际社会的稳定也会造成消极的影响。

至于美国等发达国家奉行单边主义、贸易保护主义的"反全球化"，其本质是对以中国为代表的新兴发展中国家的崛起实施打压、维护其"山顶之城"的一种手段。20 世纪 90 年代以来，特别是 2017 年美国特朗普新政府上台以来，奉行"美国优先"政策，采取以邻为壑、霸凌主义方式，启动尘封多年的"201""232"以及"301"调查等手段，对包括中国在内的主要贸易伙伴频频出手，在连续对中国发动 5 次贸易战的基础上，再次对中国发动前所未有、规模空前的贸易战。过去数次贸易战每次都以中国让步、满足美国获利欲望的和解告终，但每一次贸易战后中国对美出口不降反升。美国当局胃口大开，得寸进尺，不仅沿用过去频频得手的加征关税、贸易制裁等手段，而且以所谓国家安全"莫须有"的名义，动用国家力量，提出"盗窃知识产权""强制技术转让"等不实指责，连续对中国华为、中兴等企业实施"长臂管辖"制裁，最终达到遏制中国发展的目的。

2017 年 1 月 17 日，中国国家主席习近平在达沃斯论坛上指出，困扰世界的很多问题，并不是经济全球化造成的。全球化只是一个趋势，你中有我，我中有你。只有世界好，中国才会好。只有中国好，世界才更好。欢迎其他国家搭中国发展的"快车""便车"。与传统由美国主导的全球化不同，中国所倡导的全球化，是一种合作和共赢模式。因此，理性认识和处理"反全球化"运动中出现的各种问题，避免在国际场合进行意识形态的争论。

8.2　中国应对"反全球化"运动的对策

改革开放 40 年来，中国经济高速增长。到 2018 年底，中国 GDP 总量已经超过 90 万亿元人民币，按照当年汇率，已经达到 13.4 万亿美元。经济总量自 2010 年起超过日本，成为世界上名副其实的第二大经济体，人均 GDP 接近

1 万美元。中国 GDP 占世界 GDP 总量的比重由 2005 年的 5.0% 上升到 2018 年的 16%,相当于美国 GDP 的 67%。中国的外汇储备超过 3 万亿美元,成为世界上第一大外汇储备国。中国的进出口量 2010 年接近 3 万亿美元,成为仅次于美国的第二大贸易大国,外贸依存度达到 30%。中国已经是全球最大工业国,制造业水平更是全面升级,"中国制造" 行销全世界,并获得了 "世界工厂" 的 "雅誉"。中国作为全球化的受益者已经成为国际上的共识。因此,在中国,除了少数理论观点表现出一些对全球化的忧虑外,几乎不存在 "反全球化" 现象。但是,中国作为世界上最大的发展中国家,面对以发展中国家为主流、以弱势群体为主体的 "反全球化" 运动的涛波汹涌,中国不能因为本身是全球化的受益者而忽视 "反全球化" 运动,相反要以更加主动的态度,关注、参与、利用这一 "反全球化" 运动,兴利除弊,推动 "反全球化" 运动朝着准确的方向发展。

8.2.1 "反全球化" 运动与中国的联系

中国是全球化的最大受益者,尽管中国国内的 "反全球化" 运动并没有发生,参与国际上 "反全球化" 运动的社会组织和团体很少,更没有形成独立的 "反全球化" 团体,"反全球化" 人士也很有限,但并不等于 "反全球化" 与中国没有关系,更不可以以事不关己的态度漠视 "反全球化" 运动。特别是 2017 年美国等发达国家以单边主义、贸易保护主义为特征的 "右" 的 "反全球化",似乎改变了美国和中国在全球化中的角色定位,一直扮演世界自由贸易旗手的美国,成为 "反全球化" 的旗手,而长期被西方世界定位于闭关自守的中国,却成了经济全球化和自由贸易的捍卫者。让我们看看世界上第一大经济体美国和第二大经济体中国的所作所为:美国上台后做的第一件事是筑墙,美国第一,美国是美国人的美国,买美国货雇美国人,退出 TPP《巴黎协定》、联合国教科文组织、《伊核协议》;而中国却在努力推倒一个又一个的无形围墙,与全世界更好沟通、联结、贸易、互通有无,主张世界好中国才能好、中国好世界才更好,构建人类命运共同体,实现共赢共享。因此,"反全球化" 运动与中国有着密切的联系,甚至可以说美国特朗普发动的 "反全球化" 目标直指中国。

首先,发达国家内 "反全球化" 势力影响该国的对外经济政策,进而影响中国。中国改革开放以后,尤其是中国加入世界贸易组织以后,中国全面融入全球化之中,在国际上的话语权越来越大,成为全球化的重要受益国。特别是以中国、巴西、俄罗斯、印度、南非等为代表的 "金砖国家" 新兴经济体的崛起，必然导致国际经济利益的调整，某些利益受损者不可避免地会将责任归罪于中国加入世界贸易组织，归罪于全球化。中国存在着"反全球化"势力生长的潜在因素。

其次，发达国家内的某些"反全球化"势力将矛头直接指向中国等发展中国家。中国于 2001 年 12 月 1 日正式加入世界贸易组织，成为世界贸易组织的一名成员。但世界上包括美国、欧盟、日本、澳大利亚、加拿大等主要发达经济体，中间商为承认中国的"市场经济国家"地位。中国的"非市场经济国家"身份使得一些国家在对我国出口产品进行反倾销诉讼时，拒绝采用我国涉案产品的正常价格，而采用"替代国"的同类产品生产成本和价格作为依据来计算出我国的倾销幅度。美国等发达国家以某些"反全球化"者的主张为借口实施贸易保护，对我国频频发起了反倾销调查，大肆扩展反倾销商品调查的范围。据统计，近十年来，WTO 接受的反倾销调查案件中，70% 是针对中国的。从这一意义上看，中国又是"反全球化"运动的最大受害者。

最后，一些发展中国家的"反全球化"与反国际经济旧秩序和反霸权主义联系在一起，一定程度上推动公正合理国际秩序的建立，有利于中国国际环境改善。中国作为世界上最有影响的社会主义国家，在价值观、意识形态上和全球化推动的主要力量有着很大的差别，在当今美国主导世界事务的国际关系格局中，单边主义仍然盛行，"反全球化"运动反对"美国化""单边主义""霸权主义"和新自由主义，有利于公正合理的国际新秩序的建立，对于改善中国的国际环境有利。

由此可见，在全球化背景下，中国作为世界上的大国，不可能不受"反全球化"运动的影响，因此对反全球化运动应该认真分析，积极应对，区别对待。

8.2.2 中国应对"反全球化"运动的态度

既然"反全球化"运动的发展状况如何与中国息息相关，那么，中国就应当对"反全球化"运动抱着准确的态度。但是，中国对"反全球化"运动的支持与反对，都需要把握分寸，避免以"反全球化"运动的名义，在国际上力求避免陷入极为敏感和复杂的"反全球化"是非的论争，而只能剥掉"反全球化"运动的外衣，采取具体问题具体处理，分别对待的态度。

首先，对于直接有利于中国国家利益和发展中国家利益的某些"反全球化"现象，如某些第三世界国家对全球化造成贫富分化、国际关系中不合理、不公正现象的批评，反对单边主义、霸权主义以及美国借全球化谋求一个世界经济、政治和文化美国化的图谋等，还有发展中国家要求建立一个公正、合理的世界新秩序的合理诉求等，中国应当在理论上支持，行动上参与。

其次，对于那些虽与中国国家利益无直接关联，但的确对于解决诸如环境恶化、生态破坏、恐怖主义等全球性问题有一定积极作用的"反全球化"现象，中国应当在道义上、理论上参与，并发出自己的声音。但由于这类"反全球化"运动的主体都是一些非政府组织，与他们联系过于紧密对我国并没有好处，因此中国可以采取理论上求同存异，行动上不参与的态度。

再次，对于那些矛头指向包括中国在内的发展中国家的"反全球化"势力，诸如指责发展中国家劳工状况，或攻击发展中国家抢占其市场、进行贸易倾销，甚至恶意攻击发展中国家的人权、民主等，中国在理论上批判，行动上反对。

又次，对于那些与中国国家利益没有直接利害关系，利弊及影响难以确定，有待进一步分析和思考的反全球化现象，如一些国家一些马克思主义政党、左翼政党、社会民主党在反全球化运动中越来越活跃，甚至呈国际化趋势等，需要冷静观察，保持距离，理论上不定性，行动上不参与，以免授人口实。

最后，灵活处理中国的第三世界身份。中国属于第三世界，但并不等于只要是第三世界国家的主张中国就一定支持，第三世界中有反全球化现象的都是全球化进程中利益受损者。中国作为全球化的受益者，与其他全球化的受益者（包括发达国家）有着某些共同利益。因此在对待反全球化的问题上应在坚持中国属于第三世界这一原则的同时灵活处理中国的"第三世界身份"。

尽管多数人赞同以积极的姿态迎接全球化的机遇和挑战，"反全球化"这种极端、片面的判断并未成为我国进行战略选择的依据，但危险在于，当遇到危机或比较严重的问题时，人们往往会受到这种判断的诱惑，将问题归罪于外部因素，其结果虽不一定会改变我国的战略选择，但却会对我们的策略产生相当的负面影响，从而扭曲或减慢我们的战略进程，并为我们试图摆脱或反对全球化而付出超额代价。这是我们不能不警惕的。"反全球化"运动戏剧性地说明，解铃还须系铃人，即解决全球化的负面影响，要倚靠全球化，尤其要倚靠发展中国家从自身利益出发，强调包括劳动力在内的所有要素在发展中国家和发达国家的双向流动：强调宏观政策的国际协调以分享全球化利益，而不是简单地、情绪化地反全球化。同时，全球化是一种客观趋势，在某种程度上是无法选择、不可抗拒的。中国不能置身其外，关键是如何兴利除弊、主动迎战，参与全球化，利用全球化的机遇，发挥"后发优势"。因此，应从全球化的角度来思考应对反全球化运动的对策。

8.2.3 中国应对"反全球化"运动的策略

对待"反全球化"运动，在厘清联系，端正态度的基础上，中国需要根据中国的国情，冷静思考，抓住机遇，采取对策，迎接挑战，积极应对。具体来说，应该采取以下几个方面的对策。

第一，在国内加强社会主义民主法制建设，增强全球化条件下的政治发展能力。"反全球化"运动在某种意义上说也是一种意识形态，西方发达国家中的一些"反全球化"势力打着"反全球化"的旗号，实际上是对中国的政治制度、意识形态进行干涉，并肆意制造"颜色革命"，企图颠覆中国的社会主义制度。对于这一点，中国必须有清醒的认识。在这些涉及国家主权和基本制度的原则问题上，我们必须坚持原则，发挥自己的优势，决不照搬西方模式。同时，我们也要加快政治体制改革的步伐，大力发展社会主义民主政治，真正实行依法治国，全面提高人民群众的政治参与程度，不断增强我国的政治凝聚力和发展潜力。

第二，大力加强社会保障体系建设，克服贫富分化、收入差距悬殊的不平等现象，在保障效率的同时，保障民生，解决社会公平、公正。贫富分化现象是"反全球化"运动攻击的主要选题，中国作为社会主义国家，在经济高速发展的同时，收入差距也扩大得非常迅速，基尼系数接近 0.5，从而导致一系列社会矛盾。因此，改善民生，加强社会管理，解决收入分配不公问题，尽可能将全球化成本降到最低，是应对"反全球化"运动挑战的重要举措。

第三，发展低碳经济，减少碳排放，保护生态环境。全球资源日益匮乏，环境恶化，生态破坏，是"反全球化"运动的又一个议题。中国作为发展中国家，为了保证一定的经济增长速度，确实消耗的资源日益巨大，碳排放量在世界上居高不下，给国内和周边的环境带来了一定的影响，成为"反全球化"运动攻击的重要内容。因此，为了应对"反全球化"运动，降低全球化的成本，中国应该加速转变生产方式，实现科学发展观，减少碳排放量，加强生态保护。

第四，积极进行南北合作、南南合作，争取国际舞台上的发言权和世界经济规则的制定权，为建立公正、合理的国际政治、经济新秩序做出榜样和贡献。中国是全球化的受益者，在获得全球化红利的同时，应该尽量听取"反全球化"运动的诉求和呼声，发挥中国作为联合国安理会常任理事国和世界大国的作用，在国家事务中尽可能降低全球化游戏规则中不平等因素所带来的负面影响，积极探讨建立国际经济新秩序的实现途径，积极加入各种国际性经济组织，获得在国际经济舞台上的发言权和经济规则的制定权，在全球化体系与机制内表达中国的意见，充分利用机制的框架修改、完善机制，遏制不公正的现象，使全球化运动朝着公正、合理的方向演变。反对全球化进程中的不公正与不平衡，是中国矢志不渝的目标，决不能因为中国是全球化的受益者，就对全球化的不公正与不平衡不管不问，忘却中国应该担负的历史责任。中国是一个正在崛起的大国，一个发展中国家，同时又是一个高举马克思主义旗帜的社会主义国家，这三重身份都要求中国在全球化进程中发挥特殊作用。中国在改变全球化进程中的不公正与不平衡方面，自然会体现广大发展中国家的意愿与利益，从而得到它们的有力支持。这无疑会形成更大的力量，有助于修改全球化机制与规则，提升发展中国家在全球化中的地位。只有这样，我们才能积极争取国际舞台上的发言权和世界经济规则的制定权，为克服全球化进程中的不公正与不平衡作出最大努力。作为发展中大国，在 1997~1998 年的东亚金融危机期间，2008 年爆发的全球金融危机期间，中国作出了表率和贡献，承担了中国应尽的国际义务，大幅度地减免了许多发展中国家的债务，并对这些发展中国家提供力所能及的经济技术援助。中国用行动向世界表明，社会主义中国在全球化的进程中，是真心实意地帮助最不发达国家的。中国用实际行动赢得了广大发展中国家的好评和赞誉，对于建立公平、公正、合理的全球化规则做出了巨大贡献。

第五，低调处理有关"反全球化"运动的新闻报道。由于反全球化运动不代表历史前进的方向，这个运动的无政府主义倾向和没有建立国际新秩序的可行性措施表明，它不能代表各国人民的根本利益。因此，我们决不能因为"反全球化"运动批评了当代国际关系中的一些不公正、不合理现象，甚至有时也反对霸权主义而对这个运动寄予不切实际的希望。例如，反全球化运动中的某些派别批判资本主义，批判西方国家民主、人权的虚伪性，但也会在民主、人权问题上攻击中国。如不注意他们的这种易变性，不与他们保持一定的距离，我们可能会陷入被动地位。由于反全球化运动组织和人员构成的复杂性，某些组织有可能被西方敌对势力利用，对我国进行渗透和演变。对此，我们应保持必要的警惕。

第六，在人民外交的框架内，制定与非政府组织的交往政策。对于那些代表正义的"反全球化"组织、人士和弱势群体的震荡诉求，中国可以保持与他们开展对话，听听他们的观点和主张，凡是正确的、合理的，中国应该表示支持。但是，应该注意求同存异、保持适当距离。应该看到，在今后很长一个历史时期，国际关系和国际法的行为主体仍然是国家。因此，把各种反全球化运动的非政府组织抬高到不恰当的地位，对主张"各国的事务应由本国政府和人民决定"的我国并没有好处。近年来，各种非政府组织对国际关系的影响越来越大。这表明，各种民间力量正在越来越广泛、越来越积极地参与国际事务，正在成为制约各国政府的力量。这种制约，有时是积极的，如反战、反核、反毒品、保护环境生态、保护妇女儿童、扶贫等。有时则是消极的，如贸易保护组织、推行西方人权、民主价值观的组织等，以及某些非政府组织的无政府主义倾向。我国在求同存异、相互尊重的基础上，对各种非政府组织及其主张要善于区别对待：有的要支持，有的要反对，有的要保持距离，有的要回避。这是我们推动多极世界格局形成的新任务。

第七，防止西方敌对势力借"反全球化"运动之名，对中国主权进行干涉。在全球化过程中，一些西方国家借与中国的经济合作、互利互惠之名，行诱使中国放弃现行社会制度和价值观念之实。要防止他们利用"反全球化"作为幌子和工具，干涉中国内政，进而危及我国的国家主权、安全和政治稳定。对其"西化""分化"中国的战略图谋，要保持高度警惕。需要清醒地看到，西方国家多少年来一直对社会主义国家进行着意识形态的渗透。对中国的这种渗透也一直没有停止过。西方敌对势力以各种手段和方式施行西化、分化的政治战略，企图颠覆中国共产党的领导和中国的社会主义制度，近年来不断利用所谓人权、民主、自由、民族、宗教等问题向中国发难。可以预见，我们与西方敌对势力在渗透与反渗透、颠覆与反颠覆上的斗争将是长期的、复杂的。所以，必须充分注意到"反全球化"运动可能带来的消极影响，高度警惕和防范敌对势力的"西化""分化"图谋，增强在意识形态领域的战斗力。

第八，加快人民币国际化的步伐。基辛格有一句名言："谁控制了石油，谁就控制了所有国家；谁控制了粮食，谁就控制了人类；谁控制了货币发行权，谁就掌握了世界。"商业贸易的本质是金融资本的竞争，因为贸易的背后就是货币和银行。中国在金融资本竞争中能够打败美国的唯一武器是使人民币成为世界货币，具有享有美元同等地位和在世界上占有同等分量的世界货币。在某种程度上可以说，什么时候实现了这一目标，什么时候就意味着中华民族真正实现了伟大复兴。当然，人民币国际化并非一朝一夕可以达到，至少需要一两代人的努力才能达到。

要实现人民币国际化，一是需要大量囤积黄金。黄金天然不是货币，但货币天然是黄金，世界货币最终还是回归到黄金本位。中国本身是世界第一黄金生产国，中国的黄金储备量尽管确切的数量不得而知，但是与中国的大国地位、经济总量还很不相称，与美国等发达国家还有一定的差距，因此必须加大黄金的储备量，除了增加在本国勘探、开采外，还需要加大国际合作，从国际市场上增加黄金的购买量。二是要引领一场新能源或者新材料的科技革命。众所周知，石油是当今世界最为珍贵的资源，几乎绝大部分的工业，都离不开石油。美元的垄断地位，就是因为在以沙特和阿曼为首的产油大国支持下，石油和美元挂钩成为"石油美元"。让布雷顿森林体系崩溃后信用丧失殆尽的美元，依旧充当着世界货币，美国享尽了好处。然而，中国不是产油大国，而是石油消耗大国，是超越美国的全球最大石油进口国，仅 2017 年石油消耗高达6.1 亿吨，其中进口比例超过 70%，到 2030 年中国对石油的需求将高达 8 亿吨，进口比例将超过 80%。进口规模如此之大，一旦发生短缺，对中国工业的重创，将难以估量。所以中国必须寻找出能够替代石油的新能源，以摆脱受制于人的局面。从发展趋势来看，中国可以在通过核聚变引领"氢时代"、通过开发可燃冰引领"可燃冰时代"上实现人民币国际化，开创"氢人民币"或"可燃冰人民币"。三是充分发挥中国巨大市场的潜力，加大上海石油期货市场、大连铁矿石期货市场、郑州粮食期货市场人民币结算的强度，并加大"一带一路"倡议的实施力度，大力发展与"一带一路"沿线国家的货币互通。

8.3　大力推进"一带一路"建设，构建人类命运共同体

美国总统特朗普上台以后，美墨边境修墙，退出 TPP 和影响世界发展的《巴黎协定》等国际协议，退出了联合国教科文组织，退出了联合国人权理事会，退出了万国邮政联盟，甚至退出了世界上很多国家花费巨大精力签订的《伊核协定》，退出了与俄罗斯签署的《中导条约》，2018 年又开启了与包括中国在内的世界很多国家的贸易战。"退群"与贸易摩擦，成为美国"反全球化"的常态，这种势头还有蔓延的趋势，美国甚至宣称要退出联合国。特别是美国将中国定位于"竞争对手"甚至"敌手"，企图剥夺中国的发展机会，遏制中国发展，美国这种逆全球化潮流而动的举措，引起人们对全球化前景的悲观和对"反全球化""逆全球化"的担忧。中国作为负责任的大国，面对美国掀起的"逆全球化"潮流，有责任联合世界上反对"反全球化""逆全球化"的力量，推动全球化向前发展。

8.3.1　捍卫全球化原则，更深入地融入世界经济体系

尽管"反全球化""逆全球化"从观念上和实践上都有发展的势头，但终究只是全球化进程中的一股逆流。

越是"反全球化""逆全球化"思潮甚嚣尘上之时，中国作为负责任的大国，越要有大国的担当，发出自身捍卫多边主义、"全球化"原则的声音，坚持全方位的对外开放，加强与周边国家的友好睦邻关系，加强"一带一路"建设，发展多边和双边贸易自由化进程，更深入地将中国经济融入到世界经济体系之中。

加快构建全球伙伴关系网，发挥"中国智慧"在全球治理中的作用。中国发挥大国作用，不断推动建立更加公平公正的国际秩序，不论是在中东还是拉美，在处理国家间摩擦和地区性冲突对立中，始终秉着是非曲直，不拉偏架，不徇私利，说公道话，做公道事，为消弭冲突、化解分歧提供公平公正的建设性方案。中国怀着"天下一家"的情怀，尽己之力，通过举办高规格的"一带一路"国际合作高峰论坛、中非论坛、G20峰会、亚太经济合作组织（APEC）峰会等大型国际性会议，承担起自身在国际事务中的责任，扛起全球化的大旗，发出中国的声音，展现中国的智慧，赢得更多的朋友，以"信心"破解美国"剪世界羊毛"的霸权心理和惯性思维，扭转反全球化逆流。

中国既尊重美国作为全球最强大国家的地位和影响，同时又保持中国自身的战略定力，对"反全球化"思潮和运动保持清醒头脑，秉承"不争论，多干事"的原则，坚持理论自信、道路自信、制度自信、文化自信，把本国的事情办好，在国际上没事不搞事，有事不怕事，有好事大家分享，以不变应万变，发展自己，壮大自己，推动全球化朝着公正、合理的方向发展，抓住战略机遇期谋自身"和平崛起"。

面对多变的特朗普时代，中国必须以不变应万变，保持战略定力，冷静观察，沉着应对，强筋健骨，造势而上，以更积极有为的行动，制人而不制于人。只要我们保持充分的战略自信，我们就可以在世界百年未有之大变局中，抓住战略机遇期，化解各种风险和危机，引领全球化的发展。

8.3.2 推进"一带一路"建设，构建中国的"全球化"方案

面对充满不确定性的当今世界，在事关人类命运和前途的大是大非面前，在确定世界的未来何去何从的关键时刻，中国人力图通过自身的努力，找到解决问题的途径和方案。2013年3月23日，中国国家主席习近平在莫斯科国际关系学院发表演讲，首次面向世界提出"人类命运共同体"理念，确立人类文明走向的新航标。2017年，中国共产党召开的第十九次全国代表大会把"推动构建人类命运共同体"作为新时代坚持和发展中国特色社会主义的基本方略之一，并把它写入党章。2018年3月11日，十三届全国人大一次会议表决通

过中华人民共和国宪法修正案,"推动构建人类命运共同体"被写入宪法,这一凝聚着东方智慧的理念被赋予全新含义,表达出中国将携手世界各国为之奋斗的坚定意志,实现了中国共产党"为人类进步事业而奋斗"的庄严承诺。

构建人类命运共同体,意味着政治上相互尊重、平等协商,坚决摒弃冷战思维和强权政治,走对话而不对抗、结伴而不结盟的国与国交往新路;安全上以对话解决争端、以协商化解分歧,统筹应对传统和非传统安全威胁,反对一切形式的恐怖主义;经济上同舟共济,促进贸易和投资自由化、便利化,推动经济全球化朝着更加开放、包容、普惠、平衡、共赢的方向发展;文化上尊重世界文明多样性,以文明交流超越文明隔阂、文明互鉴超越文明冲突、文明共存超越文明优越;生态上坚持环境友好,合作应对气候变化,保护好人类赖以生存的地球家园。这种"世界各国一律平等,不能以大压小、以强凌弱、以富欺贫""搞保护主义如同把自己关进黑屋子,看似躲过了风吹雨打,但也隔绝了阳光和空气""穷兵黩武是霸道做法,只能搬起石头砸自己的脚"的新安全观、新发展观、新全球观,为世界面临的风险挑战提供解决之道,成为解决全球难题、应对"逆全球化"的良方,也是世界各国人民的共同心声。

世界各国人民都生活在同一片蓝天下、拥有同一个家园,应该是一家人,世界的前途命运必须由各国共同掌握,把世界各国人民对美好生活的向往变成现实,中国人民秉持"天下一家"情怀,呼吁各国共襄构建人类命运共同体的伟业。构建人类命运共同体的思想源自中国,正在深刻影响和重塑世界,并且产生共振,被写入联合国决议、安理会决议、联合国人权理事会决议,从而日益凸显其时代价值,显示出强大的国际影响力、感召力、塑造力。

时代是思想之母,实践是理论之源。中国不仅是构建人类命运共同体的倡导者,也是实践者、贡献者和先行者,把与各国命运休戚与共的决心,转化为扎扎实实的实践。习近平同志自 2013 年当选国家主席以来,以相互尊重、公平正义、合作共赢的理念,推动构建新型国际关系,到 2017 年底,已完成 29 次出访,遍访世界 57 个国家,接待 110 多位外国元首访华,在国内会晤外国元首、政府首脑约 290 人次,以大国领袖风范,正确义利观、新安全观、亲诚惠容、真实亲诚的理念,悉心编织全球伙伴关系网络,不断巩固扩大"朋友圈",构建总体稳定、均衡发展的大国关系框架,倾力打造周边命运共同体,再到实现同发展中国家整体合作机制全覆盖,走出一条"对话而不对抗、结伴而不结盟"的国与国交往新路。与此同时,以推动"一带一路"建设为抓手,为构建人类命运共同体作出中国的示范。

8.3.3 关键是把自己的事情办好

中国作为负责任的大国，越是在这种“反全球化”逆流甚嚣尘上的关键时刻，越要沉得住气，洞悉一切，冷静应对。中国需要的是气定神闲、见招拆招、谋定而动，坚守自身的底气和底线，清楚自身的核心利益所在，不争一时之得失，咬定长远发展的空间和时间，争取战略机遇期的红利。中国人民有着无与伦比的勤劳和智慧，中华民族屹立世界五千年，靠的就是由勤劳、智慧所练就的奋发图强、坚韧不拔的精神。要清楚地意识到化解外部风险的最大利器就是把自己国内的事情做好、做大、做强。

一要加速推进国内改革进程，加强和完善对知识产权和私有产权的保护力度，认真履行世界贸易组织承诺，加速市场化改革，消除各种市场扭曲，按照竞争中性原则，让市场在资源配置中发挥决定性作用。

二要多方位地加强与世界各国的文明交流。习近平总书记提出，“文明因交流而多彩，文明因互鉴而丰富。文明交流互鉴，是推动人类文明进步和世界和平发展的重要动力”。每个民族、每个国家，都有自己独特的文明传承，只有相互尊重每一个国家和民族的文化，通过文明交流和互鉴，才能消除存在的隔阂和误解，促进民心相知相通。文明没有高低之分，更没有所谓的“文明冲突之论”，文化差异性不能成为阻碍人类文明进步的绊脚石，相反，它更应该符合“各美其美，美人之美，美美与共，天下大同”。一花独放不是春，百花齐放春满园。只有走尊重、包容、互鉴的文化交往之路，才能促进和而不同的文化人类命运共同体建设，消解充斥世界的“文明中心主义”。2019 年 5 月 15日，习近平总书记在亚洲文明对话大会上作了题为“深化文明交流互鉴，共建亚洲命运共同体”的主旨演讲，再次重申中国愿意和世界各国人民“共建人类命运共同体”以推动不同文明交流对话、和谐共生，表明中国从来都是负责任的，有力回应了国际社会对中国所谓“中国崩溃论”“中国威胁论”“中华文化殖民论”的误解，提出了构建人类命运共同体的伟大构想，有力地回击了“反全球化”“逆全球化”的逆流。

三要把关系到国家安全的粮食和高科技掌握在自己的手中。中国是世界上人口最多的国家，14 亿人口不可一日无粮。中国人的饭碗如果不牢牢地端在自己手中，那些对中国不怀好意的反华势力就会利用国际市场来掐中国的脖子，中国就会出现前所未有的危机。因此，大米、小麦等主要粮食作物市场绝不能对所谓的国际粮食市场抱任何不切实际的幻想。同样，高科技等核心技术，事关国家的核心竞争力，是买不来、进口不来的，更不能寄希望于西方国家对中国的施舍。国际上的反华势力往往利用高科技作为武器来遏制中国的发展，卡中国发展的脖子，企图将中国永远限制在低端产业链上，成为他们的附庸。诸如 5G 技术、芯片、机器人、数控机床、航空航天等前沿科技，无论如何是用钱买不来的，必须靠自己发展。因此，要办好中国自己的事情必须加大投入，自力更生、自主创新，把核心技术牢牢掌握在自己手中。

四要大力发展实体经济，尤其是要做强做优制造业。以制造业为主体的实体经济是一个国家经济的基础，更是国与国综合国力竞争的利器。没有实体经济的支撑，虚拟经济就缺乏根底，只能是虚假的繁荣，同时也缺乏后劲，一旦经济危机发生，这种虚拟经济就会土崩瓦解。按照马克思主义政治经济学的基本看法，实体经济作为财富的本质，是一个国家富裕与否的标志，没有实体经济，即使数字上的 GDP 再高，也无济于事，只能受制于人。

五要大力培育和吸引世界上优秀的人才，建设人才强国。中国有 14 亿多人，是人力资源丰富的大国，但不是人力资源强国。未来中国经济社会的发展，需要坚实的原始创新来支撑，而这些原始创新都要依靠优秀人才来完成。而我国目前人力资源状况是，人才基数大，但高端人才、领军型人才严重不足，导致我国原始创新严重缺乏，影响中国经济社会发展的后劲，同时不利于中华民族伟大复兴"中国梦"的实现。因此，一方面中国要着眼于通过自己的培养，为人才的成长创造出一个宽松的条件，使优秀人才像泉水一样涌流出来；另一方面要通过制度优势，吸引世界上最优秀的人才来中国建功立业，参与到中国伟大事业的建设中。

参考文献

［1］J.D. 万斯. 乡下人的悲歌［M］. 刘晓同，庄逸抒译. 南京：江苏凤凰文艺出版社，2017.

［2］阿兰·鲁格曼. 全球化的终结：对全球化及其商业影响的全新激进的分析［M］. 北京：北京三联书店，2001.

［3］阿列克斯·卡利尼科斯. 反资本主义宣言［M］. 上海：上海世纪出版集团，2005.

［4］埃米尔·萨德尔. 左派的新变化［J］. 国外理论动态，2003（4）.

［5］安妮·克鲁曼. 作为国际组织的 WTO［M］. 上海：上海人民出版社，2002.

［6］蔡娟，杨中强. 另一种全球化——当前"反全球化"现象的思考及对策［J］. 社会主义研究，2002（5）.

［7］陈德照. 对"反全球化运动"的若干思考［J］. 国际问题研究，2002（5）.

［8］戴维·葛瑞柏. 反全球化运动与新新左派［M］. 桂林：广西师范大学出版社，2004.

［9］郸啸. 浅议反全球化［J］. 江淮论坛，2004（4）.

［10］菲德尔·卡斯特罗. 全球化与现代资本主义［M］. 北京：社会科学文献出版社，2000.

［11］格拉德·伯克斯贝格，哈里德·克里门塔. 全球化的十大谎言［M］. 北京：新华出版社，2000.

［12］根纳季·久加诺夫. 全球化与人类命运［M］. 北京：新华出版社，2004.

［13］古晶. 反全球化理论基础评析［J］. 理论学刊，2002（4）.

［14］哈贝马斯等. 全球化与政治［M］. 北京：中央编译出版社，2000.

［15］韩德强. 碰撞：全球化陷阱与中国现实选择［M］. 北京：经济管理出版社，2000.

［16］韩源. "反全球化"利弊分析［J］. 西南民族大学学报，2003（12）.

［17］韩震. "反全球化"的陷阱［J］. 河北学刊，2002（4）.

［18］汉斯—彼得·马丁，哈拉尔特·舒曼. 全球化陷阱［M］. 北京：中央编译出版社，1998.

［19］河清.全球化与国家意识的衰微［M］.北京：中国人民出版社，2003.

［20］侯若石.经济全球化与大众福祉［M］.天津：天津人民出版社，2000.

［21］胡元梓，薛晓源.全球化与中国［M］.北京：中央编译出版社，1998.

［22］简·阿特·斯科尔特.解析全球化［M］.长春：吉林人民出版社，2003.

［23］蒋政音.反全球化问题研究综述［J］.南京政治学院学报，2002（3）.

［24］焦建秋，刘静.试析经济全球化条件下全球性贫富两极分化［J］.宝鸡文理学院学报，2004（2）.

［25］科林·斯巴克斯.全球化、社会发展与大众媒体［M］.北京：社会科学文献出版社，2009.

［26］莱斯特·布朗.建设一个持续发展的社会［M］.北京：科学技术文献出版社，1984.

［27］莱斯特·瑟罗.资本主义的未来［M］.北京：中国社会科学出版社，1998.

［28］莱斯利·斯克莱尔.跨国资本家阶层［M］.南京：江苏人民出版社，2002.

［29］李滨.世界政治经济中的国际组织［M］.北京：国家行政学院出版社，2001.

［30］李丹.反全球化问题研究述评［J］.教学与研究，2005（5）.

［31］李丹.社会主义与全球化、反全球化［J］.中共福建省委党校学报，2004（4）.

［32］李明祥.反全球化潮流涌动［J］.当代世界，2003（1）.

［33］李其庆.全球化与新自由主义［M］.桂林：广西师范大学出版社，2003.

［34］李霞.反全球化运动及其对中国的影响［D］.北京语言大学硕士学位论文，2005.

［35］李勇军.全球化浪潮：中国经济安全面临的挑战与抉择［M］.成都：西南财经大学出版社，1999.

［36］里斯本小组.竞争的极限——经济全球化与人类的未来［M］.北京：中央编译出版社，2000.

［37］联合国社会发展研究所.全球化背景下的社会问题［M］.北京：北京大学出版社，1997.

［38］梁展.全球化话语［M］.上海：上海三联书店，2002.

［39］刘金源等.全球化进程中的反全球化运动［M］.重庆：重庆出版社，2006.

［40］刘力，章彰.经济全球化：福兮？祸兮？［M］.北京：中国社会科学出版社，1999.

［41］刘曙光.全球化与反全球化［M］.长沙：湖南人民出版社，2003.

［42］刘易斯·波利，威廉姆·科尔曼.全球秩序：剧变世界中的机构、制度与自主性［M］.北京：社会科学文献出版社，2009.

［43］罗伯特·吉尔平.国际关系政治经济学［M］.北京：经济科学出版社，1989.

［44］罗伯特·吉尔平.全球政治经济学：解读国际经济秩序［M］.上海：上海世纪出版集团，2003.

［45］罗伯特·吉尔平.全球资本主义的挑战［M］.上海：上海世纪出版集团，2001.

［46］罗兰·罗伯森.全球化——社会理论和全球文化［M］.上海：上海人民出版社，2000.

［47］罗威尔·布赖恩，戴安娜·法雷尔.无疆界市场［M］.上海：上海人民出版社，1999.

［48］罗西瑙等.没有政府的治理［M］.南昌：江西人民出版社，2001.

［49］马杰.经济全球化与国家经济安全［M］.北京：经济科学出版社，2000.

［50］马克·威廉姆斯.国际经济组织与第三世界［M］.北京：经济科学出版社，2001.

［51］马陵.疆界的终结：全球化［M］.北京：新华出版社，2001.

［52］马也.历史是谁的朋友——全球化：定义、方法论和走向［M］.北京：中央民族大学出版社，2003.

［53］诺姆·乔姆斯基.新自由主义和全球秩序［M］.南京：江苏人民出版社，2000.

［54］庞中英.另一种全球化——对"反全球化"现象的调查与思考［J］.世界经济与政治，2001（2）.

［55］庞中英.全球化、反全球化与中国［M］.上海：上海人民出版社，2002.

［56］乔治·索罗斯.开放社会：改革全球资本主义［M］.北京：商务印书馆，2001.

［57］乔治·索罗斯.索罗斯论全球化［M］.北京：商务印书馆，2003.

［58］权伟大，王宏伟."反全球化运动"的特征及其在9·11事件后的发展［J］.国际论坛，2003（2）.

［59］任俊英.反全球化现象透视［J］.社会主义研究，2003（1）.

［60］入江昭.全球共同体——国际组织在当代世界形成中的角色［M］.北京：社会科学文献出版社，2009.

［61］瑞·坎特伯雷.华尔街资本主义［M］.南昌：江西人民出版社，2001.

［62］沈骥如.如何看待全球化浪潮［J］.前线，2001（10）.

［63］世界银行编写组.全球化、增长与贫困［M］.北京：中国财务经济出版社，2003.

［64］斯蒂芬·克莱斯勒.结构冲突：第三世界对抗全球自由主义［M］.杭州：浙江人民出版社，2001.

［65］斯坦利·阿罗挪威茨，希瑟·高内特.控诉帝国：21世纪世界秩序中的全球化及其抵抗［M］.桂林：广西师范大学出版社，2004.

［66］苏珊·斯特兰奇.赌场资本主义［M］.北京：社会科学文献出版社，2000.

［67］唐昌黎.经济全球化两面观［J］.理论学刊，2003（2）.

［68］唐任伍.“扶强抑弱”的全球化规则研究［M］.北京：北京师范大学出版社，2006.

［69］唐任伍.“全球一体化”的神话，发展中国家的陷阱［J］.世界经济与政治，1998（12）.

［70］唐任伍.国际资本流动的新变化和我国开放型经济发展［J］.求是,2000(23).

［71］唐任伍.经济全球化的实质与中国的对策［J］.世界经济，2000（10）.

［72］唐任伍.论“美国世纪”的几个问题［J］.世界经济与政治，2001（4）.

［73］唐任伍.论WTO规则的片面性及其对中国的挑战［J］.北京师范大学学报，2000（1）.

［74］唐任伍.论全球化规则的“扶强抑弱”性［J］.世界经济与政治，2000（4）.

［75］唐任伍.论全球化时代的两极分化及其对策［J］.世界经济与政治，2002（1）.

［76］唐任伍.世界经济“一体化”与“美国化”［J］.世界经济文汇，2000（10）.

［77］唐任伍.世界经济大趋势研究［M］.北京：北京师范大学出版社，2001.

［78］托马斯·弗里德曼.世界是平的［M］.长沙：湖南科学技术出版社，2007.

［79］托马斯·弗里德曼.直面全球化——“凌志汽车”与“橄榄树”［M］.北京：国际文化出版社，2003.

［80］万俊毅，王伯成，郑海天.反全球化：一个基于消费者视野的诠释［J］.东南亚纵横，2003（5）.

［81］王逢振.全球化症候［M］.天津：天津社会科学院出版社，2001.

［82］王杰，张海滨，张志洲.全球治理中的国际非政府组织［M］.北京：北京大学出版社，2004.

［83］王军.对当前“反全球化”现象的认识与判断［J］.上海经济研究，2001（10）.

［84］王列，杨雪冬.全球化与世界［M］.北京：中央编译出版社，1998.

［85］王宁，薛晓源.全球化与后殖民批评［M］.北京：中央编译出版社，1998.

［86］王晓梅.西方国家弱势群体“反全球化”的根源［J］.学术交流，2002（6）.

［87］王逸舟.全球化时代的国际安全［M］.上海：上海人民出版社，1999.

［88］王永贵，蔡连国.“反全球化”运动：当今全球化问题研究的新热点［J］.

当代世界与社会主义，2002（1）.

［89］王游."反全球化"运动成因的分析［J］.江西社会科学，2002（5）.

［90］王雨本.WTO之外的国际经济组织［M］.北京：人民法院出版社，2002.

［91］威廉·格雷德.资本主义全球化的疯狂逻辑［M］.北京：社会科学文献出版社，2003.

［92］唯闲.主流下的不平之音——反全球化运动透视［J］.国际观察，2001（10）.

［93］乌尔里希·贝克，哈贝马斯.全球化与政治［M］.北京：中央编译出版社，2000.

［94］乌尔里希·贝克等.全球政治与全球治理——政治领域的全球化［M］.北京：中国国际广播出版社，2004.

［95］乌尔里希·杜赫罗.全球资本主义的替代方式［M］.北京：中国社会科学出版社，2002.

［96］吴波.反全球化运动剖析［J］.中共云南省委党校学报，2002（4）.

［97］吴易风.反全球化运动考察与分析［J］.世界经济导刊，2003（1）.

［98］向红.澄清对反全球化运动的三种误解［J］.泰山学院学报，2009（4）.

［99］向红.全球化的替代运动——反全球化定义研究［J］.泰山学院学报，2006（1）.

［100］熊贤良.WTO与经济全球化浪潮——中国政府的战略选择［M］.广州：广东旅游出版社，2000.

［101］徐艳玲.反全球化思潮的兴起对资本主义的昭示［J］.毛泽东邓小平理论研究，2002（5）.

［102］徐长甫.当前世界范围内反全球化运动的基本特征［J］.北京行政学院学报，2004（5）.

［103］雅克·阿达.经济全球化［M］.北京：中央编译出版社，2002.

［104］杨伯淑.全球化：起源、发展和影响［M］.北京：人民出版社，2002.

［105］杨雪冬.全球化：西方理论前沿［M］.北京：社会科学文献出版社，2002.

［106］杨中强.全球化的不平之音——当前"反全球化"运动透视［J］.当代思潮，2002（1）.

［107］伊曼纽尔·沃勒斯坦，刘元琪.新的反体系运动及其战略［J］.国外理论动态，2003（4）.

［108］伊曼纽尔·沃勒斯坦.现代世界体系（第一卷）［M］.北京：高等教育出版社，1998.

［109］余文烈.全球化、反全球化与社会主义的未来［J］.马克思主义研究，2003

（4）．

［110］俞可平，黄卫平．全球化的悖论［M］．北京：中央编译出版社，1998．

［111］俞可平．全球化：全球治理［M］．北京：社会科学文献出版社，2003．

［112］俞可平．全球化：西方化还是中国化［M］．北京：社会科学文献出版社，2002．

［113］俞可平．全球化与政治发展［M］．北京：社会科学文献出版社，2003．

［114］俞可平．治理与善治［M］．北京：社会科学文献出版社，2000．

［115］郁建兴．全球化：批评性考察［M］．杭州：浙江大学出版社，2003．

［116］约翰·格雷．伪黎明：全球资本主义的幻象［M］．北京：中国社会科学出版社，2002．

［117］约翰·诺尔贝格．为全球化申辩［M］．北京：社会科学文献出版社，2009．

［118］约翰·塞兹．全球议题［M］．北京：社会科学文献出版社，2009．

［119］约瑟夫·奈，约翰·唐纳胡．全球化世界的治理［M］．北京：世界知识出版社，2003．

［120］约瑟夫·斯蒂格利茨．全球化及其不满［M］．北京：机械工业出版社，2004．

［121］詹姆斯·米特尔曼．全球化综合症［M］．北京：新华出版社，2002．

［122］张才国．反全球化的实质：反对新自由主义主控的全球化［J］．求实，2009（7）．

［123］张德修，王跃生，巫宁耕．大波动：世界经济全球化的冲击［M］．北京：经济日报出版社，1999．

［124］张贵洪．国际组织与国际关系［M］．杭州：浙江大学出版社，2004．

［125］张金杰．经济全球化中的国际资本流动［M］．北京：经济科学出版社，2000．

［126］张世鹏，殷叙彝．全球化时代的资本主义［M］．北京：中央编译出版社，1998．

［127］张晓慧．反全球化运动［J］．国际资料信息，2003（3）．

［128］郑国栋．反全球化视野中的全球化［J］．当代世界与社会主义，2002（6）．

［129］中国国际经济关系学会．经济全球化大潮与中国对策［M］．北京：时事出版社，2001．

［130］中国社会科学院世界经济研究中心．全球化与21世纪［M］．北京：社会科学文献出版社，2002．

［131］中国现代国际关系研究所全球化研究中心．全球化：时代的标识［M］．北京：时事出版社，2003．

［132］钟兴国等 . 世界贸易组织——国际贸易新体制［M］. 北京：北京大学出版社，1997.

［133］朱以青等 . 在动荡中发展——世界经济问题透视［M］. 北京：经济科学出版社，1999.

［134］庄永康 . 听听反全球化的声音［N］. 联合早报（新加坡），2002-02-06.

［135］Alan Rugman. The End of Globalization［M］. Random House，2000.

［136］James H.Mittelman.The Globalization Syndrome［M］. Princeton University Press，2000.

［137］Anderson Bridget.Porto Alegre：A Worm's Eye View［J］.Global Networks，2003，4（1）.

［138］Becker，Marc.World Social Forum［J］.The Touchstone，2004，14（1）.

［139］Bello，Walden.2000：The Year of Global Protest Against Globalization［J］. Canadian Dimension，2001，35（2）.

［140］Bidwai，Praful.India Hosts the World［J］.Nation，2004，278（6）.

［141］Bleiker，Roland.Activism After Seattle：Dilemmas of the Anti-globalization Movement［J］.Pacifica Review，2002，14（3）.

［142］Butte,Frederick H.Some Observations on the Anti-globalization Movement［J］. Australian Journal of Social Issue，2003，38（1）.

［143］Buzgalin，Aleksander.The Specter of Anti-globalization［J］.Russian Politics and Law，2003，41（5）.

［144］Catalinotto，John.Barcelona：500000 Say "NO WAR"［J］.Woker's World Service，2002（28）.

［145］Chomsky，Noam.The Civil Society［J］. Canda & the World Background，2001，67（1）.

［146］Cooper,Marc.Optimism and Antiwar Fervor：A Report from Porto Alegre［J］. Nation，2004，276（2）.

［147］Crossley，Nick.Global Anti-corporate Struggle：A Preliminary Analysis［J］. British Journal of Sociology，2002，53（4）.

［148］Defilppis，James.Our Resistance Must be as Locall as Capitalism［J］. City，2001，5（3）.

［149］Epstein，Barbara.Anarchism and the Anti-globalization Movement［J］. Monthly Review，2001，53（4）.

［150］Fotopoulos，Takis.Globalization，the Reformist Left and the Anti-globalization Movement［J］. Democracy & Nature，2001，7（2）.

［151］Gibbs，Terry.Another World is Coming［J］.NACLA Report on the Americas，2003，36（5）.

［152］Green，Duncan，Griffith et al. Globalization and its Discontent［J］.International Affairs，2002（78）.

［153］Herb，Boyd.Protests Abound at U. N. Millennium Summit［J］.New York Amsterdam News，2000，91（36）.

［154］Levi，Margaret，Olson et al.The Battles for Seattle［J］.Politics and Society，2000（238）.

［155］Luke，Timothy.Globalization，Popular Resistance and Post–modernity［J］.Democracy & Nature，2001，7（2）.

［156］Mciaren，Duncan.From Seattle to Johannesburg：Anti–globalization Orienter–localism［J］.Local Environment，2001，6（4）.

［157］Morse，Chuck.Theory of the Anti–globalization Movement［J］.New Formulation，2003，2（2）.

［158］Neale，Jonathan.You are G8，We are 6 Billion：The Truth Behind the Genoa Protests［M］.London：Satin Publications，2002.

［159］Prasso，Sheridan.When Demonstrations Turn Violent［J］.Business Week，2001.

［160］Roberts，Adam，Kingsbury et al.United Nations，Divided World：The UN's Role in International Relations［M］.Oxford，1990.

［161］Roy，Sudip.What do Anti–global Protesters What Exactly ？［J］.Global Agenda，2003（1）.

［162］Small，Gretchen.World Social Forum［J］.Executive Intelligence Review，2001（24）.